本书为湖北省高等学校哲学社会科学研究重大项目（湖北省社科基金前期资助项目）"县级融媒体中心创新乡村治理的模式与效果研究"（项目编号：21ZD131）的成果，黄冈师范学院高级别培育项目"县级融媒体创新社会治理的模式与效果研究"（项目编号：202110004）的成果。

中国模式
县级融媒体中心参与乡村治理的理论与实践

陈 然 ◎ 著

光明日报出版社

图书在版编目（CIP）数据

县级融媒体中心参与乡村治理的理论与实践 / 陈然著 . -- 北京：光明日报出版社，2024.8. -- ISBN 978-7-5194-8222-0

Ⅰ.G206.2；D638

中国国家版本馆 CIP 数据核字第 20249WN788 号

县级融媒体中心参与乡村治理的理论与实践
XIANJI RONGMEITI ZHONGXIN CANYU XIANGCUN ZHILI DE LILUN YU SHIJIAN

著　　者：陈　然	
责任编辑：李壬杰	责任校对：李　倩　李海慧
封面设计：中联华文	责任印制：曹　净

出版发行：光明日报出版社

地　　址：北京市西城区永安路 106 号，100050

电　　话：010-63169890（咨询），010-63131930（邮购）

传　　真：010-63131930

网　　址：http://book.gmw.cn

E - mail：gmrbcbs@gmw.cn

法律顾问：北京市兰台律师事务所龚柳方律师

印　　刷：三河市华东印刷有限公司

装　　订：三河市华东印刷有限公司

本书如有破损、缺页、装订错误，请与本社联系调换，电话：010-63131930

开　　本：170mm×240mm

字　　数：253 千字　　　　　　　　印　　张：15.5

版　　次：2025 年 1 月第 1 版　　　　印　　次：2025 年 1 月第 1 次印刷

书　　号：ISBN 978-7-5194-8222-0

定　　价：95.00 元

版权所有　　翻印必究

序

  2014年，随着《关于推动传统媒体和新兴媒体融合发展的指导意见》的颁布，媒体融合在我国上升为国家战略。此后十年间，从2014年的"推动""融合发展"到2020年的"加快推进""深度融合发展"，再到2023年"扎实推进媒体深度融合"被写入政府工作报告，媒体融合的制度创新在我国被不断推进。在此背景下，我国的媒体融合以全球瞩目的速度快速发展，不仅成就了主流媒体自身的发展，也成为推动国家治理体系和治理能力现代化的重要力量。2018年，作为媒体融合纵深发展的关键，县级融媒体中心建设被纳入我国媒体融合的整体战略，我国的媒体融合实践开始聚焦"最后一公里"的基层融合模式探索。[①] 长期处于行业和大众视野边缘的县级媒体在国家政策的扶持下迎来发展机遇，同时也被赋予与传统基层媒体相比更加多元和重要的责任和使命。2020年，《中共中央关于制定国民经济和社会发展第十四个五年规划和二〇三五年远景目标的建议》明确提出，要"推进媒体深度融合，实施全媒体传播工程，做强新型主流媒体，建强用好县级融媒体中心。"[②] 随着县级融媒体中心的全面建成，由中央媒体、省级媒体、市级媒体和县级融媒体中心组成的四级融合发展格局在我国基本搭建完成。我国县级融媒体中心建设开始步入协同创新、服务升级和社会治理的提质增效阶段。[③]

---

① 朱春阳. 县级融媒体中心建设：经验坐标、发展机遇与路径创新[J]. 新闻界，2018（9）：21-27.
② 中共中央关于制定国民经济和社会发展第十四个五年规划和二〇三五年远景目标的建议[N]. 人民日报，2020-11-04（1）.
③ 黄楚新. 全面转型与深度融合：2020年中国媒体融合发展[J]. 现代传播（中国传媒大学学报），2021（8）：9-14.

与此同时，随着党的十九大提出"实施乡村振兴战略"，并将"治理有效"作为乡村振兴的重要保障，乡村社会治理在我国日益成为备受关注的议题。《中共中央国务院关于实施乡村振兴战略的意见》指出，"乡村振兴，治理有效是基础。"① 没有乡村的有效治理，就没有乡村的全面振兴。② 习近平总书记在党的二十大报告中指出，"全面建设社会主义现代化国家，最艰巨最繁重的任务仍然在农村。"③ 作为国家治理的基本单元，乡村的有效治理不仅关乎乡村振兴的成败，更事关国家的稳定与发展。乡村治理是国家治理体系和治理能力现代化的重要组成部分。新时代的中国，乡村治理已进入历史的新方位，治理的关键是解决人的精神思想问题、人的社会管理问题和人的公共服务问题，治理的紧迫任务是为乡村振兴提供重要保障，最终目标则是要在乡村建立良好稳定的社会秩序。在此背景下，激发乡村居民活力、促进社会协同参与、整合乡村治理资源、有效解决乡村发展的现实难题、培育社会主义核心价值观、加强现代先进文化引领和传统优秀文化熏陶以及引导乡村居民的文明进步成为乡村治理的具体任务。④ 这些具体任务恰恰是作为基层新型主流媒体和国家治理托底工程的县级融媒体中心所具有的潜在功能价值。县级融媒体中心在县域基层的稳步发展为创新乡村治理和实现乡村振兴带来了新的可能。"深度参与基层治理"成为"建强用好"县级融媒体中心的重要方向。

与我国县级融媒体中心快速发展同步的，是2018年以后国内学界对县级融媒体中心建设与发展问题的关注。随着学界对县级融媒体中心认识的不断深入，越来越多的研究者将县级融媒体中心的建设与发展问题置于社会治理的视域下进行考察，关注县级融媒体中心在基层治理中的角色定位和功能价

---

① 中共中央国务院关于实施乡村振兴战略的意见［N］．人民日报，2018-02-05（1）．
② 韩俊．谱写新时代农业农村现代化新篇章［N］．人民日报，2018-11-05（7）．
③ 习近平．高举中国特色社会主义伟大旗帜 为全面建设社会主义现代化国家而团结奋斗：在中国共产党第二十次全国代表大会上的报告［N］．人民日报，2022-10-26（1）．
④ 秦中春．乡村振兴背景下乡村治理的目标与实现途径［J］．管理世界，2020（2）：1-6，16，213．

值。基于对基层传媒生态的现实把握，学者们将"县域治理技术装置"①"县域治理枢纽"②"社会治理与沟通的枢纽"③"新时代治国理政新平台"④视为县级融媒体中心的全新定位，指出基层是县级融媒体和基层社会治理的同心圆，重建本地用户连接、融入基层社会治理是新时代县级融媒体理想的发展进路。⑤ 县级融媒体中心并非只是集成县域媒体资源和相应业务的新机构，还是可以消解舆情隐患、有效引导舆论的全新治理平台。⑥ 综合而言，现阶段，国内学术界已普遍认识到县级融媒体中心在基层治理中的重要价值和关键地位，现有研究成果为县级融媒体中心的可持续发展提供了良好的学术积淀和路径指导。然而，需要指出的是，目前关于县级融媒体中心参与基层社会治理的研究尚未充分展开，现有研究多局限在现状描述和路径探讨，研究的理论深度和系统性不足，特别是专门探讨县级融媒体中心参与乡村治理的系统研究依然十分匮乏。

中国的媒体融合是一个兼具传媒发展和治理使命的双重命题。作为媒体融合的"最后一公里"，县级融媒体中心直面广大乡村，具备直达基层的本地化优势、权威丰富的资源优势、广泛的社会连接优势以及技术赋能下的平台优势。在习近平新时代中国特色社会主义思想指引下，县级融媒体中心将信息传播与公共服务有机结合，是推动乡村治理有效和实现乡村振兴的重要力量。为探寻县级融媒体中心助力乡村治理的应然与实然，本书结合新闻学、传播学、政治学、社会学等多学科理论，从县级媒体融合与乡村社会治理的

---

① 曾培伦，毛天婵．技术装置"多棱镜"：国家治理视阈下的县级融媒体中心建设研究：基于71篇县级融媒体中心挂牌新闻的分析［J］．新闻记者，2020（6）：3-13．
② 张诚，朱天，齐向楠．作为县域治理枢纽的县级融媒体中心建设刍议：基于对A市的实地研究［J］．新闻界，2018（12）：27-32．
③ 张昱辰．从机构融合迈向社会融合：县级融媒体中心发展路径再思考［J］．中国出版，2019（16）：10-13．
④ 宋建武，乔羽．建设县级融媒体中心 打造治国理政新平台［J］．新闻战线，2018（23）：67-70．
⑤ 曾润喜，杨璨．重建本地用户连接 融入基层社会治理：县级融媒体发展路径研究［J］．新闻与写作，2021（5）：22-28．
⑥ 张诚，朱天．从"集成媒体的新机构"到"治国理政的新平台"：县级融媒体中心的方位坐标及其功能逻辑再思考［J］．四川大学学报（哲学社会科学版），2020（2）：127-133．

逻辑关联入手，通过对县级融媒体中心在乡村治理中的角色功能及其参与乡村治理的可行路径的全面探讨，为县级融媒体赋能乡村治理搭建理论框架。在此基础上，本书进一步对县级融媒体中心赋能基层治理的履责表现以及乡村民众对县级融媒体中心的采纳与使用展开实证调查，真实把握当前我国县级融媒体中心参与乡村治理的实际表现与效果，梳理出县级融媒体中心赋能乡村治理的现实困境，并针对问题与困境提出相应的策略。通过上述研究，本书希望准确把握新时代县级融媒体中心助力乡村社会治理的各种可能，为县级融媒体中心更有效地赋能乡村治理提供有价值的参照和方法支撑，为县级融媒体中心参与乡村治理的理论研究与社会实践提供新的思路。

目　录
CONTENTS

第一章　导　论 ……………………………………………………… 1
  第一节　研究背景与研究意义 ………………………………………… 1
  第二节　研究思路与研究方法 ………………………………………… 7

第二章　媒体融合与县级融媒体中心建设 …………………………… 13
  第一节　媒体融合的概念及其发展变迁 ……………………………… 13
  第二节　中国媒体融合的发展阶段 …………………………………… 20
  第三节　县级融媒体中心及其发展概况 ……………………………… 31

第三章　社会治理与乡村治理的演进 ………………………………… 39
  第一节　社会治理的概念及其发展变迁 ……………………………… 39
  第二节　中国乡村治理及其演进历程 ………………………………… 52

第四章　县级媒体融合与乡村社会治理的逻辑关联 ………………… 61
  第一节　媒体参与社会治理的历史源流 ……………………………… 61
  第二节　社会治理体系中媒体的多重角色 …………………………… 70
  第三节　县级媒体融合与乡村社会治理的关系 ……………………… 79

第五章　媒介化社会中的乡村治理信息传播网络 ·········· 92
第一节　乡村治理信息传播网络中的活跃行动者 ·········· 93
第二节　乡村治理信息传播网络存在的问题 ·········· 103
第三节　乡村民众信息寻求与转发的行为机理 ·········· 107

第六章　县级融媒体中心参与乡村治理的功能与路径 ·········· 125
第一节　县级融媒体中心在乡村治理中的角色功能 ·········· 125
第二节　县级融媒体中心参与乡村治理的主要路径 ·········· 136

第七章　社会治理视域下县级融媒体中心的社会责任评价 ·········· 151
第一节　社会治理视域下县级融媒体中心社会责任评价体系构建 ·········· 152
第二节　社会治理视域下县级融媒体中心履责情况的实证分析 ·········· 161
第三节　社会治理视域下县级融媒体中心责任缺失的表征 ·········· 173

第八章　乡村民众对县级融媒体的采纳与使用 ·········· 177
第一节　乡村民众对县级融媒体客户端的采纳与使用 ·········· 178
第二节　乡村民众对县级融媒体微信公众号的采纳与使用 ·········· 186
第三节　乡村民众对县级融媒体抖音号的采纳与使用 ·········· 194
第四节　乡村民众采纳与使用县级融媒体的影响因素 ·········· 199

第九章　县级融媒体中心赋能乡村治理的现实困境与策略调适 ·········· 205
第一节　县级融媒体中心赋能乡村治理的现实困境 ·········· 205
第二节　县级融媒体中心提升乡村治理效能的策略调适 ·········· 213

参考文献 ·········· 223

第一章

导 论

"基层强则国家强,基层安则天下安"①。在我国,乡村是国家政治生活不可或缺的基层场域。善治乡村,方能实现天下安定。随着城乡融合发展的不断推进,乡村治理在我国的重要性日益凸显。新时代的中国,县级融媒体中心建设与乡村社会治理的战略价值具有内在统一性,都在为实现"两个一百年"奋斗目标、实现中华民族伟大复兴的中国梦提供支持。作为媒体融合的"最后一公里",县级融媒体中心能够成为实现乡村善治目标的有力助推器。对县级融媒体中心参与乡村治理的理论与实践展开深入研究是当前一项重要而迫切的课题。

第一节 研究背景与研究意义

一、研究背景

随着中国特色社会主义进入新时代,我国乡村治理也开始迈入新的时期。为乡村振兴提供重要保障以及建立良好稳定的乡村社会秩序成为新时代乡村治理的重要指向。2017年,党的十九大报告指出,"农业农村农民问题是关系

---

① 李昌禹. 推进新时代基层治理现代化建设的纲领性文件[N]. 人民日报,2021-07-13(4).

国计民生的根本性问题，必须始终把解决好'三农'问题作为全党工作重中之重"，要"加强农村基层基础工作，健全自治、法治、德治相结合的乡村治理体系"①。2018年，《中共中央国务院关于实施乡村振兴战略的意见》明确指出，"推动乡村治理重心下移，尽可能把资源、服务、管理下放到基层"②。作为国家治理的基础和重要组成部分，乡村治理不仅关系乡村社会的发展，也与国家治理体系的现代化密切相关。建设宜居宜业和美乡村，离不开有效的乡村治理。乡村社会的有效治理对保障乡村民众权益、促进乡村经济发展以及维护乡村社会稳定至关重要，关系国家治理体系和治理能力现代化的实现。

党的十八大以来，在新型城镇化战略、脱贫攻坚战以及乡村振兴战略的多重驱动下，我国乡村社会获得快速发展，基础设施建设日新月异，乡村民众的生活水平显著提高。国家公共资源向基层的持续下沉以及国家力量对村庄发展的支持，为我国乡村治理提供了良好的外部支撑和基础条件。尽管如此，现阶段，我国乡村治理仍面临着诸多的挑战。

其一，转型期的中国乡村，伴随着城市化进程的不断推进，人口大规模流动成为乡村的一个显著特征。大量青壮年乡村居民为了寻求更多的就业机会和更好的生活条件，纷纷向城市迁移，造成乡村的老龄化、空心化以及人地关系的明显疏离。在乡村人口大量向城镇迁移、外来人口不断涌入城市近郊和产业发达乡村的多重影响下，现代性社会图景日益突破传统村落社区的边界，村庄的封闭性和稳定性被打破，乡村社会的人口结构、阶层结构、组织结构发生巨大变化，乡村不再是主要靠宗法伦理、乡规民约、道德礼俗等进行调控的"熟人社会"。③城乡融合发展带来了价值观念的分化，维系乡村社会关系的传统文化价值在乡村社会的影响力日渐式微。传统乡村生活方式与现代城市生活方式的碰撞，导致了不同代际和社会群体之间的认知差异，

---

① 习近平. 决胜全面建成小康社会 夺取新时代中国特色社会主义伟大胜利：在中国共产党第十九次全国代表大会上的报告 [N]. 人民日报, 2017-10-28 (1).
② 中共中央国务院关于实施乡村振兴战略的意见 [N]. 人民日报, 2018-02-05 (1).
③ 张天佐. 完善乡村治理机制保持农村社会和谐稳定 [J]. 农村经营管理, 2019 (3): 8-10.

这种认知差异影响了乡村社会的凝聚力和稳定性，对乡村治理提出了挑战。此外，随着部分乡村居民日益看重个人发展和利益最大化，传统的集体主义价值观在乡村社会逐渐削弱，这给乡村社区的共识凝聚和乡村治理中的合作带来了一系列挑战，日益分化的农民群体在多重文化和价值观的冲击下难以在乡村公共事务治理中达成共识。同时，由于缺乏共同的价值标准，乡村社会中价值观念的多样性可能造成社会规范的模糊性，进而引发偏离社会发展轨道并可能危害乡村社会安全的失范行为，增加乡村社会的不稳定因素。

其二，乡村民众作为乡村治理的重要内源性力量，其有效参与是实现乡村善治的必要条件，也是各治理主体之间建立信任关系的关键，以及落实乡村社会政策的必然要求。[1] 然而，现阶段，有部分乡村民众受多重因素的影响，参与乡村公共事务治理的意识不足且能力有限。一方面，部分乡村地区的社会参与机制尚不健全，基层社会组织发展不平衡，乡村民众缺乏有效参与乡村治理的渠道和途径。另一方面，乡村人口的大规模流动导致村庄老龄化、空心化问题日益严重，村民与村庄"人地分离"。在这一背景下，村民之间、村民与基层管理组织之间的社会交往日益减少，社会关系逐渐疏离，频繁流动的生活方式降低了村民聚集某一物理空间参与乡村公共事务讨论的可能性。部分乡村民众缺乏参与乡村治理的主动性，往往较少关注社会事务，也不积极参与社会活动，乡村治理中的内源性动力明显不足。

其三，信息不对称一直是我国乡村治理的突出问题。一方面，由于传统县级媒体在乡村信息传播网络中逐渐失去影响力，官方舆论场与乡村民间舆论场之间存在明显分隔，导致政策信息难以及时有效地传至乡村社会的末梢，而乡村民众的需求和问题也很难有效传递给政府。政策信息的传播不畅可能导致乡村民众对政策实施的误解和抵触情绪，进而影响政策的有序实施。另一方面，移动互联网的下沉，在为乡村民众提供广泛的信息获取和社会交往可能的同时，也带来了信息泛滥和虚假信息传播的问题。乡村舆论环境的复杂性需要乡村治理更加注重信息传播的透明度和可信度，以维护社会稳定和

---

[1] 肖平，周明星. 新时代乡村社会治理创新：基础、困境与路向［J］. 云南民族大学学报（哲学社会科学版），2021（4）：110-117.

公共安全。

　　面对上述治理困境，健全乡村治理体系、创新乡村社会治理方式成为实现乡村善治与和谐发展的必须。只有通过更有效的政民沟通、更积极的公众参与和治理机制创新，才能实现乡村社会的可持续发展，提高乡村民众的生活质量，建成宜居宜业和美乡村。在推进乡村治理创新的进程中，作为我国全媒体传播体系的重要组成部分，县级融媒体中心逐渐崭露头角，担当起连接乡村社会、助力乡村发展的工具角色和乡村治理的主体角色。2018年8月，习近平总书记在全国宣传思想工作会议上明确提出县级融媒体中心建设的发展方向，强调"要扎实抓好县级融媒体中心建设，更好引导群众、服务群众"[①]。同年11月，《关于加强县级融媒体中心建设的意见》发布，县级融媒体中心建设正式上升为媒体转型的国家战略。2019年，国家广播电视总局连续发布了五项关于县级融媒体中心建设标准的规范性文件。2020年，《中共中央关于制定国民经济和社会发展第十四个五年规划和二〇三五年远景目标的建议》出台，进一步明确了"推进媒体深度融合，实施全媒体传播工程，做强新型主流媒体，建强用好县级融媒体中心"[②] 的战略重要性。2018年至今，在自上而下的国家力量的驱动下，我国县级融媒体中心获得了高效而快速的发展。《中国数字乡村发展报告（2022年）》数据显示，截至2022年8月，我国已建成的县级融媒体中心数量超过2500个。[③] 随着我国县级融媒体中心建设进入提质增效阶段，"深度参与基层治理"成为"建强用好"县级融媒体中心的主要方向，县级融媒体中心在乡村治理现代化进程中被赋予更多的责任和使命。2022年，《中共中央 国务院关于做好2022年全面推进乡村振兴重点工作的意见》从赋能乡村治理的视角，对县级融媒体中心提出了新的要求和目标，强调县级融媒体中心作为创新农村精神文明建设的平台载体在突

---

① 新华社. 习近平：举旗帜聚民心育新人兴文化展形象 更好完成新形势下宣传思想工作使命任务［EB/OL］. 中央网络安全和信息化委员会办公室网站，2018-08-22.
② 中共中央关于制定国民经济和社会发展第十四个五年规划和二〇三五年远景目标的建议［N］. 人民日报，2020-11-04（1）.
③ 农业农村部信息中心. 中国数字乡村发展报告：2022年［EB/OL］. 中国网信网，2023-03-01.

出实效改进乡村治理方面的重要价值。① 县级融媒体中心在乡村治理现代化进程中的关键地位被进一步凸显。凭借连接基层社会网络和集聚基层社会资源的优势，县级融媒体中心在推动乡村治理现代化进程中被赋予了政策宣传、共识塑造、社会监督、文化传承、舆论治理和组织协调等重要功能。

尽管县级融媒体中心在乡村治理现代化进程中的重要价值备受政府关注，但从实际参与乡村治理的情况看，现阶段，我国绝大多数县级融媒体中心对自身在乡村治理中扮演的角色和承担的责任仍存在一定程度的认知不足，主要侧重实现新闻报道和舆论宣传功能，忽视了作为县域治理枢纽和技术装置的治理功能。县级融媒体中心为何能够参与乡村治理？应该以何种角色身份参与乡村治理？在乡村治理中具有什么样的核心功能？又该通过什么路径去实现这些功能？县级融媒体中心赋能乡村治理的实际效能如何？面临哪些现实困境？该如何调适策略以更好地赋能乡村治理？本书将重点关注这些问题，以期全面系统地梳理县级融媒体中心参与乡村治理的理论和实践，为政策制定者和融媒体从业者提供坚实的理论支持和实践指导。

对现有文献的梳理结果显示，当前县级融媒体中心之于基层治理的重要性在诸多研究中被反复提及，学者们开始将县级融媒体中心的建设与发展问题置于社会治理的视域下予以考察。然而，专门探讨县级融媒体中心参与乡村治理的研究十分匮乏。有学者指出，县级融媒体中心的建设已然超越了行业内部的县级媒体融合发展策略，成为参与乡村治理的筑底工程，它不仅是乡村治理的多元主体之一，还是动员和组织其他主体结成治理共同体的特殊主体。② 县级融媒体中心是打破乡村社会治理结构性困境、实现乡村"善治"的重要引擎。③ 作为乡村媒介化治理的新阶段和基础设施，县级融媒体中心重构了政府、社会以及市场主体之间的关系，其创新乡村媒介化治理的逻辑主

---

① 中共中央国务院关于做好二〇二二年全面推进乡村振兴重点工作的意见 [N]．人民日报，2022-02-23（1）．
② 何志武．主体性与连接性：县级融媒体参与乡村社会治理的基本逻辑 [J]．中州学刊，2022（10）：158-165，2．
③ 何志武，陈天明．乡村社会治理视域下县级融媒体的服务加冕与行动框架 [J]．西南民族大学学报（人文社会科学版），2021（11）：141-147．

要表现在公共空间生产、制度性力量供给以及基础设施化三个层面。① 整体来看，目前关于县级融媒体中心参与乡村治理的研究大多局限于描述性层面，尚未建立具有学术创新性的理论框架，研究的理论深度和系统性明显不足，这限制了对县级融媒体参与乡村治理的深刻理解。此外，现有文献缺乏对县级融媒体中心参与乡村治理的实际效能以及调适策略的深入研究。尽管少数文献对特定地区县级融媒体中心参与乡村治理展开了个案研究，但多局限于现状描述，并未深入探讨普遍性的理论问题，研究的普适性受到限制。根据现有的文献梳理，有关县级融媒体中心参与乡村治理的理论探讨和实证研究仍需进一步拓展。

基于上述研究背景，本书主要围绕以下几方面展开研究，包括县级媒体融合与乡村社会治理的逻辑关联、县级融媒体中心在乡村治理中的角色功能、县级融媒体中心参与乡村治理的可行路径、县级融媒体中心赋能基层治理的履责表现、乡村民众对县级融媒体中心的采纳与使用以及现阶段县级融媒体中心赋能乡村治理的现实困境与策略调适。

二、研究意义

全媒体时代的到来塑造了媒体格局和舆论生态的全新面貌，传统的媒体传播方式已然无法满足国家治理现代化的需求。媒体融合与否、融合深度如何不仅关系媒体自身的生死存亡，还紧密关联着国家治理的现代化进程。县级融媒体中心作为媒体融合的"最后一公里"，具备深入乡村社区的近地优势和关系优势，因此被赋予了创新乡村治理的重要使命。随着我国县级融媒体中心进入提质增效阶段，如何通过高质量发展切实有效地赋能乡村社会治理，成为县级融媒体中心需要重点关注的问题。同时，伴随着我国乡村振兴战略的稳步推进，县级融媒体中心作为基层新型主流媒体和基层社会治理平台，在推动乡村善治和乡村振兴方面的功能变得愈加重要。本书将"县级融媒体中心"作为研究对象，全面系统地探讨县级融媒体中心参与乡村治理的理论

---

① 葛明驷. 媒介化治理：县级融媒体创新乡村治理的逻辑与路径［J］. 中州学刊，2022（10）：166-172.

与实践，具有深远的理论价值和现实意义。

其一，本研究从政策依据、理论渊源、历史源流和现实需求多个维度对媒体融合与社会治理的逻辑关系进行深入剖析，在此基础上，构建县级融媒体中心参与乡村治理的功能框架，为媒体融合时代新型主流媒体参与社会治理提供坚实的理论基础和逻辑依据。同时，本研究也将丰富中国语境下媒体融合领域的研究成果，为后续相关研究的开展奠定基础。

其二，本研究通过问卷调查和结构方程模型，对乡村民众参与风险传播的行为机制展开实证调查，并对乡村信息传播网络进行整体观照，以此揭示治理信息在乡村社区内的传播路径和影响因素，从而更全面地把握乡村社区的信息流动模式和社交网络。这一研究结果将丰富乡村传播领域的研究成果，为未来相关研究和实践提供有价值的参考和启示。

其三，本研究对县级融媒体中心参与基层治理的履责表现以及乡村民众对县级融媒体的采纳与使用情况的实证调查，有助于政府和县级融媒体管理者全面把握县级融媒体中心在赋能乡村治理方面的实际表现与效果，准确洞察当前县级融媒体中心参与乡村治理所面临的问题和挑战，为县级融媒体中心进一步调适策略和优化方案提供重要参照和实证数据支持。

其四，本研究在深入分析县级融媒体中心参与乡村治理的现实困境的基础上，提出了一系列策略调适建议，具有较强的针对性和实践指导意义。这些建议不仅为政策制定者提供了有价值的参考，还为县级融媒体中心更有效地赋能乡村治理提供了明确指导和方法支持，有助于推动主流媒体在参与乡村治理方面的实践进步和创新。

第二节　研究思路与研究方法

一、研究思路

县级融媒体中心作为媒体融合纵深发展的产物，是我国全媒体传播体系的重要环节和基层底座，肩负着创新基层治理的重要使命。乡村治理作为基层治理的重要组成部分，成为县级融媒体中心发挥治理功能的重要发力点。本书聚焦县级融媒体中心参与乡村治理的理论与实践，依循"何以可能—如何参与—做得如何—如何优化"的逻辑思路展开研究。本书首先从厘清"县级融媒体中心"和"乡村治理"的概念内涵及其变迁入手，解析县级融媒体中心与乡村治理的逻辑关联，回答"县级融媒体中心参与乡村治理何以可能"这一基础性问题。其次，对"县级融媒体中心如何参与乡村治理"进行深入探析，从理论层面构建县级融媒体中心参与乡村治理的功能框架和实现路径。再次，从实践层面对县级融媒体中心赋能乡村治理的履责表现和实际效能展开实证调查，以此回答"做得如何"这一问题。最后，根据履责表现和实际效能，对县级融媒体中心参与乡村治理的现实困境进行全面观照，在此基础上提出策略调适建议。本书的研究框架具体如下：

第一章为导论，主要介绍本书的研究背景、研究意义、研究思路和研究方法。

第二章主要对媒体融合与县级融媒体中心的概念内涵、发展阶段以及发展现状进行分析，这是研究县级融媒体中心参与乡村治理问题的起点。具体说来，本章通过全面考察国内外媒体融合概念的演变，厘清中国语境下媒体融合的内涵，梳理中国媒体融合的发展阶段及其特点。在此基础上，追溯新中国成立以来中国县级媒体的发展脉络，对新时代中国县级融媒体中心的概念内涵、发展模式以及发展现状进行深入分析，为后续研究确立清晰的研究基础。

第三章主要探讨社会治理与乡村治理的演进。乡村治理是社会治理的重要一环，本章首先对"社会治理"的词源演变及其在中国政治话语体系下的基本含义与基本特征进行探讨，并对新中国成立以来中国社会治理的变迁脉络进行梳理。在此基础上，从"乡村治理"的概念入手，以中国乡村治理的重要政策文本和目标导向为依据，探讨新中国成立后中国乡村治理的历史演进，剖析中国乡村治理的逻辑理路，解读历史性变革中所蕴藏的内在逻辑。最后，对现阶段中国乡村治理的基本背景及其遭遇的主要问题进行深入解析。

第四章对县级媒体融合与乡村社会治理的逻辑关联展开研究，旨在解析"县级融媒体中心参与乡村治理何以可能"这一问题，为后续县级融媒体中心参与乡村治理的理论框架的搭建提供合法性基础。本章首先回顾我国新闻媒体参与社会治理的实践历程，把握中国媒体参与社会治理的轨迹与特征，进而对中国主流媒体在社会治理中的多重角色及其主要作用进行全面解析。然后，基于新时代中国社会治理的现实困境，从国家战略层面梳理中国语境下媒体融合与社会治理的内在逻辑关联，在此基础上，对县级媒体融合与乡村社会治理的关系进行深入剖析。

第五章以媒介化社会中的乡村治理信息传播网络为研究对象，采用深度访谈和问卷调查的方法，对乡村治理信息传播网络中的活跃行动者及其传播特征进行整体观照，分析乡村治理信息传播网络中存在的问题，并对乡村民众作为重要治理主体参与风险传播的行为机制进行探讨，旨在深刻理解新时代中国乡村治理信息传播网络的整体特征。本章的研究将有助于更准确地把握县级融媒体中心参与乡村治理的传播环境，为后续研究提供坚实的基础。

第六章关注县级融媒体中心在乡村治理中的角色功能与实现路径。本章以中国语境下县级媒体融合与乡村社会治理的逻辑关联为依据，深入剖析县级融媒体中心在乡村治理中的角色功能，了解它们如何在乡村社会治理体系中发挥作用，进而探讨应该选择怎样的路径去实现各项功能，以更有效地推动乡村治理。该部分研究有助于揭示县级融媒体中心在乡村治理中的独特价值和作用机制，为县级融媒体中心参与乡村治理提供坚实的理论框架和实践基础。

第七章从社会治理视域对县级融媒体中心参与基层治理的履责情况进行实证评估。本章以县级融媒体中心在基层社会治理中的核心功能为逻辑起点，以自建客户端作为具体的研究对象，首先构建一个县级融媒体中心参与基层治理的社会责任评价指标体系，然后利用该评价指标体系，对2023年我国县级融媒体中心赋能基层社会治理的履责情况进行现实考量，并对社会治理视域下县级融媒体中心的责任缺失表征进行系统梳理。该部分研究有助于真实把握现阶段我国县级融媒体中心参与基层治理的实际情况，为县级融媒体中心更好地赋能基层治理提供有力的数据支撑。

第八章关注乡村民众对县级融媒体中心的采纳与使用。根据目前县级融媒体中心传播矩阵的构成情况，以及移动互联网在乡村社会日益渗透这一客观事实，本章将县级融媒体客户端、县级融媒体微信公众号和县级融媒体抖音号作为观测点，实证考察中国情境下我国乡村民众对县级融媒体中心的使用与满足情况，并进一步探讨现阶段影响乡村民众采纳和使用县级融媒体中心的关键因素。本章对乡村民众采纳和使用县级融媒体中心的实证调查，有助于我们真实了解县级融媒体中心在乡村社会的扩散程度和影响力，以及其在乡村社会治理中的实际效应。

第九章聚焦县级融媒体中心参与乡村治理的现实困境与策略调适。本章在第七章对县级融媒体中心赋能基层治理的履责评估，以及第八章对乡村民众采纳和使用县级融媒体中心的实证调查的基础上，基于进一步的文献分析，深入探讨当前我国县级融媒体中心参与乡村治理存在的问题及其现实困境。在此基础上，就如何提升县级融媒体中心参与乡村治理的效能，提出相应的策略建议，以期为县级融媒体中心更有效地赋能乡村治理提供明确的方向和决策参考。

二、研究方法

科学的研究方法是确保研究取得学术和实践价值的重要保障。本研究主要采用文献分析法、历史分析法、深度访谈、问卷调查、结构方程模型、内容分析法和层次分析法，探究县级融媒体中心参与乡村治理的理论与实践。

（一）文献分析法

文献分析法贯穿于本研究的始终，这是本书的立论基础。文献分析法主要指搜集、鉴别、整理文献，并通过对文献的分析形成对事实的科学认识的方法。本研究采用文献分析法主要用于对媒体融合的概念变迁与发展、社会治理与乡村治理的演进、媒体融合与社会治理的逻辑关联等主题的研究成果和政策文件进行归纳、整理和分析，为准确把握县级融媒体中心参与乡村治理的基本逻辑和框架提供强有力的理论支持。

（二）历史分析法

历史分析法是运用发展、变化的观点分析客观事物和社会现象的方法。本研究对历史分析法的运用主要体现在：对不同时期我国新闻媒体参与社会治理的传播实践进行梳理，从历史源流中准确把握媒体参与社会治理的应然与实然；利用历史分析法对媒体融合的不同发展阶段与社会治理的不同发展阶段进行分析，从发展变化中探寻媒体融合与社会治理的内在逻辑关联。

（三）深度访谈

本研究对深度访谈的运用主要体现在：通过对普通村民和村两委干部的深度访谈，获取丰富生动的定性资料，以深入了解乡村民众的信息获取和传播行为、乡村基层组织在信息传播方面的实践、乡村民众的日常媒介使用习惯、乡村民众对县级融媒体中心的采纳和使用情况以及使用或不使用县级融媒体中心的原因；通过对县级融媒体中心工作人员的深度访谈，了解县级融媒体中心在县域乡村的传播实践。

（四）问卷调查

问卷调查在社会调查领域具有重要地位，是"采用一种预先设计好的结构化、标准化的问卷作为资料收集工具的一种调查方式"[1]，可以用来测量人们的基本状况、行为和态度。本研究采用问卷调查法旨在收集乡村民众对风险事件的感知，以及他们在面对风险事件时的传播行为数据，为深入探讨乡村民众主动参与风险传播的行为机制提供数据。

（五）结构方程模型

结构方程模型是分析变量之间关系的一种统计方法，体现了传统路径分析与因子分析的完美结合，可以较好地处理多个原因、多个结果之间的关系，以及不可直接观测的变量。本研究运用结构方程模型主要用于建立和验证风险事件中乡村民众主动传播行为模型，探讨风险事件中乡村民众主动传播行为的影响因素及其作用机制。

（六）内容分析法

拉扎斯菲尔德和贝尔森认为，内容分析是一种对传播所显示出来的内容进行客观的、系统的、量化的、描述的研究技术。[2] 本研究采用内容分析法主要目的是：通过对县级融媒体客户端发布的新闻资讯的内容分析，来测量县

---

[1] 郑杭生. 社会学概论新修：第3版［M］. 北京：中国人民大学出版社，2003：489-490.
[2] 风笑天. 社会学研究方法［M］. 北京：中国人民大学出版社，2009：235.

级融媒体中心参与基层治理的部分履责指标。

（七）层次分析法

县级融媒体中心参与基层治理的社会责任评价体系是一个具有多层次、多指标的复合体系。本研究主要采用层次分析法确定县级融媒体中心参与基层治理的社会责任评价指标的权重系数。

第二章

媒体融合与县级融媒体中心建设

准确理解县级融媒体中心的概念内涵与发展现状是研究县级融媒体中心赋能乡村治理的起点。作为我国媒体融合战略的基础支撑，对县级融媒体中心内涵与发展的准确认知必须被放置于中国媒体融合的理论框架与实践逻辑中。本章从厘清"媒体融合"的概念及发展变迁入手，基于对国内外媒体融合概念演变的综合考察，深入探讨中国语境下媒体融合的内涵，并对中国媒体融合发展的各个阶段进行系统梳理。在此基础上，通过回顾新中国成立以来中国县级媒体的演进历史，从县级媒体的发展轨迹以及国家对县级媒体制度设计和建设的逻辑思路中，探索新时代中国县级融媒体中心建设的必然性，进而对新时代中国语境下县级融媒体中心的概念内涵、发展模式与发展现状展开深入研究。

第一节 媒体融合的概念及其发展变迁

何谓媒体融合？尽管媒体融合早已成为全球炙手可热的研究课题，但对其概念和范畴、内涵及外延，无论学界还是业界都尚未形成统一认知。本部分在梳理国内外媒体融合概念变迁的基础上，对中国语境下媒体融合的概念内涵进行探讨。

一、国内外媒体融合的概念变迁

对已有文献进行梳理发现，学者们对媒体融合的理解随着融合实践的推进而不断深入，视角从封闭式的媒介组织内部拓展到外部，大致经历了从最初聚焦功能和技术层面的融合，到将媒体融合视为关涉人类传播活动诸要素的多层面融合，再到社会形态层面的媒体融合。

（一）媒介组织内部视角：聚焦功能和技术融合的媒体融合

追根溯源，最早将媒体融合作为学理概念提出的是美国政治学家伊契尔·索勒·普尔（Ithiel de Sola Pool）。1983年，普尔在《自由的科技》一书中，因观察到媒介介质之间连通性的增加以及固定边界的侵蚀现象，首次用"传播形态融合"的概念表述了各种媒介呈现出的多功能一体化趋势，指出"传播形态融合模糊了媒介之间的界限"，过去存在于一种媒介及它的用途之间的一对一的对应关系正在消失，"不论是电话线、电视线还是无线电波，都能传输过去需要不同方式才能传输的各种服务"，"不论是广播、报纸还是电话提供的某种服务，现在都能通过不同的物理方式予以提供。"[1] 普尔这种着眼于技术和形态融合的思路成为学界早期讨论媒体融合的基本出发点。由于数字技术、网络技术等新传播技术是推动媒体融合发展的核心动力，早期学者谈论媒体融合时主要聚焦功能和技术层面的融合，将媒体融合看成不同技术的无缝对接和整合，强调技术对融合的驱动作用。如学者博尔特（Bolter）和格鲁辛（Grusin）认为媒体融合是"至少三种重要技术——电话、电视和电脑——的互相再媒介化"。[2] 约瑟夫·R. 多米尼克（Joseph R. Dominick）将媒体融合视为各种传播技术的混合。[3] 美国新媒体研究专家约翰·帕夫利克（John V. Pavlik）也认为，"融合是指所有的媒介都向电子化和数字化这一种

---

[1] POOL I D S. Technologies of Freedom [M]. Cambridge, MA: Harvard University Press, 1983: 23.

[2] BOLTER J D, GRUSIN R. Remediation: Understanding New Media [M]. Cambridge, MA: MIT Press, 2000: 224.

[3] 约瑟夫·R. 多米尼克. 大众传播动力学：数字时代的媒介 [M]. 蔡骐，译. 北京：中国人民大学出版社，2004：518.

形式靠拢,这个趋势是由计算机技术驱动的,并在网络技术的推动下变得可能",融合的出现为多媒体产品的发展铺就了道路。[1] 国内最初关于媒体融合的讨论,也是沿这一路径展开。如学者蔡雯等将媒体融合概念引介到中国时,就非常强调媒介之间的合作模式以及技术的内在作用,认为媒介融合就是"在以数字技术、网络技术和电子通信技术为核心的科学技术的推动下,组成大媒体业的各产业组织在经济利益和社会需求的驱动下通过合作、并购和整合等手段,实现不同媒介形态的内容融合、传播渠道融合和媒介终端融合的过程"[2]。

(二)媒介组织内部视角:关涉传播活动诸要素的媒体融合

随着研究的深入以及实践的发展,学者们对媒体融合的思考开始突破功能和技术层面。美国学者亨利·詹金斯(Henry Jenkins)是这方面的代表性人物。詹金斯反对将媒体融合局限在技术功能维度,认为融合带来的是一系列连锁反应,并具有文化变迁的意义,他认为融合改变了技术、产业、市场、内容风格以及受众这些因素之间的关系,同时也改变了媒体业运营和媒体消费者对待新闻和娱乐的逻辑,媒体融合的概念应包括"跨越多个媒介平台的内容流动,多种媒介产业之间的合作,以及受众行为的转移"[3]。詹金斯将媒体融合的概念从内容生产环节延伸至社会接收和消费环节,放大到整个产业文化形态,一定程度上扩展了学界对"融合"的理解。国内学者对媒体融合的理解也从最初的技术融合和资源整合延伸到媒介产业层面。熊澄宇认为,不同传媒形式以各种方式相互渗透、结合和交融,传媒形态的整合主要表现为传媒终端、传媒生产与传播渠道以及传媒机构三种类型的整合。[4] 学者们越来越意识到,虽然数字技术和网络技术等新传播技术是促成媒体融合快速发展的关键因素,但媒体融合不应仅仅局限于技术层面,它是一个多层面、多

---

[1] 约翰·帕夫利克. 新媒体技术:文化和商业前景 [M]. 周勇等,译. 北京:清华大学出版社,2005:126.

[2] 蔡雯,王学文. 角度·视野·轨迹:试析有关"媒介融合"的研究 [J]. 国际新闻界,2009 (11):87-91.

[3] JENKINS H. Convergence Culture: Where Old and New Media Collide [M]. New York: New York University Press, 2006:54.

[4] 熊澄宇. 整合传媒:新媒体进行时 [J]. 国际新闻界,2006 (7):7-11.

视角的概念，是人类传播活动诸要素内部界限模糊的一种状态，媒体融合包括网络融合、设备融合、应用融合、企业融合、行业融合、内容融合、生产者融合、消费者融合、生产者和消费者之间的融合以及社会规范层面的融合等。①

（三）媒介组织外部视角：社会形态层面的媒体融合

随着媒体融合实践的持续推进以及我国媒体融合战略的提出，国内学者开始反思对媒体融合理解的局限性和封闭性。黄旦、李暄指出，无论是内容生产环节的整合，还是媒介产业层面的融合，都是站在媒介组织边界内理解媒体融合，考虑大众媒介机构如何适应新传播技术，当以新传播技术带来的整个传播形态变化来反观媒介，媒介组织只是全球化的、涌动的"网络社会"中的一个节点式渠道或"水利枢纽"。②正如曼纽尔·卡斯特（Manuel Castell）所言，"我们必须把革命性的技术变迁过程摆放在该变迁过程发生与重塑的社会脉络之中"③。事实上，媒介与技术融合使"原来相互分割的社会交往语境和形态模糊乃至坍塌，媒介产业的霸权地位已经不在，而另外一种形式的融合——社会融合悄然崛起"④。从这一视角来看，媒体融合不仅仅是采用新技术、引入新介质、树立用户思维的问题，还将指向生态意义上的媒体与社会的融合、与人的融合。媒体的内外、上下、左右的融合至多是手段，媒体与网络化社会及其人民群众的融合才是目的；媒体的横向、纵向连接至多是路径，媒体与社会的融合才是方向。⑤媒体融合的本质是技术融合、人人融合、媒介与社会融合。⑥严三九也指出，数字技术驱动着媒体生态的进化，

---

① 韦路. 媒体融合的定义、层面与研究议题 [J]. 新闻记者, 2019 (3)：32-38.
② 黄旦, 李暄. 从业态转向社会形态：媒介融合再理解 [J]. 现代传播（中国传媒大学学报）, 2016 (1)：13-20.
③ 曼纽尔·卡斯特. 网络社会的崛起 [M]. 夏铸久, 王志弘, 等, 译. 北京：社会科学文献出版社, 2001：5.
④ BOYD D. Facebook's Privacy Trainwreck: Exposure, Invasion and Social Convergence [J]. Convergence, 2008, 14 (1)：13-20.
⑤ 支庭荣. "互联网+"时代的媒体融合：概念界定、评价标尺与操作路径 [J]. 教育传媒研究, 2019 (3)：26-29.
⑥ 廖祥忠. 从媒体融合到融合媒体：电视人的抉择与进路 [J]. 现代传播（中国传媒大学学报）, 2020 (1)：1-7.

从媒体形态融合、媒体与社会生活互动到媒体生态融合，融合的广度与深度不断强化。其中，媒体与社会生活的融合使媒体作为一种普遍性的"连接"而存在，成为社会时空关系重新组合的驱动要素、成为社会信息生活赖以发展的基础平台，未来的媒体不只是当下意义上的媒体，而是媒体生态融合与不同场景产生互动的平台节点。[①]

二、中国语境下媒体融合的概念内涵

在中国，媒体融合是一个高度"语境化"的概念，学者们从中国发展的阶段和社会主义体制出发，对其内涵与外延注入了更多"在地性"思考。中国语境下，媒体融合不是单一力量主导的进程，而是技术逻辑、商业逻辑和政治逻辑相互作用的结果。其中，着眼于公共利益、社会利益和国家利益的政治逻辑，是主导中国媒体融合进程最重要的内在逻辑。[②]

作为国家战略，媒体融合在中国有着重要的战略价值和时代使命。媒体融合从早期的行业实践上升至国家战略，源于国家面临的新挑战和自身发展的实际需求。一方面，从早期的内容驱动到2010年代基于移动互联网和社交媒体的用户驱动，再到21世纪20年代智能物联时代的数据驱动，互联网的快速发展与技术更迭不断动摇着主流媒体在社会信息传播中的主流地位。主流媒体主导的官方舆论场遭遇基于互联网的民间舆论场的强烈冲击。在全新的传播格局下，作为守护社会利益和公共利益的主流媒体亟须通过媒体融合实践，把握正确舆论导向，强化自身的传播力、引导力、影响力和公信力，巩固、壮大主流思想舆论。另一方面，当今世界处于百年未有之大变局，意识形态领域复杂多变。"以美国为首的西方敌对势力对当前意识形态斗争的中国指向更加明确、更加尖锐和更加直接。"[③] 国外敌对势力利用互联网等现代传播工具对我国意识形态进行渗透和围攻，我国宣传思想工作遭遇前所未有

---

① 严三九. 技术、生态、规范：媒体融合的关键要素 [J]. 人民论坛·学术前沿, 2019（3）：22-29.
② 顾烨烨, 方兴东. 中国媒体融合30年：基于政策的视角 [J]. 传媒观察, 2023（6）：13-24.
③ 童兵. 试论习近平新时代新闻舆论工作论述对马克思主义新闻观的发展 [J]. 山东社会科学, 2020（10）：5-14.

的挑战，国家软实力亟须范式转变。此外，以人工智能和大数据为动力的第四次工业革命正在我国顺利推进。中国治理现代化的进程与数字技术发展紧密相关，主流媒体在其中应该承担重要的建设性作用。①

韦路认为，媒体融合是人类传播活动诸要素内部界限模糊的一种状态，这些要素包括技术、经济、主体、内容、规范等。其中，技术层面的融合主要包括网络融合、设备融合和应用融合，经济层面的融合主要包括企业融合和产业融合，主体层面的融合主要包括生产者内部的融合、消费者内部的融合以及生产者和消费者之间的融合，而内容层面的融合包括不同来源的内容的融合和不同形态的内容的融合。②支庭荣则基于中国媒体融合的特色与实践，将媒体融合定义为"与互联网和人工智能新技术、新应用紧密结合同频共振的全媒体传播体系建设"③，并指出媒体融合不仅是技术、组织乃至产业层面的融合，更将指向生态意义上的媒体与社会的融合、与人的融合。④

媒体融合的主体是谁？宫承波、孙宇认为，从信息传播的角度来看，媒体融合的主体是各类信息传播的载体，携带各类内容的融合主体都将参与到社会系统的运行当中，最终影响社会发展。⑤然而，中国语境下的"媒体融合"有其自身的"在地化"特点，是"执政党基于意识形态安全考虑所采取的系统改革"⑥，是国家治理体系现代化的一部分，加强舆论引导、保证意识形态安全是国家推动媒体融合发展的出发点。从中国媒体融合的特色与使命来看，媒体融合的主体应该是"融合发展"的主动者。当下的中国，互联网正在成为影响意识形态安全的关键变量，我国媒体融合国家战略的提出是国

---

① 方兴东. ChatGPT与媒体深度融合：从数字技术变革逻辑解析中国媒体融合的战略处境和战略误区 [EB/OL]. 博客中国，2023-05-17.
② 韦路. 媒体融合的定义、层面与研究议题 [J]. 新闻记者，2019（3）：32-38.
③ 支庭荣. "互联网+"时代的媒体融合：概念界定、评价标尺与操作路径 [J]. 教育传媒研究，2019（3）：30-33.
④ 支庭荣. 我国媒体融合发展的内在逻辑与焦点问题 [J]. 人民论坛·学术前沿，2019（3）：6-14.
⑤ 宫承波，孙宇. 习近平总书记关于媒体融合重要论述的演进脉络及目标指向 [J]. 中国出版，2021（3）：5-10.
⑥ 张涛甫，赵静. 媒体融合的政治逻辑：基于意识形态安全的视角 [J]. 新闻与传播研究，2021（11）：69-83，127-128.

家为了捍卫国家意识形态、升级国家治理体系、服务人民群众而做出的战略决策。从国家战略需求出发，"融合发展"的主动者是那些关注社会发展中的主流问题、影响社会中的主流人群、以主流意识形态进行价值引领的主流媒体，这些媒体在社会管理和发展中发挥塑造社会视野、设置社会议题、进行社会舆论引导等价值与功能。[①] 因此，中国媒体融合的主体应该是主流媒体。

媒体融合的目标是什么？中国语境下的媒体融合坚持党管媒体的原则，其近期目标是实现媒体一体化发展，中期目标是建设新型主流媒体，最终目标是构建全媒体传播体系。其中，实现媒体一体化发展是为了理顺当前中国媒体生态的各种关系、资源和要素，包括实现媒体内部信息内容、媒介功能、技术应用、平台终端、管理手段、体制机制、组织结构、人才队伍等要素的共融互通，以及统筹处理好传统媒体和新兴媒体、中央媒体和地方媒体、主流媒体和商业平台、大众化媒体和专业性媒体等不同类型媒体的关系。在推进一体化发展的同时，建设新型主流媒体成为媒体融合的中期目标。媒体融合下的新型主流媒体应该具有强大竞争力、传播力、公信力和影响力，是具有"全程、全息、全员、全效"特性的"四全媒体"。而媒体融合的最终目标是通过推动媒体融合纵深发展，构建全媒体传播体系，使其嵌入、融合于社会政治体系、经济体系和文化体系等社会体系之中，成为促进社会发展的强大力量。[②]

基于上述讨论，本研究对中国语境下的媒体融合做如下界定：中国语境下的媒体融合是主流媒体为构建全媒体传播体系而进行的多层面融合实践，这一实践是一个以技术融合为基础，微观上实现组织融合，中观上完成产业融合，宏观上参与社会融合的逐层深入的过程，其最终目标是人心民心的融合。具体来看，微观层面的组织融合聚焦新型主流媒体的建设，涉及技术融合、所有权融合、策略性融合、结构性融合等多个方面，旨在实现单个"媒体节点"的分蘖、生长与进化。中观层面的产业融合致力于行业内部主流媒

[①] 喻国明. 新型主流媒体：不做平台型媒体做什么？——关于媒体融合实践中一个顶级问题的探讨[J]. 编辑之友，2021（5）：5-11.
[②] 宫承波，孙宇. 习近平总书记关于媒体融合重要论述的演进脉络及目标指向[J]. 中国出版，2021（3）：5-10.

体多维生态圈的构建，其中横向维度完成同层级主流媒体基于信息、资本、技术、渠道等资源共享的生态联盟，纵向维度搭建"中央—省市—县域"上下相融的多层级传播网络，最终实现行业内众多"媒体节点"的合纵连横与相融相生。宏观层面的社会融合是主流媒体多维生态圈在更大程度上融于社会运行，通过与公共服务供给、智慧城市建设相关行业在信息、数据和服务上的共融互通，成为公共性的数字基础平台，深度参与社会治理。前沿意识、技术意识、创新意识、边缘意识、自下而上意识和开放竞争意识构成的媒体融合价值观是媒体融合真正的灵魂。① 未来，成为政府信任、民众放心、社会认同，并且可以与国际接轨的公共数据运营商将是媒体深度融合的最佳路径和必由之路。②

第二节 中国媒体融合的发展阶段

中国的媒体融合起步于20世纪90年代中后期，具有强烈的现实指向，关系主流媒体的发展与使命。从早期参与市场竞合，到媒体融合上升为国家战略，再到推进媒体深度融合被中央列入"十四五"规划和2035年远景目标，我国的媒体融合实践逐步融入国家治理体系进程。中国的媒体融合在技术、政治和市场逻辑的多重影响下被不断推进。其中，政府的顶层设计和政治逻辑发挥着日益重要的作用。发展至今，中国媒体融合大致经历了20世纪90年代的探索阶段、21世纪初介质相加的初期阶段、2010—2020年介质相融的全面推进阶段以及2020年以后治理导向、智能驱动的深度融合阶段。

一、媒体融合的探索阶段

20世纪90年代中期，互联网发展处于Web1.0阶段。这一阶段，以门户

---

① 方兴东，钟祥铭. 重估媒体融合：50年数字技术驱动下的媒体融合演进历程与内在价值观［J］. 西北师大学报（社会科学版），2022（2）：5-19.
② 方兴东. ChatGPT与媒体深度融合：从数字技术变革逻辑解析中国媒体融合的战略处境和战略误区［EB/OL］. 博客中国，2023-05-17.

网站、搜索网站、博客为代表的互联网应用呈现出较强的媒体特性，以聚合、联合、搜索巨量网络信息为核心竞争力，极大地扩展了用户在信息获取方面的权利。① 全球网民数量极速上升，中国网民人数在1999年年底达到890万②，互联网浪潮不断冲击着主流媒体在社会信息传播中的主流地位。20世纪90年代，我国的互联网发展还处于"先发展、后管理"的摸索和观察阶段，媒体融合尚未进入政策层的行动视野，国内对媒体融合的关注更多侧重于电信改革和三网融合等基础设施融合层面。③ 面对新旧媒体的交汇竞合以及全球媒体融合进程的加速，作为社会变革敏锐感知者的中国主流媒体采取了积极的进取型战略，开始追求新技术的增量接入，在融合创新方面引领中国互联网和媒体的变革进程。④ 这一阶段属于我国媒体融合的自主探索阶段。

1995年1月，第一份中文电子杂志《神州学人》发刊。1995年10月20日，《中国贸易报》创建电子日报，揭开了我国报纸上网的序幕。1996年1月，广州日报报业集团成立，所有权层面的媒体融合开始在我国出现，建立媒体集团成为各级媒体实现效益增加与发展提速的重要举措。1997年1月，人民网作为《人民日报》建设的以新闻为主的网上信息交互平台正式上线。同年，由默多克的新闻集团和人民日报社共同投资的ChinaByte开通。1997年11月，新华社网站在建社66周年之际正式开通。从1995年《神州学人》电子版的开办到1997年人民网与新华社网站的建立，人民日报、新华社等主流媒体积极投身互联网浪潮的实践，探索内容数字化与门户网站建设等形态层面的媒体融合。这一时期，尽管互联网热潮尚未动摇主流媒体的核心地位，全球媒体融合的进程也很快湮没在互联网泡沫破灭的浪潮中，但互联网作为

---

① 郭全中，袁柏林. 媒介技术迭代下的用户权利扩张：基于Web1.0到Web3.0演进历程中的观察分析［J］. 新闻与写作，2023（2）：77-85.
② 中国互联网络信息中心. 第五次中国互联网络发展状况调查统计报告［EB/OL］. 中国互联网络信息中心网站，2000-01-01.
③ 顾烨烨，方兴东. 中国媒体融合30年：基于政策的视角［J］. 传媒观察，2023（6）：13-24.
④ 方兴东，顾烨烨，钟祥铭. 中国媒体融合30年研究［J］. 新闻大学，2023（1）：87-100，122.

二、物理拼接、介质相加的初期阶段

2000年以后，互联网开始进入以个人化、去中心化、社会化为特点的Web2.0时代。这一时期，信息传播环境和社会舆论格局发生了极大改变。中国网民规模获得了快速增长，从2000年12月的2250万[②]增长到2010年12月的4.57亿，截至2010年12月，我国互联网普及率达到34.3%，我国网民的网络新闻使用率、博客使用率和社交网站使用率分别达到77.2%、64.4%和51.4%，随着博客、播客等社交媒体的快速发展，网民获取新闻资讯的渠道更加多样，社交网络在新闻资讯传播中发挥着越来越重要的作用。[③] 以用户为中心的Web2.0时代全面解构了传统主流媒体在内容生产和内容传播两大环节的封闭垄断性机制，基于互联网的民间舆论场迅速崛起。面对以用户为中心的互联网竞争逻辑和争夺用户资源的竞争目标，中国主流媒体表现出极大的不适应，某种程度上成为网络民间舆论场的旁观者，融合策略从战略进攻转向战略防御。[④]

这一时期，面对新形势下的竞争压力，单一的市场力量已经难以支撑我国媒体融合的快速发展。2000年以后，政府开始给予媒体融合更多的政策支持和资源倾斜，媒体融合政策涵盖新闻重点网站建设、网络游戏、网络文化、网络视频等多个方面，呈现出多层次全方位覆盖的特点。[⑤] 2000年1月，国务院新闻办召开了国内首次互联网新闻宣传工作会议，中国主流媒体新闻网站全面布局和大发展拉开了序幕。2000年12月，经国务院新闻办公室批准，

---

① 方兴东，顾烨烨，钟祥铭．中国媒体融合30年研究［J］．新闻大学，2023（1）：87-100，122．
② 中国互联网络信息中心．第七次中国互联网络发展状况调查统计报告［EB/OL］．中国互联网络信息中心网站，2001-01-31．
③ 中国互联网络信息中心．第27次中国互联网络发展状况调查统计报告［EB/OL］．中国互联网络信息中心网站，2011-01-18．
④ 方兴东，顾烨烨，钟祥铭．中国媒体融合30年研究［J］．新闻大学，2023（1）：87-100，122．
⑤ 顾烨烨，方兴东．中国媒体融合30年：基于政策的视角［J］．传媒观察，2023（6）：13-24．

人民网、新华网、中国网、央视网、国际在线、中国日报网、中青网等中央网站成为我国首批重点新闻网站。2001年,《关于深化新闻出版广播影视业改革的若干意见》明确了我国新闻网站建设的指导原则、报道方针、网站定位和经营管理。这一时期,中国媒体融合实践主要受到自下而上的媒体自身发展的需求驱动,但自上而下的国家力量也开始在媒体融合进程中发挥积极的作用。

在技术持续进步、受众需求升级以及媒体产业自身发展需要的多重作用下,新闻网站不断优化自身更新频率、内容编排和浏览速度,获得了蓬勃发展。面对互联网的不断提速扩容,为实现转型与自救,越来越多的平面媒体和广播电台开始通过内容上网来实现网络化转型,以此获得了与电视媒体在网络空间平起平坐的地位。随着融合实践的推进,报纸与网络的互动愈加频繁,报网互动在2006年成为媒体融合的热点。这一时期,报纸与网站主要采取技术应用型、内容复制型、联动报道型、版块合作型、战略合作型和整体融合型六种模式实现互动与融合。[①] 如2006年,解放日报报业集团与新浪公司在新闻内容、市场经营和资本运作领域开展全方位战略合作,实现资源整合。同年,无线互联网门户TOM在线与专业体育媒体《体坛周报》建立战略合作伙伴关系,在内容资源、市场推广、无线增值等方面实现战略合作型报网互动。有学者指出,"报网互动"不仅带来传统媒体与新媒体的互补和互赢,而且标志着传播技术的飞跃、媒体生产经营方式的转型以及受众消费体验的革命,宣告着媒体大融合时代即将到来。[②] 报网互动经历了由报纸和网站的松散耦合到紧密耦合的过程。[③] 随着报网互动的不断深入,不仅出现了报网等各类媒体的融合,而且开始出现各类媒体从业者以及不同媒体产制方式的融合,媒体与媒体从业者之间的界限开始模糊,形成了新闻采集方式和新闻

---

① 蔡雯,陈卓. 试论报网互动的基本模式 [J]. 现代传播(中国传媒大学学报),2007(5):110-112.
② 范志忠. 论"报网互动"的发展态势与传播特征 [J]. 新闻与传播研究,2008(1):86-89,97.
③ 蔡雯,陈卓. 试论报网互动的基本模式 [J]. 现代传播(中国传媒大学学报),2007(5):110-112.

信息的汇流与分享。① 这一时期，电视媒体仍保持着稳定的发展态势，拥有专属的传播空间和特定的传播方式，但面对大量年轻用户不断转向网络新媒体的客观事实，电视媒体也开始成立附属性的新媒体部门，启动网站建设和推动电视节目上网。不过这一时期电视媒体的网络化转型只是将互联网作为内容的延伸播出端，融合实践仅仅表现为电视媒体向互联网的延展。②

总体来说，这一阶段，我国的媒体融合实践主要聚焦所有权层面的融合和形态层面的融合，遵循整合而非融合的理念③，新旧媒体之间的关系表现为"你是你，我是我"④，属于介质相加的物理融合。通过所有权层面的融合实现全媒体形态的覆盖⑤，是这一阶段传统媒体转型发展与融合实践的主要目标。介质相加作为早期传统媒体应对新媒体冲击的最主要的融合方式，其重要表现是报（台）网互动以及报（台）网融合的出现，平面媒体和广电媒体通过不同介质的相加来打破自身单打独斗的状态。⑥ 然而，这种不同介质的物理拼接主要以传统媒体为主，出现了"报网互动性不足""资源简单整合""经营体制受制于传统媒介"⑦ 以及"不重视网络平台开发"⑧ 等问题。

三、流程再造、介质相融的全面推进阶段

2010年代，随着智能手机在我国的快速普及，移动互联网浪潮席卷而来。从2011年6月到2019年6月，我国手机网民的规模从3.18亿增至达8.47

---

① 王君超. "全媒体"时代，报网融合大发展 [J]. 媒体时代，2011（3）：34-36.
② 廖祥忠. 从媒体融合到融合媒体：电视人的抉择与进路 [J]. 现代传播（中国传媒大学学报），2020（1）：1-7.
③ 栾轶玫. 从市场竞合到纳入国家治理体系：中国媒介融合研究20年之语境变迁 [J]. 编辑之友，2021（5）：13-25.
④ 张欣宇，周荣庭. 全媒体观念的产生、概念与特征 [J]. 出版发行研究，2021（4）：38-42.
⑤ 胡正荣，李荃. 走向智慧全媒体生态：媒体融合的历史沿革和未来展望 [J]. 新闻与写作，2019（5）：5-11.
⑥ 栾轶玫. 从市场竞合到纳入国家治理体系：中国媒介融合研究20年之语境变迁 [J]. 编辑之友，2021（5）：13-25.
⑦ 杨尚鸿，张志樯. 媒介融合时代报网互动的必然性及其存在的问题 [J]. 新闻界，2008（6）：16-18.
⑧ 蔡李章. 报台网互动融合中的误区及其对策 [J]. 视听纵横，2010（2）：56-57.

亿，网民中使用手机上网的比例从65.5%升至99.1%。[1] 移动终端开始成为大众传播的重要渠道，深刻改变着人们的信息获取和社会交往方式。2011年1月，腾讯公司推出面向智能终端的即时通信软件微信。2012年8月，基于数据挖掘的推荐引擎产品今日头条发布了第一个版本。以微信、今日头条为代表的新兴媒体平台展现出空前的内容整合力和渠道统合力，吸引了大量的互联网用户。中国社会进入一个强联结的移动互联时代，互联网成为社会新的主流媒体和主流信息传播机制。[2] 移动互联网浪潮的到来和社交媒体的崛起，使互联网从内容驱动模式转向用户驱动模式，用户生产内容和关系驱动的传播对主流媒体主导的官方舆论场带来了颠覆性的影响。微博、微信等社交媒体在中国的快速发展，培养并收获了越来越多的数字"原住民"，各大新闻机构开始重视"两微一端"的建设，微博、微信和客户端成为新闻媒体的标配，媒体融合迈出了坚实的一步。

这一时期，主流媒体自发的媒体融合实践已经难以消解传播格局和舆论生态巨变带来的生存危机，传统主流媒体陷入入口价值快速下降以及舆论引导力持续式微的困境，与新兴媒体之间的差距进一步扩大。另一方面，以美国政府为首的政治力量开始利用互联网平台的超级动员能力对我国意识形态进行渗透和围攻，挑战以地理边界为特征的国家主权和国际秩序，我国宣传思想工作遭遇前所未有的考验。

面对传播格局和舆论生态的改变，2014年8月18日，中央全面深化改革领导小组第四次会议审议通过了《关于推动传统媒体和新兴媒体融合发展的指导意见》，强调"推动传统媒体和新兴媒体在内容、渠道、平台、经营、管理等方面深度融合，着力打造一批形态多样、手段先进、具有竞争力的新型主流媒体，建成几家拥有强大实力和传播力公信力影响力的新型媒体集团，

---

[1] 中国互联网络信息中心.第28次中国互联网络发展状况调查统计报告［EB/OL］.中国互联网络信息中心网站，2011-07-19；中国互联网络信息中心.第44次中国互联网络发展状况调查统计报告［EB/OL］.中国互联网络信息中心网站，2019-08-30.

[2] 方兴东，顾烨烨，钟祥铭.中国媒体融合30年研究［J］.新闻大学，2023（1）：87-100，122.

形成立体多样、融合发展的现代传播体系"①。基于社会利益和国家利益的政治逻辑开始成为主导中国媒体融合实践最重要的内在逻辑，媒体融合在我国正式上升为国家战略，2014年也因此被称为中国的"媒体融合元年"。

2015年3月，十二届全国人大三次会议上，国务院《政府工作报告》提出制订"互联网+"行动计划，这一行动计划从顶层设计层面为传统媒体充分融入互联网时代浪潮提供了新的动力。2016年7月，为促进广播电视媒体转型升级，国家新闻出版广电总局公布了《关于进一步加快广播电视媒体与新兴媒体融合发展的意见》。2017年1月，《关于促进移动互联网健康有序发展的意见》强调，要"加大中央和地方主要新闻单位、重点新闻网站等主流媒体移动端建设推广力度，积极扶持各类正能量账号和应用。加强新闻媒体移动端建设，构建导向正确、协同高效的全媒体传播体系"②。2017年5月，《国家"十三五"时期文化发展改革规划纲要》发布，强调"扶持重点主流媒体创新思路，推动融合发展尽快从相'加'迈向相'融'，形成新型传播模式。支持党报党刊、通讯社、电台电视台建设统一指挥调度的融媒体中心、全媒体采编平台等'中央厨房'，重构新闻采编生产流程，生产全媒体产品。明确不同类型、不同层级媒体定位，统筹推进媒体结构调整和融合发展，打造一批新型主流媒体和媒体集团"③。在技术与政策的双重推动下，从中央到省市，中央主流媒体和各地党报、广播电视台等新闻机构开始了自上而下的改革。以人民日报、新华社、中央电视台为代表的传统主流媒体开始通过"中央厨房""全媒体平台""智慧融媒体"等融合实践主导媒体融合发展格局。

2018年11月14日，中央全面深化改革委员会第五次会议审议通过了《关于加强县级融媒体中心建设的意见》，县级融媒体中心建设上升为媒体转

---

① 关于推动传统媒体和新兴媒体融合发展的指导意见：摘要[J].中国新闻年鉴，2015(1)：17.
② 新华社.中共中央办公厅 国务院办公厅印发《关于促进移动互联网健康有序发展的意见》[EB/OL].中国政府网，2017-01-15.
③ 新华社.中共中央办公厅 国务院办公厅印发《国家"十三五"时期文化发展改革规划纲要》[EB/OL].新华网，2017-05-07.

型的国家战略，数量庞大却长期游离于大众视野之外的县级媒体开始进入政策关注的焦点区域并获得国家政策扶持。[1] 县级融媒体中心建设开始成为"国家治理的'托底工程'和中国基层治理结构的承重工程。"[2] 2019年1月25日，习近平总书记在中共中央政治局第十二次集体学习时指出，"推动媒体融合发展，要坚持一体化发展方向，通过流程优化、平台再造，实现各种媒介资源、生产要素有效整合，实现信息内容、技术应用、平台终端、管理手段共融互通，催化融合质变，放大一体效能，打造一批具有强大影响力、竞争力的新型主流媒体。要坚持移动优先策略，让主流媒体借助移动传播，牢牢占据舆论引导、思想引领、文化传承、服务人民的传播制高点。要探索将人工智能运用在新闻采集、生产、分发、接收、反馈中，全面提高舆论引导能力。要统筹处理好传统媒体和新兴媒体、中央媒体和地方媒体、主流媒体和商业平台、大众化媒体和专业性媒体的关系，形成资源集约、结构合理、差异发展、协同高效的全媒体传播体系。要依法加强新兴媒体管理，使我们的网络空间更加清朗"[3]。

从2014年将媒体融合上升为国家战略，到2018年县级融媒体中心建设的提出，再到2019年建设全媒体传播体系，国家赋予的战略地位为我国媒体融合的发展提供了强有力的助推力，系列政策的出台让深陷生存危机的主流媒体找到了重造竞争力、重塑格局的立足点，新兴技术和社交媒体的快速发展又为主流媒体的流程再造和介质相融提供了新的范式，我国媒体融合进入全面推进阶段。打造"流程再造""介质相融"的新型主流媒体，重塑主流媒体的话语权与竞争力成为这一阶段我国媒体融合的主要目标。"新旧融合、一次采集、多种生成、多元发布"的"中央厨房"成为媒体融合的主流模式。2018年，以县级融媒体中心建设的提出为标志，在行政力量的主导下，中国的媒体融合实践从以大传媒集团"中央厨房"模式为主要特征的第一阶段进

---

[1] 朱春阳. 县级融媒体中心建设：经验坐标、发展机遇与路径创新[J]. 新闻界，2018（9）：21-27.
[2] 王智丽，张涛甫. 超越媒体视域：县级融媒体中心建设的政治传播学考察[J]. 现代传播（中国传媒大学学报），2020（7）：1-6.
[3] 新华社. 习近平主持中共中央政治局第十二次集体学习并发表重要讲话[EB/OL]. 中国政府网，2019-01-25.

入第二阶段①，媒体融合发展的版图开始涵盖大型传媒集团和地方性的中小传媒集团，新旧媒体的关系开始从"你是你，我是我"发展为"你中有我，我中有你"。

四、治理导向、智能驱动的深度融合阶段

2020年9月，中办、国办印发的《关于加快推进媒体深度融合发展的意见》从重要意义、目标任务、工作原则三个方面明确了媒体深度融合发展的总体要求，强调要"建立以内容建设为根本、先进技术为支撑、创新管理为保障的全媒体传播体系"，"完善中央媒体、省级媒体、市级媒体和县级融媒体中心四级融合发展布局"②。2020年，党的十九届五中全会通过《中共中央关于制定国民经济和社会发展第十四个五年规划和二〇三五年远景目标的建议》，其中明确提出"推进媒体深度融合，实施全媒体传播工程，做强新型主流媒体，建强用好县级融媒体中心"③。从2014年的"推动""融合发展"到2020年的"加快推进""深度融合发展"，再到2023年"扎实推进媒体深度融合"被首次写入政府工作报告，媒体融合的制度创新不断推进，也驱动着中国的媒体融合实践从注重自身的融合转型转向立足主流舆论新格局的全媒体传播体系构建，媒体融合发展进入全面发力、深化改革、构建体系的新阶段④，呈现出治理导向、智能驱动的跨领域宽融合特征。⑤

在四级融合发展布局下，2020年，作为基层融合实践的县级融媒体中心获得了快速稳定的发展，机构覆盖和平台支撑的目标基本实现，全国各省份的县级融媒体中心基本实现挂牌，并与新时代文明实践中心等实现了多中心

---

① 朱春阳. 县级融媒体中心建设：经验坐标、发展机遇与路径创新 [J]. 新闻界，2018 (9)：21-27.
② 新华社. 中共中央办公厅 国务院办公厅印发《关于加快推进媒体深度融合发展的意见》[EB/OL]. 中国政府网，2020-09-26.
③ 中共中央关于制定国民经济和社会发展第十四个五年规划和二〇三五年远景目标的建议 [N]. 人民日报，2020-11-04（1）.
④ 唐绪军，黄楚新，王丹. 媒体深度融合：中国新媒体发展的新格局：2020—2021年中国新媒体发展现状及展望 [J]. 新闻与写作，2021（7）：97-102.
⑤ 麦尚文，张钧涵. "系统性融合"：新型主流媒体的社群驱动与传播生态建构 [J]. 现代传播（中国传媒大学学报），2021（6）：25-32.

融合，近三十个省份的省级云平台也已建成，县级融媒体中心开始步入协同创新、服务升级和社会治理的提质增效发展阶段。① 此外，地市级媒体在行政力量的助推下，尤其是2022年《关于推进地市级媒体加快深度融合发展实施方案的通知》下发后，纷纷加快了融合建设步伐，成为四级融合发展布局的"腰部"支撑。

随着媒体融合的纵深发展，主流媒体的功能维度从信息功能拓展到社会功能，仅仅立足于信息传播话语权和舆论场的被动防御战略已经难以匹配中国式现代化的战略需求，中国媒体融合结合国际传播战略和治理现代化的积极防御战略初现轮廓。② 在政策与现实驱动下，媒体融合在创新社会治理维度的功能价值被更大程度上激活，以县级融媒体中心为代表的新型主流媒体更多地参与到社会治理并融入国家治理体系中，媒体融合的治理导向特征愈加明显。伴随着国家治理体系和治理能力现代化在基层的延伸，县级融媒体中心作为基层社会治理重要抓手和国家治理托底工程的重要性被不断强化，参与基层社会治理成为"建强用好"县级融媒体中心的重要方向。

此外，智能主导正在成为现阶段媒体深度融合的显著特征。随着技术的高速变革与更迭，人类社会正逐步迈入万物互联、智能传播的新阶段。在此背景下，大数据、人工智能、物联网、5G等智能技术不断赋能媒体融合实践，驱动传媒变革，我国的媒体融合探索开始呈现出智能主导的深度融合特征。③ 目前，媒体融合智能主导的特征主要表现在以下方面：其一，新闻生产流程与数字技术的结合愈加紧密，"智能推荐、新闻写作、机器视觉等越来越多样化和精细化的智能应用不断革新着信息生产和传播流程"④。2020年12月，人民日报智慧媒体研究院正式发布"人民日报创作大脑"，这一跨界融合

---

① 黄楚新. 全面转型与深度融合：2020年中国媒体融合发展[J]. 现代传播（中国传媒大学学报），2021（8）：9-14.
② 顾烨烨，方兴东. 中国媒体融合30年：基于政策的视角[J]. 传媒观察，2023（6）：13-24.
③ 栾轶玫. 从市场竞合到纳入国家治理体系：中国媒介融合研究20年之语境变迁[J]. 编辑之友，2021（5）：13-25.
④ 唐绪军，黄楚新，王丹. "智能+"与全媒体：中国新媒体发展的新布局[J]. 新闻与写作，2019（6）：33-38.

的智能产品融汇了人民日报的内容优势和人工智能及算法的技术优势，为媒体机构和内容创作者提供通用型创作工具，助力媒体深度融合。其二，广播电视与 5G 技术应用愈加紧密，"央视频""云听"等国家级 5G 新媒体平台被陆续推出，智慧全媒体成为媒体融合深度发展的趋向。[1] 其三，无论是以算法驱动内容分发的短视频平台，还是 2022 年以 AI 内容生成火爆出圈的 ChatGPT，数据驱动的智能传播都深刻影响着媒体融合发展的方向。随着抖音、快手等短视频平台日益成为网民获取新闻资讯的重要渠道，其基于数据和算法推荐驱动的内容分发逻辑重构了社交媒体基于社交图谱的内容分发机制，为主流媒体的融合创新提供了新的契机。为更好地发挥舆论引导的作用，主流媒体纷纷与短视频平台在内容、技术、渠道方面进行深度融合。截至 2022 年 6 月，微博、抖音、快手、哔哩哔哩四大平台上共有媒体号 8028 个，平均粉丝量 138 万，其中，人民日报抖音号、央视新闻抖音号的粉丝数量分别达到 1.55 亿和 1.44 亿。[2] 2022 年，以 ChatGPT 为代表的 AI 创造内容出现，人工智能生成的内容生产模式第一次夺走了人类对信息流的主导，使传播指向了一个无限的开放系统的可能性。[3] 在 ChatGPT 背景下，重新掌握和善用社会公共数据，全面切入数字时代全民的公共服务和社会治理，成为媒体深度融合的战略目标。智能物联时代，技术背后的数据成为社会传播的主角和社会运行和治理的要素。"超越内容、抓住以数据为中心的技术和传播变革带来的重大机遇，推动舆论场与治理现代化"成为现阶段主流媒体深度融合的新使命。[4]

在此背景下，我国媒体融合发展发生了方向性转变，视野从传媒领域的"小融合"拓展到跨领域的"大融合"，建设自有品牌、推动资源协同、提供

---

[1] 胡正荣，王润珏. 我国主流媒体智慧全媒体建设的目标与路径 [J]. 行政管理改革，2019（7）：29-34.
[2] 中国互联网络信息中心. 第 50 次中国互联网络发展状况调查统计报告 [EB/OL]. 中国互联网络信息中心网站，2022-08-31.
[3] 方兴东，顾烨烨，钟祥铭. ChatGPT 的传播革命是如何发生的？——解析社交媒体主导权的终结与智能媒体的崛起 [J]. 现代出版，2023（2）：33-50.
[4] 方兴东，顾烨烨，钟祥铭. 中国媒体融合 30 年研究 [J]. 新闻大学，2023（1）：87-100，122.

商务服务、深化政务服务等成为融合发展的主要方向。① 深度的媒体融合是媒体以自身的品牌和在地性资源为基础，连接更多的社会资源、商业资源、生活资源，促成它们的对接，媒体深度融合必须跳出内容传播的狭隘逻辑，实现以媒介的连接性为基础逻辑的跨行业、跨领域的"宽融合"。②

第三节 县级融媒体中心及其发展概况

准确把握我国县级融媒体中心建设现象的实质，不仅需要跳出传媒自身发展的视角，从国家治理的高度思考其现实的战略价值，还应该从县级媒体发展的历史变迁和国家对县级媒体制度设计和建设的逻辑脉络中，探寻新时代我国县级融媒体中心建设的必然。该部分首先对新中国成立以来中国县级媒体的发展脉络进行梳理，在此基础上，对新时代中国语境下县级融媒体中心的概念内涵、发展模式以及发展现状进行深入分析。

一、中国县级媒体发展的历史变迁

新中国成立以来，从初期的"大喇叭"和农村有线广播网，到改革开放以后基层传播网络再造下的县级广播电视，县域媒体发展的不同阶段从来不是断裂的，而是呈现一定的延续性。从历史的角度回溯我国县级媒体的发展脉络与逻辑，是理解当下县级融媒体中心建设的实质以及未来县级融媒体中心发展方向的逻辑起点。

（一）作为基层宣传网络的"大喇叭"

新中国成立以来，党和国家极为重视"大喇叭"在县域基层的宣传、教育和团结广大群众的作用。通过县乡"大喇叭"搭建触达基层的声音宣传网

---

① 唐绪军，黄楚新，王丹. 媒体深度融合：中国新媒体发展的新格局：2020—2021年中国新媒体发展现状及展望 [J]. 新闻与写作，2021（7）：97-102.
② 喻国明. 媒体融合是一场革命：三个关键问题的思考 [J]. 传媒，2023（12）：19-20，22.

络被认为是20世纪50年代我国党和政府最具创见、影响最大的传播制度安排①,是1949年以后国家主义的政治传达在中国特色的城乡结构中的"技术下沉"实践。② 新中国成立初期,战后重建、文化教育和意识形态宣传是党和政府的重要任务。然而,传播技术落后和群众文盲率高是新中国成立初期我国县域基层的现状。在此背景下,党和政府通过文件逐级下发和面对面传授的方式开展宣传教育,不仅效率低下,而且难以判断政策的执行和贯彻力度。③ 如何在基层有效开展文化教育和意识形态宣传,将分布在广大乡村地区的群众与党紧密联系在一起,成为新中国成立初期党和政府需要着力解决的问题。有线广播站和"大喇叭"成为当时党和政府迅速搭建全国性基层宣传网络的最佳选择。1949年9月,《中国人民政治协商会议共同纲领》提出"发展人民广播事业"。1950年4月,中央人民政府新闻总署在《人民日报》第一版刊发了《新闻总署关于建立广播收音网的决定》,指出应在全国建立广播收音网,以便使人民广播事业在确实的群众基础上发挥应有的宣传教育作用。④ 1952年4月,新中国第一座县级广播站吉林省九台县(今九台区)广播站开播。据不完全统计,当时全县共设置了330个小喇叭,其中250个喇叭分布在各区、村。⑤ 1955年,第三次全国广播工作会议提出以"有线广播+大喇叭"的方式发展农村有线广播网。在党和国家的重视以及相关决策出台的支持下,20世纪五六十年代,农村有线广播网在我国迅速发展。1949年仅有11座的县级广播站,在1957年年底增至1698座,1949年仅有900只的广播喇叭,到1957年年底增至94.12万只。⑥

新中国成立以后,正是借助农村广播,党和政府的声音才被传至田间地

---

① HUANG Y, YU X. Broadcasting and Politics: Chinese Television in the Mao Era, 1958—1976 [J]. Historical Journal of Film, Radio and Television, 1997, 17 (4): 563-574.
② 周逵,黄典林. 从大喇叭、四级办台到县级融媒体中心:中国基层媒体制度建构的历史分析 [J]. 新闻记者, 2020 (6): 14-27.
③ 林颖,吴鼎铭. 中央人民政府新闻总署关于建立广播收音网的决定 [J]. 新闻界, 2015 (21): 71-72.
④ 林颖,吴鼎铭. 中央人民政府新闻总署关于建立广播收音网的决定 [J]. 新闻界, 2015 (21): 71-72.
⑤ 中共吉林省委宣传部. 面向农民的九台县有线广播 [N]. 人民日报, 1952-06-08 (3).
⑥ 赵玉明. 中国广播电视通史 [M]. 北京:中国广播电视出版社, 2014: 238.

头。有线广播网在基层的建立，配合了国家政权的下沉和农村的集体化，推动了国家治理重心的下移。[1] 从新中国成立初期县乡"大喇叭"宣传网络的建立，到改革开放后的"村村通广播电视工程"，再到党的十九大以后利用农村"大喇叭"的政治宣传，以及新冠疫情防控中农村"大喇叭"的不俗表现，作为基层宣传和传播网络的县乡"大喇叭"在县域基层一直发挥着不可替代的作用。在中国特色的城乡结构中，安装在学校操场、工厂、集市、田间电线杆、农村房顶或树顶上的"大喇叭"，凭借其在县域基层的高覆盖率、有效性、灵活性和低成本，将空间距离遥远的国家机构与乡村民众连接起来，实现了中央和基层的有效连接，使国家宣传网络下沉至广阔乡村和偏远地区。

(二)"四级办台"方针下的县级广播电视

改革开放以后，广播电视在中国县乡一级迅速发展。1983年3月，为提高广播电视在中国的覆盖面，第十一次全国广播电视工作会议确立了中央、省、市、县"四级办电视、四级混合覆盖"的政策，"四级办台"方针应运而生。此后，"凡具备条件的省辖市、县也可开办广播电视台，除转播中央和省台电视节目外，可播出自办节目"[2]。有学者指出，"四级办台"方针的实质是授予地方开办电视频道的自主权利，是改革开放之初国家在中央财政经费有限的情况下希望利用地方的力量推动中国基层广播电视网络发展而做出的选择。[3] "四级办台"方针提出后，地方办电视的积极性被极大地激发，在自上而下的政策驱动和自下而上的实践热情的碰撞下，中国电视媒体覆盖率在短时间内得到了大幅度的提升。数据显示，"四级办台"方针实施后，我国县级广播电台的数量从1984年的45座增加到1987年的184座，翻了四倍，县级电视台的数量从1984年的23座增加到1987年的155座，增幅高达573.9%。[4] "四级办台"方针驱动了我国县级广播电视网络的建立，有助于政

---

[1] 李乐. 媒介变革视野中的当代中国乡村治理结构转型 [J]. 新闻与传播研究，2020 (9): 78-94, 127.

[2] 李洁琼. 县级电视台生存与发展研究 [D]. 长沙：湖南大学，2009：8-9.

[3] 周逵，黄典林. 从大喇叭、四级办台到县级融媒体中心：中国基层媒体制度建构的历史分析 [J]. 新闻记者，2020 (6): 14-27.

[4] 周逵，黄典林. 从大喇叭、四级办台到县级融媒体中心：中国基层媒体制度建构的历史分析 [J]. 新闻记者，2020 (6): 14-27.

治宣传贯通"最后一公里"的实现,然而这种大规模建设运动也带来诸多问题。政绩思维导致一些并不具备开办能力的县级行政单位一拥而上开办电台和电视台,加之市场逐利动机的驱动,重复建设、资源浪费、闲置内耗的现象非常突出。此外,因为内容生产能力不足和资金有限,内容庸俗、质量低劣的海外录像节目一度在县级电视台大肆泛滥,偷录和滥放带来的版权争议纠纷不断。针对广播电视行业出现的问题,国家开始对广电行业的散滥进行治理。1996年,中共中央办公厅、国务院办公厅下发了《关于加强新闻出版广播电视业管理的通知》,重点治理擅自建台、重复设台和乱播滥放的现象,规定"现有县广播电视台、电台、有线电视台要合并为一个播出实体,主要转播中央和省的广播电视节目,可自办少量当地新闻和专题节目,只能播出从广播电影电视部规定的渠道购买、取得的影视文艺节目"①。1999年,信息产业部、国家广播电影电视总局发布了《关于加强广播电视有线网络建设管理的意见》,提出"在县级广播电视实行三台合一的基础上,由省级电视台制作一套公共节目供所辖各县电视台播出,从中空出一定时段供县级电视台播放自己制作的新闻和专题节目"②。中国的县级媒体越来越成了一个游离于大众视野之外的媒体族群。

(三)国家治理体系中的县级融媒体中心建设

2000年后,随着互联网在我国的快速普及和下沉,基层传播格局已然发生巨变,县域用户成为移动互联网最大的增量群体,媒介赋权下的基层群众开始成为县域信息传播网络中的活跃行动者,以土味文化为代表的泛娱乐社交已"农村包围城市"般雅俗共赏,传播权的去中心化导致主流媒体在县域民间舆论场越来越被边缘化,主流媒体面临传播"最后一公里"失灵的困境。③ 新信息传播技术和新媒体产业的发展,导致原本就生存艰难的县级广播电视台愈加处境艰难,资金短缺、人才流失、定位模糊、内容单一让县级媒

---

① 邓炘炘,黄京华. 广播频率专业化研究 [M]. 北京:中国传媒大学出版社,2006:17.
② 国家广播电影电视总局社会管理司. 广播电视行业管理手册 [M]. 北京:中国广播电视出版社,2001:133.
③ 李彪. 县级融媒体中心建设:发展模式、关键环节与路径选择 [J]. 编辑之友,2019(3):44-49.

体的用户流失严重，发展陷入绝境。

2018年8月，习近平总书记在全国宣传思想工作会议上提出，"要扎实抓好县级融媒体中心建设，更好引导群众、服务群众"①。2018年9月，中宣部在浙江省湖州市长兴县召开县级融媒体中心建设现场推进会，确定了县级融媒体中心建设的具体目标和实现路径，要求2020年年底基本实现县级融媒体中心的全国覆盖。2018年11月，中央全面深化改革委员会第五次会议审议通过了《关于加强县级融媒体中心建设的意见》，会议强调，要深化机构、人事、财政、薪酬等方面的改革，调整优化媒体布局，推进融合发展，不断提高县级媒体传播力、引导力、影响力；要坚持管建同步、管建并举，坚持正确政治方向、舆论导向、价值取向，坚持社会责任，把社会效益放在首位。②此后，县级融媒体中心建设正式上升为媒体转型的国家战略。县级融媒体中心建设的提出是我国行政力量主导的媒体融合行动进入第二阶段的标志，长期处于行业边缘地带的县级媒体开始迎来政策扶持的发展机遇。2019年，国家广播电视总局先后发布了《县级融媒体中心建设规范》《县级融媒体中心省级技术平台规范要求》《县级融媒体中心网络安全规范》《县级融媒体中心运行维护规范》《县级融媒体中心监测监管规范》五项规范性文件，为县级融媒体中心建设提供了标准体系。以广电为主要班底的县级融媒体中心建设是继"四级办台"方针以后，党和国家又一次基于国家治理战略需求和媒体行业发展需要，针对县级媒体制度的顶层设计和全国性实践。③ 自此，长期淡出传媒行业视野的县级媒体开始被社会关注。

二、中国语境下县级融媒体中心的概念内涵

作为我国媒体融合战略的"最后一公里"，县级融媒体中心在我国全媒体传播体系建设的大格局中，扮演着底层支撑的角色。县级融媒体中心建设被

---

① 新华社. 习近平：举旗帜聚民心育新人兴文化展形象 更好完成新形势下宣传思想工作使命任务 [EB/OL]. 中央网络安全和信息化委员会办公室网站，2018-08-22.
② 深刻总结改革开放伟大成就宝贵经验 不断把新时代改革开放继续推向前进 [N]. 人民日报，2018-11-15 (1).
③ 周逵，黄典林. 从大喇叭、四级办台到县级融媒体中心：中国基层媒体制度建构的历史分析 [J]. 新闻记者，2020 (6)：14-27.

视为巩固新闻舆论阵地的重要举措，提升社会治理水平的重要途径，以及加强网络风险防范的重要阵地。① 何谓县级融媒体中心？根据国家广播电视总局发布的《县级融媒体中心省级技术平台规范要求》中的界定，县级融媒体中心是指"整合县级广播电视、报刊、新媒体等资源，开展媒体服务、党建服务、政务服务、公共服务、增值服务等业务的融合媒体平台"②。2018年9月20日至21日，中宣部在县级融媒体中心建设现场推进会上强调，要"努力把县级融媒体中心建成主流舆论阵地、综合服务平台和社区信息枢纽"③。

2018年，县级融媒体中心建设被作为媒体融合战略重要组成部分提出时，"引导群众、服务群众"成为其最根本的功能设定。在中国语境下，推动媒体融合发展，就是要做大做强主流舆论，巩固全党全国人民团结奋斗的共同思想基础。作为全媒体传播体系的重要环节和基层底座，县级融媒体中心既具备贴近群众和更好地聆听群众需求的近地优势，也具备整合县域媒体资源、政府执政资源和其他社会资源的优势。一方面，无论基于国家战略需求的考虑，还是源自基层媒体的责任担当，"引导群众"都是作为基层主流舆论阵地的县级融媒体中心的首要功能。另一方面，"服务群众"是县级融媒体中心另一重要的功能设定。作为县域"综合服务平台"，县级融媒体中心应该为当地群众提供以政务服务为核心的各类本地化服务，以此体现新型主流媒体的服务功能，从而产生强大的用户黏性。④ 此外，作为"社区信息枢纽"的县级融媒体中心应该为县域居民协商交流、凝聚共识提供信息交互和交流平台，发挥"沟通群众"的功能。

随着国家治理体系和治理能力现代化战略目标的引入，县级融媒体中心作为县域治理技术装置和平台枢纽的功能价值被给予了更多关注。县级融媒体中心不再是单纯的媒体单位，而具有了基层新型主流媒体和基层社会治理平台的双重身份，其功能也从单纯的媒体视角下的信息传播、舆论引导，扩

---

① 张丽萍. 加快推进县级融媒体中心建设 [N]. 光明日报, 2019-02-19 (7).
② 国家广播电视总局. 县级融媒体中心省级技术平台规范要求 [EB/OL]. 国家广播电视总局网站, 2019-01-15.
③ 新华社. 县级融媒体中心建设全面启动 [EB/OL]. 新华网, 2018-09-21.
④ 宋建武, 乔羽. 建设县级融媒体中心 打造治国理政新平台 [J]. 新闻战线, 2018 (23)：67-70.

展到融合信息传播、舆论引导、社会整合、基层治理、公共服务、文化黏合等于一体的综合功能。作为全媒体传播体系底层支撑的县级融媒体中心需要深入地方发展的方方面面，特别是完善坚持正确导向的舆论引导工作机制，推进基层社会治理现代化、服务人民群众等方面。① 在技术赋能背景下，建设数字平台、整合数据资源、整合社会需求、重建基层关系连接和加强社会认同成为县级融媒体中心创造公共价值、参与基层治理的重要路径。②

三、中国县级融媒体中心的发展概况

2018年以来，在中央顶层设计"自上而下"的强力推进下，县级融媒体中心以"引导群众、服务群众"为目标导向，以主流舆论阵地、综合服务平台、社区信息枢纽为核心定位，开始在我国加速发展。2000年年底，我国两千多个区县基本完成县级融媒体中心的建设任务。《中国数字乡村发展报告（2022年）》数据显示，截至2022年8月，全国已建成运行2585个县级融媒体中心，共开办广播频道1443套、电视频道1682套。③ 我国县级融媒体中心建设从最初的机构重组、平台搭建阶段进入"建强用好"、平台融通的2.0阶段。

朱春阳、曾培伦梳理并归纳了现阶段我国县级融媒体中心建设的两种基本路径：自我整合式的"单兵扩散"和嵌套建设式的"云端共联"。其中，"单兵扩散"的建设路径是由当地宣传部门推动，以县级广播电视台为基础，将县级媒体资源和县党委政府开办的网站、内部报刊、客户端、微信、微博，以及县党委新闻中心或宣传报道组等县域所有的公共媒体和宣传资源整合起来，并在此基础上与外界资源进行对接。如浙江湖州的长兴县融媒体中心、江苏徐州的邳州融媒体中心和河南周口的项城融媒体中心等。"云端共联"的建设路径则是采用"高层媒体建云，基层媒体加入"的方式，将县级媒体资

---

① 胡正荣. 打造2.0版的县级融媒体中心[J]. 新闻界, 2020(1): 25-29.
② 曾润喜，杨璨. 重建本地用户连接融入基层社会治理：县级融媒体发展路径研究[J]. 新闻与写作, 2021(5): 22-28.
③ 农业农村部信息中心. 中国数字乡村发展报告：2022年[EB/OL]. 中国网信网, 2023-03-01.

源接入高层级媒体的"融媒体云",在"云端"完成融媒体中心的建设。如江西日报社"赣鄱云"、湖北广播电视台的"长江云"和四川日报报业集团的"四川云"等省级"融媒体云",通过"云端共联"帮助省内区县媒体完成系统化的融媒体中心建设。① "云端共联"模式有利于统一技术标准和高效宣传新闻内容,但统一的技术标准也限制了县级融媒体中心的多样化需求和个性化成长。

2022年2月,中央一号文件《中共中央 国务院关于做好2022年全面推进乡村振兴重点工作的意见》中,在"突出实效改进乡村治理"部分,提出将县级融媒体中心作为创新农村精神文明建设的平台载体,开展对象化分众化宣传教育,弘扬和践行社会主义核心价值观。② 县级融媒体中心在基层治理和乡村振兴中的重要地位被进一步凸显。在日益完善的制度体系的引领下,县级融媒体中心不断强化自身的内容建设,完善平台服务功能,推动技术要素赋能,深度嵌入基层社会治理和乡村振兴发展进程中,助力基层经济社会高质量发展。

---

① 朱春阳,曾培伦. "单兵扩散"与"云端共联":县级融媒体中心建设的基本路径比较分析[J]. 新闻与写作,2018(12):25-31.
② 中共中央国务院关于做好二〇二二年全面推进乡村振兴重点工作的意见[N]. 人民日报,2022-02-23(1).

第三章

社会治理与乡村治理的演进

在全面解析媒体融合与县级融媒体中心的概念内涵、发展阶段与现状之后，本章将深入探讨社会治理与乡村治理的概念内涵及其演进脉络。准确把握我国社会治理与乡村治理的内涵与演进，是探讨县级融媒体中心"何以可能"以及"如何参与"乡村治理的基础性问题。在我国，乡村治理是社会治理的重要一环，为更好地理解乡村治理的内涵和演变，我们需要将其置于社会治理的理论框架和实践逻辑中进行深入研究。本章从探讨社会治理的概念及其发展变迁入手，对中国政治话语体系下的社会治理的基本含义与基本特征进行解析，并对新中国成立以来中国社会治理的变迁脉络进行梳理。在此基础上，基于我国国情、政情、社情，准确把握乡村治理的概念内涵，并以中国乡村治理的重要政策文本和目标导向为依据，探讨新中国成立后中国乡村治理的历史演进，进而对现阶段中国乡村治理的基本背景及其遭遇的主要问题进行全面解析。

第一节 社会治理的概念及其发展变迁

本节在梳理"社会治理"词源演变的基础上，对中国政治话语体系下社会治理的基本含义与基本特征进行探讨，并对新中国成立以来中国社会治理的变迁脉络进行梳理。

一、"社会治理"的词源演变

"社会治理"的概念源于"治理"这一术语。从历史视角对我国传统文化中的社会治理观进行探讨发现,我国历史上出现的"治理"概念主要指朝廷的治国之术,治理的核心在"治",通过"治"达致社会秩序的条理化即"理",主要涉及的是国家治理和政府治理。[①] 如荀子在《君道》中所言"明分职,序事业,材技官能,莫不治理,则公道达而私门塞矣,公义明而私事息矣",其中的"莫不治理",指的就是国家统治。[②] 民国时期,尽管对国家治理和社会治理的研究有所发展,但"治理"的概念并未被系统使用。

在西方,"治理"(governance)的初始含义是控制、引导和操纵,常与"统治"(government)交叉使用,用于有关国家公共事务的管理活动和政治活动之中。20世纪90年代以来,随着经济和社会的重大转型,"治理"被西方学者赋予了新的含义,逐渐演变成一个与"统治""控制"相别,与"政府分权"和"社会自治"有关,包含民主、合作、自组织等内容的概念。治理理论作为对社会转折造成的各种不可治理性的回应,开始突破政治学领域而在社会科学领域中流行。[③] 在现代治理理论中,"治理"一词最早出现在1989年世界银行发布的《撒哈拉以南非洲:从危机到可持续发展》的研究报告中,该报告用"治理危机"概括了当时非洲发展问题的根源,并将"治理"作为解释经济成功国家的核心概念和原因。自此,"治理"概念开始在社会科学领域广泛应用。

关于"治理"的含义,治理理论创始人詹姆斯·N. 罗西瑙(James N. Rosenau)将"治理"定义为一系列活动领域里的管理机制,将其视为一种与统治不同的、由共同目标和规则支持的、无须依靠国家强制力量实现的活动,它既包括政府机制,也包括非正式的机制。[④] 治理理论的另一位代表人物英国

---

① 王思斌. 新中国70年国家治理格局下的社会治理和基层社会治理[J]. 青海社会科学,2019(6):1-8,253.
② 许耀桐. 治理与国家治理的演进发展[J]. 中共福建省委党校学报,2016(9):4-12.
③ 王诗宗. 治理理论及其中国适用性[D]. 杭州:浙江大学,2009:1.
④ 詹姆斯·N. 罗西瑙. 没有政府的治理:世界政治中的秩序与变革[M]. 张胜军,刘小林,等,译. 南昌:江西人民出版社,2001:55.

学者罗茨（R. Rhodes）归纳了六种关于治理的定义，分别是"作为最小国家的管理活动的治理""作为公司管理的治理""作为新公共管理的治理""作为善治的治理""作为社会控制体系的治理"以及"作为自组织网络的治理"。① 其中，"作为善治的治理"指的是强调效率、法治、责任的公共服务体系，"作为社会控制体系的治理"指的是政府与民间、公共部门与私人部门之间的合作与互动，"作为自组织网络的治理"指的是建立在信任与互利基础上的社会协调网络。② 此外，英国治理研究专家格里·斯托克（Gerry Stoker）梳理各种治理概念后指出，治理的本质在于它所偏重的统治机制并不依靠政府的权威或许可，治理是出自政府但又不限于政府的一套机构和行为体，在为社会和经济问题寻求解答的过程中存在界线和责任方面的模糊性，在参与集体行动的机构之间存在权力依赖，参与者会形成一个自主自治的行为体网络，办好事情的能力并不在于政府下命令或运用其权威性的权力，政府可以动用新的工具和技术来掌舵和指引。③ 在各种关于"治理"的定义中，全球治理委员会的定义具有一定的代表性和权威性。1995 年，全球治理委员会在《我们的全球伙伴关系》研究报告中将"治理"界定为，各种公共的或私人的个人和机构管理其共同事务的诸多方式的总和，它是使相互冲突的或不同的利益得以调和并采取联合行动的持续过程，它包括有权迫使人们服从的正式机构和规章制度以及种种非正式安排。④ 尽管"治理"一词有许多不同的界定，但在今天的西方学术语境中，"治理"主要意味着政府分权和社会自治，"立足于社会中心主义，主张去除或者弱化政府权威，取向于多中心社会自我治理"是西方治理理论的基本政治主张和倾向。⑤

20 世纪末以来，随着治理理论在中国的引介和本土化，国内学者开始关

---

① RHODES R A W. The New Governance: Governing without Government [J]. Political Studies, 1996, 44 (4): 652-667.
② 俞可平. 全球治理引论 [J]. 马克思主义与现实, 2002 (1): 20-32.
③ 格里·斯托克, 华夏风. 作为理论的治理: 五个论点 [J]. 国际社会科学杂志 (中文版), 2019 (3): 23-32.
④ The Commission on Global Governance. Our Global Neighborhood: The Report of the Commission on Global Governance [M]. Oxford: Oxford University Press, 1995: 23.
⑤ 王浦劬. 国家治理、政府治理和社会治理的基本含义及其相互关系辨析 [J]. 社会学评论, 2014 (3): 12-20.

注治理理论及其在中国的实践运用，治理理论成为理解国家与社会关系的新的理论工具。俞可平在对治理和善治进行初步探讨后，指出善治就是使公共利益最大化的社会管理过程，是政治国家与公民社会的最佳状态。他认为"治理"和"统治"的区别包括：统治的权威必定是政府，而治理的权威则并非一定是政府机关；统治的主体一定是社会公共机构，而治理的主体既可以是公共机构，也可以是私人机构或者公共机构和私人机构的合作；统治的权力运行方向总是自上而下，而治理的权力向度是多元的和相互的。[①] 吴志成在对西方治理理论进行述评的基础上，总结了"治理"内涵的几个方面：治理主体上，存在一个由来自不同领域、不同层级的公私行为体、力量和运动构成的复杂网络结构；治理基础上，超越国家权力中心论，国家仍然发挥主要作用，但必须和其他行为体合作；治理方式上，既实行正式的强制管理，又有行为体之间的民主协商谈判妥协，既采取正统的法规制度，又有非正式的措施、约束发挥作用；治理目的上，化解冲突与矛盾，维持社会秩序，在满足各行为体利益的同时，实现社会发展和公共利益的最大化。[②] 尽管西方治理理论对于当代中国的社会治理具有一定的借鉴意义，但国内学者普遍意识到，源于西方社会矛盾与政府改革实践的西方治理理论并不适用于中国的国情与社会发展，治理理论只有在本土化的基础上才能实现理想的重塑。[③] 中国的社会治理应该根植于中国独特的政治、经济和文化发展与社会变迁，区别于西方的治理理论，具有中国特色。

二、中国政治话语体系下社会治理的含义与特征

（一）中国政治话语体系下社会治理的基本含义

2013年以来，国内有关社会治理的研究开始呈现爆炸式增长趋势，学者们从探讨中国传统文化中的社会治理观逐渐转向从现实社会角度思考中国社会治理模式的转型，对社会治理的理解日益深刻与全面。在中国，"社会治

[①] 俞可平. 治理和善治引论 [J]. 马克思主义与现实，1999（5）：37-41.
[②] 吴志成. 西方治理理论述评 [J]. 教学与研究，2004（6）：60-65.
[③] 吴家庆，王毅. 中国与西方治理理论之比较 [J]. 湖南师范大学社会科学学报，2007（2）：58-65.

理"是一个被中国化了的、具有典型本土特征的概念。转型期的当下中国，现代化与后现代化的"两化叠加"加大了政府管理的难度①，中国的社会治理既是党和政府对自身执政方式的理性反思，也是其对转型期各类社会问题的积极回应。② 究竟什么是社会治理？王浦劬强调，中国的"社会治理"是在执政党领导下，由政府组织主导，吸纳社会组织等多方面治理主体参与，对社会公共事务进行的治理活动。③ 陈成文、赵杏梓则从社会学视角将"社会治理"界定为：政府、市场、社会组织、公民在形成合作性关系的基础上，运用法、理、情三种社会控制手段解决社会问题，以达到化解社会矛盾、实现社会公正、激发社会活力、促进社会和谐发展目的的一种协调性社会行动。④ 王思斌认为，社会治理的主体不仅限于政府，还包括社会力量和民众，而治理的空间则聚焦于社会领域。⑤ 在中国的政策和学术环境中，"社会治理"常常被用来强调治理主体的非政府属性、治理层级的"基层"属性以及治理事务的社会属性。富有领导力的政党凭借创意能力引领社会，有效的政府提供足够的制度供给和信用保障，企业和经济组织具有足够的责任担当和贡献，以及公民参与到社会生活和社会管理与社会公益活动中来是中国社会治理应当追求的目标。⑥

关于社会治理与国家治理的关系，在中国政治话语体系和语境下，国家治理和社会治理具有本质上的一致性，都是中国共产党领导人民进行的治国理政。其中，国家治理是总体治理，社会治理是国家治理的分支范畴和子领域。国家治理不仅包含社会治理，而且规定和引领社会治理，而社会治理则

---

① 朱光磊."两化叠加"：中国治理面临的大难题[J].中国经贸导刊，2016（31）：43-44.
② 向德平，苏海."社会治理"的理论内涵和实践路径[J].新疆师范大学学报（哲学社会科学版），2014（6）：19-25，2.
③ 王浦劬.国家治理、政府治理和社会治理的含义及其相互关系[J].国家行政学院学报，2014（3）：11-17.
④ 陈成文，赵杏梓.社会治理：一个概念的社会学考评及其意义[J].湖南师范大学社会科学学报，2014（5）：11-18.
⑤ 王思斌.新中国70年国家治理格局下的社会治理和基层社会治理[J].青海社会科学，2019（6）：1-8，253.
⑥ 燕继荣.社会变迁与社会治理：社会治理的理论解释[J].北京大学学报（哲学社会科学版），2017（5）：69-77，2.

在社会领域实现着国家治理的要求和价值取向。[①] 国家治理的目标、理念和方略制约甚至决定着社会治理、基层社会治理的形式和内容。[②]

(二) 中国政治话语体系下社会治理的基本特征

总体说来，中国的社会治理具有以下几方面典型特征：

其一，中国共产党是中国社会治理的领导力量。中国的社会治理强调"党委领导、政府负责"，强调发挥党总揽全局、协调各方的领导核心作用。

其二，社会治理主体具有多元性。我国的社会治理由政府组织和主导负责，同时也鼓励和支持社会各方参与，强调国家主导和社会自主双重机制共同发挥作用，政府、社会组织、社区单位、个人等各方利益攸关者协同行动，实现行动主体的"协同治理"。因此，社会治理主体并不局限于党和政府，还包括社会组织和公民等多方治理主体。多元社会主体共同参与社会事务和社会问题的解决是社会治理的理想状态和有效模式。[③]

其三，社会治理的客体是社会领域的公共问题。在中国的政策和学术环境中，社会治理是多方行动主体对社会领域公共问题和公共事务的治理活动。社会治理的客体通常是公民的社会生活和社会活动，涉及社会公共服务、社会安全和秩序、社会保障和福利、社区管理等社会领域的内容。社会治理的客体与社会事务尤其是社会难题有关，社会事务是人们组成社会而过集体生活时产生的各种事务，包括公共资源、公共福利、公共服务、公共秩序、公共规则、公共卫生、公共安全等"公益"或"公害"性事务。[④]

其四，社会治理过程的互动性和协商性。社会治理是一种合作性、协调性和动态性的社会行动，旨在形成国家与社会、政府与非政府组织、公共机

[①] 王浦劬. 国家治理、政府治理和社会治理的含义及其相互关系 [J]. 国家行政学院学报，2014 (3)：11-17.

[②] 王思斌. 新中国70年国家治理格局下的社会治理和基层社会治理 [J]. 青海社会科学，2019 (6)：1-8, 253.

[③] 燕继荣. 社会变迁与社会治理：社会治理的理论解释 [J]. 北京大学学报 (哲学社会科学版)，2017 (5)：69-77, 2.

[④] 燕继荣. 社会变迁与社会治理：社会治理的理论解释 [J]. 北京大学学报 (哲学社会科学版)，2017 (5)：69-77, 2.

构与私人机构等多元主体协调互动的治理状态。① 社会治理过程的基础不是控制，而是互动、协调、达成共识与合作。社会治理网络的形成及其作用的发挥不能依靠外部力量的强加，而只能依赖多元治理主体的自觉互动与协商合作。治理的权力运行向度应该是多元和相互的，主要通过合作、协商、伙伴关系、确立认同和共同的目标等方式对公共事务进行治理。② 官民对社会事务的合作共治是国家与社会关系的最佳状态。③

其五，社会治理的根本出发点是人民的根本利益。"以人民为中心"是十八大以来建设社会治理体制、推进社会治理体系和治理能力现代化必须遵循的基本原则。"创新社会治理，必须着眼于维护最广大人民根本利益，最大限度增加和谐因素，增强社会发展活力，提高社会治理水平，全面推进平安中国建设，维护国家安全，确保人民安居乐业、社会安定有序。"④ 中国的社会治理是以实现和维护群众权利为核心，"针对国家治理中的社会问题，完善社会福利，保障改善民生，化解社会矛盾，促进社会公平，推动社会有序和谐发展的过程"⑤。

其六，"有效解决社会问题"是社会治理的直接目的，而"促进社会和谐发展"是社会治理的最终目标。社会治理理念不仅浓缩了一种理想的国家与社会关系，还体现出解决社会问题的操作思维。"有效解决社会问题"是社会治理的直接目的，这些问题包括化解社会矛盾、应对社会风险、协调社会利益、凝聚社会共识、维持社会秩序等。⑥ 尽管社会治理具有强烈的"问题导向"，但社会治理不应只是解决社会麻烦、维持社会稳定的手段，还应该是释放社会活力、促进公益发展的方式，社会治理的主要任务是促进"公益事业"

---

① 向德平，苏海. "社会治理"的理论内涵和实践路径 [J]. 新疆师范大学学报（哲学社会科学版），2014 (6)：19-25，2.
② 俞可平. 治理和善治引论 [J]. 马克思主义与现实，1999 (5)：37-41.
③ 俞可平. 中国的治理改革：1978—2018 [J]. 武汉大学学报（哲学社会科学版），2018 (3)：48-59.
④ 中共中央关于全面深化改革若干重大问题的决定 [N]. 人民日报，2013-11-16 (1).
⑤ 姜晓萍. 国家治理现代化进程中的社会治理体制创新 [J]. 中国行政管理，2014 (2)：24-28.
⑥ 国务院发展研究中心公管所. 社会治理的理论与实践探索 [M]. 北京：中国发展出版社，2018：6.

的发展和防治"公害事务"的发生①,努力实现社会联结与社会团结的互动共生和良性循环,构建一个兼有秩序与活力的有机社会。②

三、新中国成立以来我国社会治理的变迁脉络

新中国成立至今,因我国在不同时期国情社情的差异以及党和政府对社会治理认识的不断深化,中国社会治理的理念和模式发生了深刻的改变,大致经历了四个阶段。

(一) 1949 年至 1978 年期间:社会管理与初步建设阶段

从新中国成立到 1978 年,我国社会的主要矛盾以阶级斗争为纲③,巩固和建设社会主义政权是这一时期国家的主要任务。面对经济凋敝、反革命残余分子破坏以及帝国主义的包围封锁,中国采取了计划经济体制。这一时期,在计划经济体制下,国家集中力量进行经济建设,同时稳定社会,国家与社会高度重合,展现出显著的"国家—社会"一体化特征④。社会治理主要秉持"稳定"的政策价值导向⑤,遵循"政府全面负责"的社会管理理念。在这种高度统一的国家治理和社会治理关系中,国家治理占据主导地位,社会治理则处于从属地位,甚至在一定程度上被国家治理所替代。国家通过单位制、人民公社等形式对社会进行全面组织和管理,政府和基层政治组织是社会治理的主体。由于经济建设和政权稳定的优先性,社会力量被吸纳、被统一管理,国家依靠对经济资源和权力资源的调配以及发达的政权体系、群团

---

① 燕继荣. 社会变迁与社会治理:社会治理的理论解释 [J]. 北京大学学报(哲学社会科学版), 2017 (5): 69-77, 2.
② 冯仕政. 社会治理与公共生活:从连结到团结 [J]. 社会学研究, 2021 (1): 1-22, 226.
③ 卢春龙. 新中国 70 年社会治理之回顾与新时代展望 [J]. 学习与探索, 2019 (10): 60-70.
④ 江必新. 以党的十九大精神为指导 加强和创新社会治理 [J]. 国家行政学院学报, 2018 (1): 23-29+148.
⑤ 冉连,张曦. 新中国成立以来中国特色社会治理:政策表达与变迁逻辑:基于 1949—2022 年政策文本的内容分析 [J]. 湖北社会科学, 2023 (5): 52-63.

组织和准行政力量对基层进行社会治理。① 这一时期的治理格局确实带来了社会治理的较高效率，但同时也暴露出一些问题。权力过分集中、政社不分以及国家与社会的高度重合，导致社会力量缺乏足够的成长空间，城乡居民的生活质量也受到一定影响。

（二）1979 年至 2001 年期间：社会管理的改革与转型阶段

为应对我国居民物质文化生活水平较低以及国家政治生活领域出现的诸多问题，1978 年 12 月，党的十一届三中全会启动经济体制改革，中国开启了改革开放的新篇章。《1979 年国务院政府工作报告》指出："阶级斗争已经不是我国社会目前的主要矛盾，我们进行阶级斗争应该围绕着社会主义现代化建设这个中心工作并为这个中心工作服务。"② 这一时期，社会的主要矛盾转化为人民日益增长的物质文化需要同落后的社会生产之间的矛盾，我国开始从原来的计划经济体制向社会主义市场经济体制过渡，工作重心转移到经济建设上来。

在此大背景下，党和国家开始重视社会领域的改革发展③，社会改革随之稳步推进，"社会发展"被纳入国家发展战略之中。④ 政府希望通过改革计划经济时代较为僵化的社会管理体制，以适应市场经济发展的需要，并利用社会改革的成果来巩固社会主义市场经济体制。这一时期，政府对社会的治理开始从微观走向宏观、从直接走向间接，对社会领域的治理主要遵循"政府绝对主导，社会有限参与"的理念，社会治理政策的制定开始遵循"发展"的价值导向，政策内容主要集中在推动社会发展和社会建设方面。⑤

从 1988 年政府工作报告提出要在"农村实行政社分开，建立乡政权"，

---

① 王思斌. 新中国 70 年国家治理格局下的社会治理和基层社会治理［J］. 青海社会科学，2019（6）：1-8+253.
② 新华社. 1979 年国务院政府工作报告［EB/OL］. 中国政府网，2006-02-16.
③ 魏礼群. 当代中国社会变革和治理全景式记录［J］. 社会治理，2017（3）：5-14.
④ 陈鹏. 中国社会治理 40 年：回顾与前瞻［J］. 北京师范大学学报（社会科学版），2018（6）：12-27.
⑤ 冉连，张曦. 新中国成立以来中国特色社会治理：政策表达与变迁逻辑：基于 1949—2022 年政策文本的内容分析［J］. 湖北社会科学，2023（5）：52-63.

推动"村民自治组织逐步发挥群众自我教育、自我管理的作用"①,到1995年政府工作报告提出要"改进城乡户籍制度,加强流动人口管理"②,再到1996年政府工作报告进一步指出,要"继续完善城镇居民自治制度和农村村民自治制度,加强基层政权建设"③。政府通过建立村(居)委员会与乡镇政权来推动政社分开,通过改革户籍制度来打破地区、城乡之间的分割,通过城乡基层自治组织建设、基层民主建设和社会保障体系建设来构建和完善基层社会管理制度。

这一时期,尽管"社会"仍然含混于政治、经济之中,但已经逐渐从国家体制中相对独立出来。随着人民公社制和单位制的逐步瓦解,以村民委员会和居民委员会为代表的基层群众自治制度诞生,高度重合的国家社会关系开始出现一定程度的松动。改革开放以来,农村家庭联产承包责任制的实施和人民公社制度的废除极大地削弱了集体与农民之间的联系,国有企业和集体企业的改革又产生了一批主动或被迫离开原来工作单位的体制外人员,社会转型使单位作为联系个人和国家的角色功能开始式微。在"去组织化"的大背景下,国家以单位为载体进行的社会管理开始失效,原来自上而下的、行政化和带有行政性的纵向系统已经无法有效解决社会领域的各种问题。④

另一方面,市场化改革带来社会结构的变化,社会中流动人口大量增加,产生了越来越多的"自由流动资源"和越来越大的"自由流动空间"。这一时期,尽管社会治理作为一个整体尚未被纳入改革的重点领域,但零散性、局部性的社会治理实践已客观存在。从计划经济体制向社会主义市场经济体制的过渡,对社会领域的治理构成了重大挑战。

(三)2002年至2012年期间:社会治理理念兴起与实践探索阶段

21世纪以来,随着改革开放的进一步深化,我国经济增长速度加快,国家经济实力增强,与此同时,经济发展带来的社会领域的各类问题和矛盾也

---

① 新华社.1988年国务院政府工作报告 [EB/OL]. 中国政府网,2006-02-16.
② 新华社.1995年国务院政府工作报告 [EB/OL]. 中国政府网,2006-02-16.
③ 新华社.1996年国务院政府工作报告 [EB/OL]. 中国政府网,2006-02-16.
④ 王思斌.新中国70年国家治理格局下的社会治理和基层社会治理 [J]. 青海社会科学,2019(6):1-8,253.

开始凸显。在此背景下，改革开始深入社会领域，强化社会管理的议题被提出。国家希望通过创新社会管理体制、整合社会管理资源来回应和解决改革和转型进程中的社会问题。坚持党的领导、科学发展、以人为本成为这一时期我国的治国理念。[1] 这一时期，我国在经济发展的同时兼顾社会建设与管理，着力解决各类社会矛盾和社会问题，推动构建社会主义和谐社会，"和谐"的价值理念是制定社会治理政策的主要遵循，平衡物质文明建设与精神文明建设是社会治理政策的重要内容。[2] 国家开始承认社会的独立性地位，并重视社会协同在社会管理中的作用，希望通过政社关系改革、服务型政府建设鼓励社会组织参与到社会管理中来，同时提倡公众在立法层面、公共决策层面和公共治理层面的积极参与。2004年，党的十六届四中全会首次提出"建立健全党委领导、政府负责、社会协同、公众参与"的社会管理格局。2006年，党的十六届六中全会提出构建社会主义和谐社会的指导思想，强调要从建设服务型政府、推进社区建设、健全社会组织、统筹协调各方面利益关系、完善应急管理体制机制、加强社会治安综合治理和加强国家安全工作和国防建设等方面完善社会管理，创新社会管理体制，整合社会管理资源，提高社会管理水平，健全社会管理格局。[3] 有学者指出，尽管概念上使用了"社会管理"，但十六届六中全会对社会建设的目标、政策、内容和方法的系统论述，以及对党领导下的政社协同、基层社会治理的重视，实际上已经初具"社会治理格局"的雏形。[4] 2008年政府工作报告指出，要"努力建设服务型政府"，"更加注重社会管理和公共服务，维护社会公正和社会秩序"[5]。这一阶段，社会治理的理念逐渐深入人心，各级政府和社会各界开始积极探

---

[1] 王思斌. 新中国70年国家治理格局下的社会治理和基层社会治理 [J]. 青海社会科学, 2019 (6): 1-8, 253.

[2] 冉连, 张曦. 新中国成立以来中国特色社会治理：政策表达与变迁逻辑：基于1949—2022年政策文本的内容分析 [J]. 湖北社会科学, 2023 (5): 52-63.

[3] 中共中央关于构建社会主义和谐社会若干重大问题的决定 [N]. 人民日报, 2006-10-19 (1).

[4] 王思斌. 新中国70年国家治理格局下的社会治理和基层社会治理 [J]. 青海社会科学, 2019 (6): 1-8, 253.

[5] 新华社. 2008年国务院政府工作报告 [EB/OL]. 中国政府网, 2009-03-16.

索社会治理的新模式和新路径。①

（四）2013年至今：社会治理全面创新与深化发展阶段

2012年以后，随着全面深化改革的不断推进，我国开始进入高质量发展阶段，党和政府在创新社会治理体制方面做出了一系列相应的部署和安排，社会治理也随之进入提升完善的新时期。这一时期，党中央通过创新和完善社会治理体制来推动社会治理现代化进程，我国社会治理政策的制定主要遵循"制度建设"的价值导向。②

2013年，党的十八届三中全会通过了《中共中央关于全面深化改革若干重大问题的决定》，将"完善和发展中国特色社会主义制度，推进国家治理体系和治理能力现代化"确定为全面深化改革的总目标，并将创新社会治理体制作为推进国家治理体系和治理能力现代化的重要内容之一，"社会治理"这一概念首次在我国中央文件中被正式提出。这份具有历史意义的文件以"社会治理"代替"社会管理"，在"国家治理体系和治理能力现代化"的背景下布局中国社会治理的发展，要求发挥政府主导作用并鼓励和支持社会各方面参与。③治理理论开始成为转型中国秩序构建、风险化解的思想源泉，并在国家治理体系和治理能力现代化的进程中被不断完善。

2014年，党的十八届四中全会提出要"坚持系统治理、依法治理、综合治理、源头治理，提高社会治理法治化水平"④。2015年，党的十八届五中全会提出，"完善党委领导、政府主导、社会协同、公众参与、法治保障的社会治理体制，推进社会治理精细化，构建全民共建共享的社会治理格局"⑤。2017年，党的十九大指出，中国特色社会主义进入新时代，我国社会主要矛

---

① 冉连，张曦. 新中国成立以来中国特色社会治理：政策表达与变迁逻辑：基于1949—2022年政策文本的内容分析 [J]. 湖北社会科学，2023（5）：52-63.
② 冉连，张曦. 新中国成立以来中国特色社会治理：政策表达与变迁逻辑：基于1949—2022年政策文本的内容分析 [J]. 湖北社会科学，2023（5）：52-63.
③ 中共中央关于全面深化改革若干重大问题的决定 [N]. 人民日报，2013-11-16（1）.
④ 中共中央关于全面推进依法治国若干重大问题的决定 [N]. 人民日报，2014-10-29（1）.
⑤ 中共中央关于制定国民经济和社会发展第十三个五年规划的建议 [N]. 人民日报，2015-11-04（1）.

盾转化为人民日益增长的美好生活需要和不平衡不充分的发展之间的矛盾，并提出"打造共建共治共享的社会治理格局"，"加强社会治理制度建设，完善党委领导、政府负责、社会协同、公众参与、法治保障的社会治理体制，提高社会治理社会化、法治化、智能化、专业化水平"。[①] 2019年，党的十九届四中全会提出，"必须加强和创新社会治理，完善党委领导、政府负责、民主协商、社会协同、公众参与、法治保障、科技支撑的社会治理体系，建设人人有责、人人尽责、人人享有的社会治理共同体"[②]，强调社会治理和服务重心向基层下移，构建基层社会治理新格局。2020年，党的十九届五中全会进一步明确了"十四五"期间社会治理创新的任务和2035年社会治理创新的远景目标。到2022年，党的二十大报告明确提出，"健全共建共治共享的社会治理制度，提升社会治理效能"[③]。总体来看，从2013年"社会治理"概念正式提出至今，随着认识的不断深入，党和政府从国家治理体系和治理能力现代化的战略高度不断推进我国社会治理体制的建设与完善。

从社会管理到社会治理，尽管只有一字之差，但体现的是从传统国家管理理念向现代国家治理理念的转变，从政府单一管理主体向多元治理主体的转变，从单向度的自上而下的政府管理模式向多向度的政府与社会、公民合作共治的治理模式的转变。[④] 国家治理现代化背景下的社会治理，遵循"政府积极引导，社会全面参与"的社会治理理念，强调共建共治共享的社会治理共同体格局。政府在社会治理中从早期的干预者、包揽者和控制者转变为引导者、协调者、保障者、服务者和促进者，主要发挥中轴与引导作用，引导多元主体参与、校准治理方向、制定治理原则、完善治理体制。[⑤]

[①] 习近平. 决胜全面建成小康社会 夺取新时代中国特色社会主义伟大胜利：在中国共产党第十九次全国代表大会上的报告［N］. 人民日报，2017-10-28（1）.
[②] 中共中央关于坚持和完善中国特色社会主义制度推进国家治理体系和治理能力现代化若干重大问题的决定［N］. 人民日报，2019-11-06（1）.
[③] 习近平. 高举中国特色社会主义伟大旗帜 为全面建设社会主义现代化国家而团结奋斗：在中国共产党第二十次全国代表大会上的报告［N］. 人民日报，2022-10-26（1）.
[④] 俞可平. 治理与善治［M］. 北京：社会科学文献出版社，2000：270-271.
[⑤] 冉连，张曦. 新中国成立以来中国特色社会治理：政策表达与变迁逻辑：基于1949—2022年政策文本的内容分析［J］. 湖北社会科学，2023（5）：52-63.

第二节　中国乡村治理及其演进历程

系统梳理中国乡村治理的演进历程，深入剖析中国乡村治理的逻辑理路，既是理解乡村治理的学理基础，又是新时代指导县级融媒体中心创新乡村治理实践的基本要求。国家发展战略和城乡关系调整深刻影响着我国乡村治理的变迁，我国乡村经历了几个不同的治理阶段，呈现出明显的阶段性特征，也映射出我国乡村变迁的基本历史轨迹。乡村治理的变迁受我国不同时期历史背景、目标任务、制度安排的影响，转型背后的关键是国家对乡村资源的汲取抑或资源投放。该部分从梳理乡村治理的概念本质入手，以中国乡村治理的重要政策文本和目标导向为依据，探讨新中国成立后中国乡村治理的历史演进，解读历史性变革中所蕴藏的内在逻辑。

一、乡村治理的概念

乡村是国家治理的重要场域。在中国，乡村问题一直是极为重要的问题。乡村治理作为国家治理的基石，不仅事关乡村的振兴，也事关国家的稳定与发展。近年来，随着治理概念的广受关注和广泛使用，作为社会治理重要构成的乡村治理也被给予了越来越多的关注，其范畴被泛化为与乡村社会相关的所有问题。准确把握乡村治理的概念内涵是实现乡村治理有效的基础。乡村治理，简单来说，就是通过解决和处理乡村面临的公共事务和公共问题，实现乡村的稳定和发展的动态活动过程。[1] 有学者将"乡村治理"界定为治理主体为解决乡村社会中出现的问题而共同参与、合作，实现乡村社会进步和完善的过程[2]，是治理主体"对乡村社会的调控、引导和规范"。[3] 在当代

---

[1] 张润泽，杨华. 转型期乡村治理的社会情绪基础：概念、类型及困境 [J]. 湖南师范大学社会科学学报，2006（4）：11-13，30.

[2] 冯献，李瑾，崔凯. 乡村治理数字化：现状、需求与对策研究 [J]. 电子政务，2020（6）：73-85.

[3] 周郎生. 治理的理论诠释：从治理到乡村治理 [J]. 兰州学刊，2008（7）：57-59.

中国乡村治理实践中，治理主体包括各级国家机构、乡村组织和乡村民众等多元行动者，他们基于互动形成特定的关系并在这种关系的基础上开展治理活动，而治理对象则是乡村社会。① 正如学者燕继荣指出的，社会治理的任务和目标主要是促进"公益事业"的发展和防治"公害事务"的发生。其中，促进"公益事业"的核心问题在于把各种社会力量组织和动员起来，形成正向的社会合力，打破"集体行动逻辑"；治理"公害事务"的关键是防止失范行为的发生并保证失范行为发生后能够被及时发现和惩治，防止"破窗效应"。② 作为社会治理的重要组成部分，乡村治理的内涵也对应两个方面：乡村秩序治理和乡村发展治理。其中，乡村秩序治理主要指应对处理乡村社会矛盾纠纷问题，维持乡村社会正常有序运行，保障乡村社会关系的稳定与协调，如乡土社会的"礼治秩序"就是传统乡村依托"礼治"构建社会秩序的事实；乡村发展治理则聚焦调动社区力量和资源，促进乡村经济社会发展。③

二、新中国成立初期的乡村治理

新中国成立之初，尚未得到根本消灭的封建土地制度严重影响了中国乡村生产力和经济社会的发展。为了巩固新生的国家政权以及解放和发展乡村社会生产力，变革土地制度、解决土地问题、重构乡村利益格局成为新中国成立之初乡村治理的第一要务。1950年，中央人民政府颁布了《中华人民共和国土地改革法》，中国共产党以土地问题为核心，带领广大农民开始了轰轰烈烈的土地改革运动，对中国乡村社会进行全面治理。土地改革时期的乡村治理体现出一定的强制性和"政社合治"的特点。一方面，党和政府是组织土地改革和乡村建设的主要力量，党领导下建立起来的农民协会、农民代表会等群众组织是土地改革的合法执行机关。土地改革在党的领导和指挥下依照《中华人民共和国土地改革法》进行。另一方面，因人民政权亟待加强而

---

① 李乐. 媒介变革视野中的当代中国乡村治理结构转型[J]. 新闻与传播研究, 2020(9): 78-94, 127.
② 燕继荣. 社会变迁与社会治理：社会治理的理论解释[J]. 北京大学学报（哲学社会科学版）, 2017(5): 69-77, 2.
③ 陆益龙, 李光达. 中国式乡村治理现代化的本质要求与路径选择[J]. 江苏社会科学, 2023(2): 78-86, 242.

乡村社会变革的任务又很繁重，乡政体制以及乡村基层组织更多依靠农民协会等类行政组织完成土地改革的任务，"政社合治"成为这一时期中国乡村治理的突出特点。土地改革运动不仅废除了封建土地所有制，解放了农业生产力，还使国家力量全面深入乡村社会，增强了农民群众对党和国家的政治认同，促进了乡村社会现代民主政治因素的生长[①]，乡土社会被统合到国家政权体系中来。

土地改革完成之后，为解决新中国成立之初社会稳定和国家发展的问题，中国共产党在中国农村开始了另一场大规模的、自上而下的社会变革——农业合作化运动。有学者指出，农业合作化运动实现了从农民家庭经营向集体化经营的转变，掀起了被历史称作中国农村由新民主主义向社会主义过渡的高潮，并完成了农村的社会主义改造，将中国农村送至"人民公社"的大集体经营和组织状态。[②] 农业合作化运动时期，限制农村人口盲目外流和农副产品统购统销等政策的出台限制了乡村社会资源的自由流动，中国乡村治理的突出特点是"政党下乡"与"政权下乡"的强化。党和政府在乡村社会的组织网络逐渐建立、健全，乡村基层组织呈现准行政化的特点，国家政权力量在乡村治理与经济发展中发挥着绝对的主导作用，而宗族、家族等传统乡村社会自治力量和农民群众在乡村治理中的地位与作用被逐渐边缘化。

总的来说，新中国成立初期，百废待兴，经过农村土地改革和农业合作化运动，中国乡村治理体制从传统的国家统治与社会自治相结合逐渐变革为国家主导，与此同时，农民在乡村治理体制中的主体地位和作用也经历了一个逐渐弱化的过程。中国共产党在这一时期的乡村治理中发挥着全方位的领导作用，通过层次分明且集中的权力体系将党和政府的意志有效传至乡村基层，实现了对乡村社会的有效控制与整合，但这一治理模式也抑制了乡村发展的生机与活力，为后来乡村治理的失序埋下了隐患。

---

① 李伟. 新中国成立初期土地改革运动对乡村社会的影响[J]. 中州学刊, 2015 (1): 136-140.
② 吴毅, 吴帆. 结构化选择：中国农业合作化运动的再思考[J]. 开放时代, 2011 (4): 59-84.

三、人民公社时期的乡村治理

1958年,以"政社合一"为特征的人民公社制度在我国乡村社会确立,直至1983年被正式废止,成为一段时间内影响我国乡村社会发展的重要制度。人民公社制度的突出特点是"统",在人民公社制度下,我国乡村社会由政社合一、权力集中的集体组织全面直接管理,形成了国家行政强力主导的全权全能型乡村治理模式。①

四、乡政村治时期的乡村治理

改革开放以来,家庭联产承包责任制在我国乡村的大力推进极大地调动了农民生产生活的积极性,同时也对原有的公社、大队、生产队体制形成了巨大的冲击。在此背景下,群众自治组织在我国乡村社会萌生,在维持乡村社会治安、维护乡村水利设施、解决村庄内生问题等方面发挥了重要作用,逐渐引起党中央的高度重视并在调研核实后给予了充分肯定。② 1982年,《中华人民共和国宪法》规定,城市和农村按居民居住地区设立的居民委员会或者村民委员会是基层群众性自治组织。③ 1983年,中共中央、国务院发布的《关于实行政社分开建立乡政府的通知》指出,农村改变政社合一体制的首要任务是实现政社分开,建立乡政府,改变党不管党、政不管政和政企不分的状况。④ 随着"政社合一"的人民公社制度被正式废除以及乡政府的建立,体现国家与社会分权原则的"乡政村治"体制框架开始初步形成。1998年,第九届全国人民代表大会常务委员会第五次会议通过了《中华人民共和国村民委员会组织法》,标志着"乡政村治"体制的正式确立,也标志着乡村自治

---

① 徐勇. 乡村治理与中国政治[M]. 北京:中国社会科学出版社,2003:113.
② 袁金辉,乔彦斌. 自治到共治:中国乡村治理改革40年回顾与展望[J]. 行政论坛,2018(6):19-25.
③ 新华社. 中华人民共和国宪法[EB/OL]. 中国政府网,2018-03-22.
④ 中共中央、国务院关于实行政社分开建立乡政府的通知[J]. 中华人民共和国国务院公报,1983(23):1045-1047.

走向法制化、制度化以及村民自治走向规范化。① 以家庭联产承包责任制为主要内容的经济体制改革，以及与经济体制改革同步的国家民主化进程成为"乡政村治"治理格局形成的直接动因。之后，随着"乡政村治"体制的深入推进，撤并乡村与乡镇机构改革、农村税费改革、社会主义新农村建设等一系列制度被提出，"乡政村治"的制度体系被不断完善。

什么是"乡政村治"？袁金辉等学者指出，乡政村治就是国家在乡镇一级设立基层政权，依法对乡镇进行行政管理，乡镇以下的农村则实行村民自治。② "乡政村治"模式下的基层乡村治理体制中存在两种相对独立的权力：一是在党的政治领导下乡镇基层政权依法对乡镇事务行使的国家行政管理权，二是蕴含于乡村社会之中的、由村民自治组织——村民委员会对本村事务行使的自治权。

在"乡政村治"模式下，我国的乡村治理开始呈现出以下特征：其一，乡村自治组织开始发展，"村治"在乡村治理中的主体地位和作用日益凸显。随着乡村社会市场经济的发展以及国家政权力量对乡村治理方式的调整，村民委员会作为基层群众性自治组织，逐渐成为农民实现自我管理、自我教育和自我服务的重要平台。其二，农民的独立性、自主性和现代性不断提升，阶层开始分化。在市场经济和"乡政村治"治理模式的双重影响下，农民开始成为完全自由独立的社会主体，农民阶层开始分化。随着城乡流动越来越频繁，农民在生活方式和思想观念上的现代性特征越来越明显，现代民主观念、权利意识不断增强。与之相伴随的是，改革开放前收入差距很小的农民阶层开始出现分化，农民的利益诉求变得多元。农民独立性、自主性和现代性的提升给乡村社会的整合与治理增加了难度。其三，党在乡村治理体制中的领导地位进一步巩固。"乡政村治"的治理模式强化了基层政权，维护了国家权威与乡村社会的稳定。在这一模式下，乡镇基层政权以国家强制力为后

---

① 徐勇. 中国农村村民自治：增订本［M］. 北京：生活·读书·新知三联书店，2018：186.

② 袁金辉，乔彦斌. 自治到共治：中国乡村治理改革40年回顾与展望［J］. 行政论坛，2018（6）：19-25.

盾，依法对乡镇事务行使管理权，展现出高度的行政性特征。①

五、新时代的中国乡村治理

从党的十八大开始，中国特色社会主义进入新时代。新时代，党中央积极探索治国理政新思路，在实践探索中深化和发展了国家基层治理和乡村治理理论。2017年，党的十九大报告明确提出实施乡村振兴战略，并强调加强农村基层基础工作，健全自治、法治、德治相结合的乡村治理体系。② 2018年，《中共中央国务院关于实施乡村振兴战略的意见》指出，"乡村振兴，治理有效是基础。必须把夯实基层基础作为固本之策，建立健全党委领导、政府负责、社会协同、公众参与、法治保障的现代乡村社会治理体制，坚持自治、法治、德治相结合，确保乡村社会充满活力、和谐有序"③。新时代的乡村治理体系强调以党的领导为核心、多元主体共同参与的"自治、法治、德治"三治融合。三治融合以自治为基、法治为本、德治为先④，关键是树立自治的核心地位，将农民作为乡村治理的主体，同时以法治和德治为辅。⑤ 其中，法治意味着乡村治理以法治为根本遵循，自治、德治都要在法治框架之下进行，德治意味着乡村治理以道德规范、习惯规约等良善的社会规范来维风导俗，重视德化的作用，发挥村规民约对乡村民众的内在约束，以德治教化和道德约束支撑自治、法治。⑥ 随着党对乡村社会发展规律认识的不断深化，我国乡村治理实践中，系统治理、依法治理、以德治理和数字治理的特点日趋明显。

---

① 袁金辉，乔彦斌. 自治到共治：中国乡村治理改革40年回顾与展望[J]. 行政论坛，2018（6）：19-25.
② 习近平. 决胜全面建成小康社会 夺取新时代中国特色社会主义伟大胜利：在中国共产党第十九次全国代表大会上的报告[N]. 人民日报，2017-10-18（1）.
③ 中共中央国务院关于实施乡村振兴战略的意见[N]. 人民日报，2018-02-05（1）.
④ 中共中央国务院印发《乡村振兴战略规划（2018—2022年）》[N]. 人民日报，2018-09-27（1）.
⑤ 侯宏伟，马培衢. "自治、法治、德治"三治融合体系下治理主体嵌入型共治机制的构建[J]. 华南师范大学学报（社会科学版），2018（6）：141-146，191.
⑥ 高其才. 走向乡村善治：健全党组织领导的自治、法治、德治相结合的乡村治理体系研究[J]. 山东大学学报（哲学社会科学版），2021（5）：113-121.

新时代的中国乡村治理强调系统性，坚持党的领导核心地位和多元治理主体共同参与。2019年，中共中央办公厅、国务院办公厅印发的《关于加强和改进乡村治理的指导意见》指出，"实现乡村有效治理是乡村振兴的重要内容"，要"建立健全党委领导、政府负责、社会协同、公众参与、法治保障、科技支撑的现代乡村社会治理体制"，"坚持和加强党对乡村治理的集中统一领导"，"建立以基层党组织为领导、村民自治组织和村务监督组织为基础、集体经济组织和农民合作组织为纽带、其他经济社会组织为补充的村级组织体系"。[1] 在多元化乡村治理主体中，中国共产党处于领导核心地位。

新时代中国乡村治理的客体是乡村现代化进程中面临的公共事务和公共问题，涉及乡村社会秩序和乡村社会发展两个维度，主要包括乡村社会公共服务、乡村社会安全和秩序、乡村社会保障和福利等社会领域的内容。有学者指出，新中国成立以来的乡村治理是一个不断克服乡村现代化主要矛盾的过程，城乡关系的矛盾、"三农"问题的矛盾、乡村发展动力方面的矛盾，是现阶段我国乡村治理的三类主要矛盾。[2] 随着乡村社会结构的深刻变动和利益格局的深刻调整，新时代中国乡村治理主要着眼于乡村不平衡不充分的发展问题，聚焦乡村治理现代化进程中社会领域的各类矛盾，以及如何组织和动员社会力量促进乡村经济社会发展的问题。

新时代的中国乡村治理采取乡村自治与公共治理有机融合的治理机制。新时代中国乡村的发展与治理不能单独依靠某一方面的治理资源，既需要国家现代资源的外部投入，也需要吸纳村庄社会网络、社会信任等内部传统资源。其中，进入乡村内部的公共治理并非抽象的国家权力介入，而是与乡村公共事务相关联的具体公共管理，包括国家基层政权建设、各级政府的行政管理以及来自市场和社会资源的进入。这些参与乡村治理的外部型主体通过协同合作在乡村治理中发挥着重要的作用。对乡村公共治理的强调并不意味着国家对乡村控制的强化，而是国家以及来自外部的治理资源对乡村发展的

---

[1] 关于加强和改进乡村治理的指导意见 [J]. 农村·农业·农民（B版），2019（7）：35-38.

[2] 丁志刚，王杰. 中国乡村治理70年：历史演进与逻辑理路 [J]. 中国农村观察，2019（4）：18-34.

支持的增强，反映出乡村事务的公共化以及乡村公共事务治理的多中心化。[①]另一方面，中国乡村在文化、传统及经济状况等方面存在较大的异质性，单纯依靠正式化的、行政化的公共治理难以完全应对复杂的乡村社会治理情境。在乡村治理实践中，农民是重要的参与者和践行者。国家通过立法形式确立村民自治的合法性地位，充分调动农民自我管理、自我教育、自我服务、自我监督的主动性和积极性，通过治理重心的下移以及自治在落实与执行方面的优势，提升乡村治理的效能。这里的乡村自治包括以村两委为代表的制度化的村民自治、以村规民约形式存在的德治以及来自村庄内部自组织和社群的自我治理。

新时代的中国乡村治理具有发展式治理的特征。习近平总书记在党的二十大报告中强调，"高质量发展是全面建设社会主义现代化国家的首要任务"[②]。作为世界上最大的发展中国家，发展是我国治国理政的第一要务。当代中国乡村的核心问题是发展，健全党组织领导的自治、法治、德治相结合的乡村治理体系是一种以发展为中心的乡村治理模式。[③] 现阶段，人民日益增长的美好生活需要和不平衡不充分的发展之间的主要矛盾，突出体现在城乡发展不平衡和乡村发展不充分之上。因此，新时代的乡村治理的本质要求就是实现乡村均衡充分发展和维持乡村秩序和谐稳定[④]，秩序的平和稳定是一切发展的前提。对新时代的乡村治理而言，实现乡村秩序的稳定、构建和谐乡村是其重要使命。基于这一使命，新时代的中国乡村治理以保障和改善乡村民生、促进乡村和谐稳定作为根本目的。[⑤] 促进乡村经济发展、化解基层社会矛盾纠纷、维持公正有序的乡村秩序成为乡村治理的重要任务。

---

① 陆益龙，李光达. 中国式乡村治理现代化的本质要求与路径选择［J］. 江苏社会科学，2023（2）：78-86，242.
② 习近平. 高举中国特色社会主义伟大旗帜 为全面建设社会主义现代化国家而团结奋斗：在中国共产党第二十次全国代表大会上的报告［N］. 人民日报，2022-10-26（1）.
③ 高其才. 走向乡村善治：健全党组织领导的自治、法治、德治相结合的乡村治理体系研究［J］. 山东大学学报（哲学社会科学版），2021（5）：113-121.
④ 陆益龙，李光达. 中国式乡村治理现代化的本质要求与路径选择［J］. 江苏社会科学，2023（2）：78-86，242.
⑤ 关于加强和改进乡村治理的指导意见［J］. 农村·农业·农民（B版），2019（7）：35-38.

新时代的中国乡村治理呈现出数字化治理的特征。随着互联网成为我国城乡居民日常生活的基本设施，在"数字中国"与"数字乡村"建设的大背景下，大数据等数字技术日益成为乡村治理创新的关键要素和乡村"治理有效"的重要驱动力。2019年6月，中共中央、国务院印发的《关于加强和改进乡村治理的指导意见》中明确提出，要"发挥信息化支撑作用，探索建立'互联网+网格管理'服务管理模式，提升乡村治理智能化、精细化、专业化水平"①。在同年12月颁布的《数字农业农村发展规划（2019—2025年）》中，"建设乡村数字治理体系"成为"推进管理服务数字化转型"的五大任务之一。② 所谓"乡村治理数字化"，有学者将其界定为，通过构建完备的数字化基础设施与技术规则，充分利用大数据、云计算、人工智能等数字化工具推动乡村治理主体、治理过程、治理内容等治理要素数字化的历史过程，是以数字化技术为载体，推进乡村数字经济社会建设与实现数字化美好生活的新型智慧治理活动。③ 乡村治理精准高效是乡村治理数字化的最终目标。④ 随着我国乡村治理数字化的实际推进，数字技术给乡村治理带来了革命性影响，如推动乡村治理的民主性发展、科学化决策、精细化水平和协同性发展。⑤

---

① 关于加强和改进乡村治理的指导意见[J]. 农村·农业·农民（B版），2019（7）：35-38.
② 农业农村部 中央网络安全和信息化委员会办公室关于印发《数字农业农村发展规划（2019—2025年）》的通知[J]. 中华人民共和国农业农村部公报，2020（2）：33-41.
③ 刘俊祥，曾森. 中国乡村数字治理的智理属性、顶层设计与探索实践[J]. 兰州大学学报（社会科学版），2020（1）：64-71.
④ 冯献，李瑾，崔凯. 乡村治理数字化：现状、需求与对策研究[J]. 电子政务，2020（6）：73-85.
⑤ 张春华. 大数据时代的乡村治理转型与创新[J]. 重庆社会科学，2017（6）：25-31.

第四章

县级媒体融合与乡村社会治理的逻辑关联

县级媒体融合是媒体融合整体战略的一部分，而乡村治理是社会治理的基础。对县级媒体融合与乡村社会治理的内在关系的探讨首先应该解析媒体融合与社会治理之间的逻辑关联。本章通过对我国媒体参与社会治理的历史脉络进行追根溯源，从时间维度把握媒体之于社会治理的重要意义，并对中国主流媒体在社会治理中的多重角色及主要作用进行深入解析。在此基础上，基于新时代中国社会治理的现实困境，从国家战略层面梳理中国语境下媒体融合与社会治理的内在逻辑关联，进而对县级媒体融合与乡村社会治理的关系进行深入探讨。

第一节　媒体参与社会治理的历史源流

有关媒体角色的思考贯穿传媒发展始终，不同时代、不同社会条件下，思考不一。在中国，媒体参与社会治理的实践并非在媒体融合时代才出现，而是一直存在于传媒业诞生至今的历史长河中。对中国媒体参与社会治理的历史源流进行梳理，有助于我们从时间维度把握媒体之于社会治理的重要意义，帮助我们从社会发展变迁中正确认知媒体融合与社会治理的内在逻辑关联。本节通过回顾长久以来新闻媒体参与社会治理的历史实践，把握中国媒体参与社会治理的轨迹与特征。

一、有线广播网参与社会治理的历史源流

新中国成立到改革开放之前，为巩固和建设社会主义政权，中国采取了高度集中的计划经济体制和高度统一的国家治理模式。在国家利益至上的统一式国家治理模式下，为配合国家的政权建设和经济建设，社会治理奉行"政府全面负责"的社会管理理念[①]，国家和社会呈现出"一体化"特征。这一时期的中国乡村，从土地改革到农业合作化运动，再到以"政社合一"为特征的"人民公社"的大集体经营，党和政府不断向基层下沉，同时努力组织农民走集体化道路。为了实现对乡村的有效治理与整合，党和政府需要借助媒介将中央政策和指令传至乡村社会末梢，同时指导农业生产和各项工作。这一时期，电影、收音机和有线广播网开始下行至乡村社会。其中，有线广播网作为充分地方化的广播媒介，成为党和政府开展乡村治理实践的重要工具，推动了国家治理重心的下移。

一方面，有线广播网凭借跨越时空和覆盖面广的媒介优势，将物理空间距离遥远的国家机构与乡村民众连接起来，成为党和政府向乡村基层宣传思想、传达政策法令和指导工作的重要工具，在乡村治理实践中发挥着引导群众、教育群众、组织群众的重要作用。与上级国家机构相比，基层国家机构和乡村组织依托有线广播网的技术开放性，成为广播网中乡村新闻资讯等地方性内容的生产者，在乡村治理实践中获得了较为直接的治理力量。

另一方面，有线广播网成为党和政府组织乡村民众开展集体化生产生活的时间装置。集体化时代，乡村的生产生活需要统一的时间作为基础，有线广播作为嵌入乡土社会的现代时间机器，通过强大的时间控制力，统一地规划着乡村民众的生产生活，在乡村社会扮演着时间组织者的角色，成为乡村社会集体化生产生活中塑造统一时间的强大装置，配合了下沉的国家政权和农村的集体化。[②]"每天早晨喇叭响起，社员们在生产队长带领下出门干活，

[①] 冉连，张曦.新中国成立以来中国特色社会治理：政策表达与变迁逻辑：基于1949—2022年政策文本的内容分析[J].湖北社会科学，2023（5）：52-63.
[②] 李乐.媒介变革视野中的当代中国乡村治理结构转型[J].新闻与传播研究，2020（9）：78-94，127.

回家吃早饭时广播结束。中午和傍晚时分,喇叭响起,大家收工回家"。①

以我国最早建立的农村有线广播站九台有线广播站为例,该广播站开办节目的方针是:"根据群众的需要和接受能力,以转播为主,自播为辅。自办节目主要是通过先进人物和先进经验的介绍,推动农业合作化,鼓舞农民的劳动热情,提高农业生产,并且适当满足农民的文化生活的要求。"② 在这一方针的指导下,九台有线广播站在面向农村开展时事政治教育,宣传党和政府的政策、法令,传播文化、科学、卫生知识,以及动员农民迅速完成紧急任务方面发挥了重要的作用。如1954年9月初旬降霜时期,因九台有线广播站的事先宣传和紧急动员,九台县(今九台区)四百多名干部领导群众及时开展了防霜工作,使全县1.5万多亩晚熟作物免于灾害。③ 可见,凭借其灵活及时的特性,有线广播网在组织和动员群众应对风险方面成为基层政府重要的治理工具。此外,有线广播网还具备组织和聚集群众的作用。1955年11月中旬,九台县委举办广播大会,不仅节省了"三级会"的费用,还使各地特别是离县城较远的地区的支部直接收听到县委的传达,鼓舞了广大农民的社会主义积极性。"农村有线广播站作为一个枢纽,把半径一百五十华里以内的农民联系起来了。"④

二、电视参与社会治理的历史源流

电视媒体参与社会治理的实践突出表现在以《焦点访谈》为代表的舆论监督、以《南京零距离》为代表的民生新闻以及顺应了媒介功能转型的电视问政三个方面。中国的电视事业开始于1958年。从1958年至1978年,作为"新生事物"的早期中国电视经历了曲折的创业阶段。作为党和政府的喉舌和

---

① 沈大龙.新声:我与新中国·庆祝中华人民共和国成立70周年[N].人民日报,2019-11-11(20).
② 鹿野.一个农村有线广播站的成长[M]//广播事业为农业合作化服务.上海:新知识出版社,1956:15-17.
③ 鹿野.一个农村有线广播站的成长[M]//广播事业为农业合作化服务.上海:新知识出版社,1956:15-17.
④ 鹿野.一个农村有线广播站的成长[M]//广播事业为农业合作化服务.上海:新知识出版社,1956:15-17.

宣传工具，电视媒体从一开始就非常注重政治宣传的功能。直至1979年，中国电视进入调整改进阶段，电视媒体开始以批评报道的形式履行舆论监督的职责，客观上参与了社会治理实践。

(一) 以《焦点访谈》为代表的舆论监督

1979年9月12日，中央电视台《新闻联播》播出了一条触及特权思想和不正之风的批评性报道《王府井停车场见闻》，这条批评性报道曝光了北京某些干部亲属乘公家轿车到王府井购物的情景，开启了我国电视媒体舆论监督的先声。此后，《新闻联播》的批评性报道逐渐增多，舆论监督的作用开始发挥。到1980年年初，《新闻联播》的批评性报道每月达到20条左右。[①] 在中央电视台的带动下，全国电视媒体纷纷通过批评报道开展舆论监督。20世纪80年代中期，伴随着我国改革开放的不断深入，监督政府工作、反映群众呼声、揭露社会问题成为新闻媒体不可推卸的责任。在此背景下，以舆论监督为主要内容的电视栏目陆续开办，如北京电视台的《观众之声》、山东电视台的《街头见闻》、福建电视台的《新闻半小时》和上海电视台的《观众中来》等。1987年，党的十三大报告中首次提出"舆论监督"的概念，指出"要通过各种现代化的新闻和宣传工具，增加对政务和党务活动的报道，发挥舆论监督的作用，支持群众批评工作中的缺点和错误，反对官僚主义，同各种不正之风做斗争"[②]。此后，新闻媒体的舆论监督功能被给予了更多关注。在政策的支持下，新闻媒体开始通过刊登批评性报道，揭露腐败现象、推动思想解放，践行其舆论监督职责。

1994年，由中央电视台创办的《焦点访谈》栏目是中国媒体以舆论监督形式参与社会治理的典型代表。《焦点访谈》节目中，舆论监督公开性的成功实践，完善了中国新闻媒体公正公开介入社会事务的一种新秩序。[③]《焦点访谈》以电视深度报道为基础，以旗帜鲜明的评论为特色，以舆论监督和舆论

[①] 杨伟光. 中央电视台发展史 [M]. 北京：北京出版社，1998：163-164.
[②] 陈力丹. 马克思主义新闻学词典 [M]. 北京：中国广播电视出版社，2002：89.
[③] 梁建增，孙金岭. 新闻舆论监督的成功实践：关于《焦点访谈》栏目的思考 [J]. 中国广播电视学刊，2003 (3)：10-12, 17.

引导为基本功能①，将"政府重视、群众关心、普遍存在"②作为栏目选题的原则，积极配合中央的中心工作，为中央工作提供舆论支持，坚持以正确的导向引导舆论，通过监督政府工作维护群众权益，通过监督法制建设为民主政治发展提供制度保障，通过监督腐败现象为民主政治发展净化环境，通过对社会价值取向的引导和监督为民主政治发展把握方向。③凭借中央电视台的权威地位，《焦点访谈》的舆论监督报道常常能够得到中央领导同志的重视，成为下情上达、上情下达的治理工具，在揭露基层治理中的问题、推动问题解决、促进社会进步方面发挥了重要作用。如2000年5月30日，《焦点访谈》播出的《非法使用童工法理不容》节目，披露了浙江省临海市东塍镇部分私营企业非法雇用童工的情况。节目播出后，受到了朱镕基总理的关注，最后不仅促使各方加大了打击非法使用童工的力度，也为中央随后在全国范围内开展整顿经济市场秩序的工作提供了重要依据。2002年3月27日，《焦点访谈》以《"毒"害人命黑作坊》为题，揭露了河北省高碑店市部分乡镇企业外地农民工苯中毒的严重事件。这一报道使保护劳工利益的问题得到国家和社会的关注。《焦点访谈》的及时客观报道为中央决策提供了事实依据，依法保护劳动者健康的工作议程被提早摆在了各级政府的案头，且重要相关政策得以尽早出台。2002年5月12日，国务院以法律形式公布了《使用有毒物品作业场所劳动保护条例》。④随着《焦点访谈》的开播，全国各地产生了一大批以调查、评论为主的舆论监督类广播电视节目或专栏，这些节目的开办极大地扩展了媒体通过舆论监督方式参与社会治理的空间。

(二) 以《南京零距离》为代表的民生新闻

2002年，江苏电视台城市频道《南京零距离》的开播，开启了地方电视台民生新闻的热潮。作为地方电视台新闻竞争的必然选择，民生新闻立足于

---

① 卢迎安. 当代中国电视媒介的公共性研究：1978—2008 [D]. 上海：复旦大学，2010：59.
② 岳淼. 中国电视新闻节目发展史研究：1958—2008 [D]. 厦门：厦门大学，2009：108.
③ 苏保忠. 舆论监督对民主政治发展的功能模式探析：透视"焦点访谈" [J]. 新闻与传播研究，2002 (3)：14-19，93.
④ 梁建增. 《焦点访谈》红皮书 [M]. 北京：文化艺术出版社，2002：61.

城市基层市民，聚焦民生内容，采用平民视角，坚持民生的价值取向，成为电视媒体参与社会治理实践的又一重要表现。在民生新闻实践中，媒体不仅为普通市民的利益表达服务，为民众意见表达提供公共平台，捍卫基层群众的知情权和话语权，还在遵守新闻客观真实的基础上设置议程、推动事件发展，从事实的记录者转变为事件的行动者。① 如山东电视生活频道开播的民生新闻直播节目《生活帮》，该节目在民生新闻实践过程中实现了从报道者到参与者、从叙述者到讲述者、从传播者到组织者的媒体角色的转变。② 与此类似的还有湖南公共频道的《帮女郎帮你忙》、北京电视台的《第三调解室》等民生新闻节目。

2004年，江苏卫视《1860新闻眼》以"用公众的眼睛关注国计，以人文的精神关注民生，创造公共新闻话语，搭建社会和谐的公共平台"③ 作为栏目理念标识，开始了公共新闻的实践。之后，云南广播电视台都市频道的《都市条形码》、福建电视台新闻频道的《现场》、江西电视台都市频道的《都市现场》等一大批民生新闻节目开始向公共新闻转型。有学者指出，"中国公共新闻的模式是通过新闻监督的信息干预，来启动相关媒体的信息联动和公众层面的信息表达，形成一定舆论压力后，促进相关职能部门的公共问题决策机制的公开化和理性化"④。中国的公共新闻关注公共利益，追求理性和建设性，体现出较强的反思性、批判性和"力透纸背"的特点，致力于培养公共意识、搭建公共平台、激发公众参与。⑤ 公共新闻通过对社会深层问题的持续关注，推动了社会问题的解决，捍卫了公众的知情权、接近权和表达权，同时也扮演着政府与公众良性互动的润滑剂。

---

① 漆亚林. 建设性新闻的中国范式：基于中国媒体实践路向的考察［J］. 编辑之友，2020（3）：12-21.
② 王忠. 后民生新闻时代的媒体角色：以《生活帮》栏目为例［J］. 现代传播，2009（4）：64-65.
③ 冯浩，肖俊德. 对《1860新闻眼》探索实践的思考［J］. 电视研究，2006（10）：46-47.
④ 龚彦方，陈卫星. 公共新闻实践的可行性实证研究［J］. 南京社会科学，2011（9）：95-101.
⑤ 漆亚林. 建设性新闻的中国范式：基于中国媒体实践路向的考察［J］. 编辑之友，2020（3）：12-21.

（三）媒介功能转型的电视问政

作为继舆论监督、民生新闻之后中国电视新闻改革的"第三波峰"，电视问政节目成为电视媒体参与社会治理的另一重要实践。2002年，郑州电视台开播的时政类谈话节目《周末面对面》，被视为我国最早的电视问政节目。随后，各地纷纷推出电视问政节目。如2004年浙江、湖北、黑龙江等地开播的电视述职述廉节目，2005年兰州电视台开播的《"一把手"上电视》、武汉新闻广播的《行风连线》，2009年南京电视台开播的《向人民汇报》，2010年杭州电视台开播的《我们圆桌会》，以及2014年南宁电视台开播的《向人民承诺——电视问政》等。作为媒体问政的主要方式，电视问政带有强烈的民本意识，是"执政者通过电视媒体就涉及民生的公共事务接受公民监督、质询及评议性质的政治传播活动"[1]。有学者直言，电视问政在国家主导的框架内推进了媒介议程、公众议程和政策议程的互动，促成了社会治理多元主体之间的互动对话，拓展了治理现代化进程中沟通协商的路径，将受众从问题事件的消费者、旁观者培养成为参与者、解决者，将群众"背后的抱怨"变为"台前的建言"，使公众从政治疏离的弱公共性走向政治参与的强公共性，发挥出社群共同体的民主促进功能。[2]

三、报纸参与社会治理的历史源流

报纸作为我国重要的新闻媒体，一直以来都通过资讯供给、舆论引导和舆论监督积极参与社会治理实践。1950年4月19日，中共中央发出《关于在报纸刊物上展开批评和自我批评的决定》，这一决定标志着我国报纸批评的开端。此后，舆论监督在我国长时间被"报纸批评"代替。这一时期，以批评性报道呈现的舆论监督，本质上只是党和政府借助媒体工具治国理政的手段，批评报道作为国家治理机器和治理技术，更多承担着维护政治稳定和社会稳定的功能。1987年，《中国青年报》在醒目的位置对大兴安岭火灾刊登了三

---

[1] 聂书江.论电视问政的内在逻辑及其发展路径[J].现代传播（中国传媒大学学报），2015（1）：159-160.
[2] 万忆，陈文敏.电视问政：公共新闻的建设性取径及其协商效力：以南宁电视台《向人民承诺》为例[J].吉首大学学报（社会科学版），2020（5）：123-132.

篇整版调查性报道《红色的警告》《黑色的咏叹》和《绿色的悲哀》，通过深入的调查性报道进行舆论监督，将人文关怀融入满足公众知情权、启发公众思考、指导公众行动之中，这三篇报道被视为中国深度报道历史上的重要佳作。

20世纪90年代中期，随着我国社会向市场经济转型，都市报开始在我国出现并获得迅速发展。1995年1月1日，《华西都市报》创刊，作为中国第一家都市报，《华西都市报》将"市民新闻报"作为自身的定位，重视解决市民在日常生活中遇到的困难并监督社会问题。在市场化生存和经济利益的驱动下，都市报通过开设评论专版、加大调查性报道力度等方式，不断拓展自身的报道和言论空间，新闻专业主义理念也逐渐在都市报的传播实践中发育。以都市报为代表的市场化媒体通过大量的调查性报道和时评，对当时社会上出现的权力腐败和权力滥用现象进行的舆论监督，一定程度上捍卫了公众的知情权，推动了公众对社会问题的关注，并推进了社会问题的解决。

这一时期，《南方都市报》的舆论监督实践属于都市报中的佼佼者。1997年，《南方都市报》自创刊起，就将舆论监督报道作为打造影响力和传播力的重点方向，并诞生了许多有影响力的新闻报道作品。2000年，《南方都市报》记者克服采访对象的恶意阻挠，对东莞塌楼事故刊发了《我和楼房一起倒下》等系列报道。2001年，《南方都市报》通过《ABA是个惊天大骗局?》等系列报道揭露了深圳ABA公司涉嫌诈骗的真相，最终使该公司被定性为诈骗公司立案查处。2003年，《南方都市报》以《被收容者孙志刚之死》为题率先报道了"孙志刚事件"，通过新闻调查和追问，引发公众讨论和民间上书，最终促使城市收容制度被废止，推动了司法改革。同一时期，《华商报》对"夫妻在家看黄碟事件"的追踪报道在报纸通过舆论监督参与社会治理的历史源流中同样具有里程碑的意义。2002年，《华商报》对"夫妻在家看黄碟事件"进行了长达4个多月的持续追踪报道，引发了全国媒体对公民私权与国家公权的边界问题的社会大讨论，由对一对普通夫妻命运的关注求解出最大化的新闻价值，推动了社会各界携手捍卫公民权利。① 从 2000 年《南方都市报》对东莞塌楼事故刊发的系列报道，到 2001 年《南方都市报》揭露 ABA 公司涉嫌诈骗的系列报道，再到 2002 年《华商报》对"夫妻在家看黄碟事件"的追踪报道，以及 2003 年《南方都市报》对"孙志刚事件"的发声，"都市报在充分收集、组织和引导公众舆论，提供公共话语平台作为公众理性讨论和开放性交流的空间方面，做了有效的尝试"。② 这一时期的都市报通过报道社会民生、揭示社会真相、实践思想启蒙、关注公共责任，使新闻媒体的功能价值开始超越宣传与信息传播，拓展到建构公共意识、培育公民社会、促进公共问题解决上来。③

近年来，随着新闻媒体对建设性新闻理念的了解与认同，越来越多的都市报开始采取"建设性舆论监督"的方式参与社会治理。如《南方都市报》在舆论监督实践中，以公共热点作为切入点，将"党和政府明令禁止的、老百姓深恶痛绝的、当前有条件可解决的"作为选题原则，通过提出有价值的建议促进问题解决，同时因应智库媒体转型的时代需求，以持续的监测和研究来拓展报道空间。④ 2016 年以来，《南方都市报》陆续推出了《恐怖！南都记者 700 元就买到同事行踪，包括乘机、开房、上网吧等 11 项记录》《揭秘地下涉黄直播平台》《学习类 APP 乱象调查》等调查报道，通过建设性舆论监督，推动问题解决，深度参与社会治理。此外，面对用户阵地的转移，都市报开始利用融媒体手段创新表现形式，提升舆论监督报道的成效。如《南方都市报》2021 年推出的国际反腐败日创意微卡片《4.2 万人，主动投案！》，以图表、H5、微卡片等形式直观呈现舆论监督的核心发现，依托技术赋能提升舆论监督报道的效果。

---

① 张维燕. 舆论监督如何求解最大化价值？——华商报"夫妻看黄碟"报道个案剖析 [J]. 新闻与写作，2003（2）：14-15, 33.
② 漆亚林. 模式与进路：中国都市报发展战略研究 [M]. 北京：中国社会科学出版社，2013：77.
③ 张志安. 编辑部场域中的新闻生产 [D]. 上海：复旦大学，2007：160.
④ 王佳. 从公共热点出发推进有建设性的舆论监督：南方都市报调查报道方法论 [J]. 青年记者，2022（17）：57-59.

第二节　社会治理体系中媒体的多重角色

解析媒体融合与社会治理的逻辑关联需要从媒体与社会治理的关系入手。已往研究表明，媒体与社会治理的关系有三种：一是作为社会治理的工具，二是作为社会治理的主体，三是作为社会治理的客体。从参与治理的视角看，媒体固有的公共性属性与社会治理追求社会公平正义的理念有着天然的契合，媒体凭借自身的独特性和不可替代性，在社会治理体系中扮演着"治理工具"和"治理主体"的双重角色，不仅作为工具助力党和政府的治理实践，还作为社会治理多元主体中的重要一元，对社会治理产生强大的形塑力量。在中国，媒体在社会治理中的角色功能随社会发展的需要不断优化，从最初通过消息提供、舆论引导等方式参与治理到现今突破信息传播功能的多维协同和深度嵌入，媒体与社会治理的联系日趋紧密。在转型期的当下中国，参与国家和社会治理成为中国媒体的主要实践。[①] 国家治理现代化的时代要求以及新的媒介生态对媒体提出了一些新的角色期待，技术赋能下的媒体在多元主体共同参与的社会治理中实现着多重角色的任务要求。

一、作为社会治理工具的媒体

中国的社会治理具有典型的本土特征，强调"党委领导、政府负责"。政府作为社会治理的主要主体，需要借助大众传媒来引导群众，发挥其在社会治理中的主导和决定性作用。党的新闻舆论工作是治国理政、定国安邦的大事，"事关旗帜和道路，事关贯彻落实党的理论和路线方针政策，事关顺利推进党和国家各项事业，事关全党全国各族人民凝聚力和向心力，事关党和国家前途命运"[②]。在社会治理进程中，当媒体作为治理工具出现时，主要充当

[①] 李良荣，方师师. 主体性：国家治理体系中的传媒新角色[J]. 现代传播（中国传媒大学学报）2014（9）：32-37.

[②] 刘光牛. 把握历史使命勇于发展和创新当代中国新闻理论：深入学习习近平关于党的新闻舆论工作的新论断新观点[J]. 中国记者，2016（7）：33-37.

党和政府舆论引导和政治沟通的工具,在政府塑造共识和舆论治理方面发挥重要作用。

(一) 塑造社会共识,为社会治理提供共同思想基础

社会共识是社会作为一个统一整体存在的前提,社会问题的有效解决需要社会成员之间拥有"共识"。国家治理体系和治理能力现代化需要有效整合社会意识和塑造社会共识,促进社会整合和凝聚社会共识是社会治理的重要内容。一方面,整合社会是政党执政的合法性基础和政党执政政策的实现基础。[1] 执政党执政需要通过有效的价值供给和价值传播来实现社会整合,凝聚社会共识,在整个社会形成共同理想和共同目标。有效的价值供给和价值传播是保证社会主义国家执政党领导基础的关键。另一方面,在社会治理过程中,多元利益主体只有在认识、判断、行为上有共通的标准,才可能围绕社会问题进行协商交流并形成合理有效的解决方案,社会问题才能得到有效解决。大众认同的核心社会价值观念是推进社会治理的共识性基础。[2]

作为现存社会制度的一部分,媒介系统必须维护社会主流意识形态,并通过自身的活动将其传播给大众。[3] 媒体既是信息的主渠道,又是宣传的主阵地,具有整合社会和塑造共识的基本功能,并通过反映、影响、引导社会舆论来实现。[4] 1959年,美国学者赖特在探讨大众传播的功能时指出,媒体通过"解释与规定"引导和协调社会成员的行为。格伯纳在培养分析中也强调,大众传媒通过扮演"故事讲解员"、缓和社会矛盾的"熔炉"以及维护现存制度的"文化武器"等多重角色,在塑造社会共识方面发挥着重要作用。马克思认为报刊是社会舆论的产物,并且可以制造舆论。1896年,梁启超在《论报馆有益于国事》中指出,报刊有"去塞求通"的作用,是国家和国民的"耳目喉舌"。辛亥革命时期,以孙中山为代表的革命报人非常重视报刊制造舆论的作用,将报纸视为"舆论之母"。而自新民主主义革命伊始,中国共

---

[1] 林尚立. 中国共产党与国家建设: 第2版 [M]. 天津: 天津人民出版社, 2017: 274.
[2] 国务院发展研究中心公管所. 社会治理的理论与实践探索 [M]. 北京: 中国发展出版社, 2018: 17.
[3] 李良荣. 新闻学概论 [M]. 上海: 复旦大学出版社, 2001: 129.
[4] 李良荣. 新闻学概论 [M]. 上海: 复旦大学出版社, 2001: 110.

产党更是高度重视媒体的宣传、舆论、联络和组织功能，在革命斗争中将报纸作为"集体的宣传员、集体的鼓动员和集体的组织者"，建设时期则利用新闻媒体宣传政策和联系群众，认为"党和人民的报纸有责任把社会的见解引向正确的道路"。① 在中国，大众传媒作为党和政府社会整合的政治资源和治理工具，是执政党进行合法性传递和价值供给的重要制度安排。作为党的执政资源，主流媒体在我国一直是党和政府舆论宣传和意识形态灌输的"喉舌"工具，承担着引领政治方向、宣传思想信念、传播价值观念、引导社会舆论等重要职责。② 在社会治理实践中，宣传和解释国家方针政策是作为"社会雷达"的传媒"环境监视"功能的具体体现，也是我国新闻媒体的基本职责。

在转型期的当下中国，互联网的广泛渗透与社会转型的交织碰撞形塑了全新的执政环境，社会矛盾和利益冲突呈现出多元化特征，外来思想文化借助互联网渗透到基层，基层舆论因此变得复杂而多元。这些变化给政治整合和国家治理带来了极大的挑战，也使得争夺传播主导权成为国家面临的全新议题。作为官方舆论场的核心平台，主流媒体在社会治理进程中，成为政府发挥治理主导作用，与多元利益主体沟通主张、协调利益、消除隔阂、整合社会、达成共识的重要工具。政府借助媒体实现主流意识形态的价值引领，促进社会整合和凝聚社会共识，为社会公共事务的协同治理提供共同的思想基础。当政府作为治理主体使用媒体这一治理工具时，内嵌于政治结构之内的媒体系统通过新闻宣传阐明国家发展目标和社会理想，解读和阐释国家重大方针政策，将党和政府的执政理念、政策安排以及公共品供给辐射到社会，使人民群众的注意力集中到国家发展的重大问题上来；通过惩恶扬善维护主流的价值系统，使党和政府的声音成为舆论的主导意见流，巩固壮大主流思想舆论；通过沟通协调缓解社会冲突和矛盾，在社会规范的原则基础上实现社会整合，推动社会共识的形成。媒体通过充当"党的政策主张的传播者、

---

① 北京广播学院新闻系. 中国报刊广播文集：3［M］. 北京：北京广播学院新闻系，1980：285.
② 王智丽，张涛甫. 超越媒体视域：县级融媒体中心建设的政治传播学考察［J］. 现代传播（中国传媒大学学报），2020（7）：1-6.

时代风云的记录者、社会进步的推动者、公平正义的守望者"[1],在群众脑海中形成特定的政治图景,增进他们对社会和经济动态的了解,降低他们的政治冷漠,"在建设有中国特色社会主义的伟大事业中发挥有力的思想保证和舆论支持作用"[2]。

(二) 开展舆论治理,为社会治理建构健康舆论生态

基层舆论作为公众关于现实社会以及社会中各种现象、问题所表达的信念、态度、意见和情绪表现的总和,混杂着理智和非理智成分[3],历来是影响社会发展的重要力量。那些以谣言、流言形式出现的舆论会成为潜在的社会不安定因素,引发社会危机,造成结构性破坏。在互联网已深度介入的中国超大型社会系统中,构建充满活力、安定有序的社会是社会治理的真正目的。然而,转型期的时下中国,利益格局变迁,社会结构多元,舆论生态呈现出前所未有的复杂性。

一方面,伴随着移动互联网和社交媒体的崛起,"人人都有麦克风"的媒介环境给予了人们丰富的舆论表达渠道,人们的表达欲望在媒介技术赋权的刺激下被不断唤醒,意见表达异常活跃,社会舆论呈现出"流动性过剩"的显著表征。在各类热点事件中,舆论泡沫激增,社会舆论容易偏离理性的轨道而走向失控和无序的深渊,由舆论"流动性过剩"引发的社会"软风险"不断显见。[4] 另一方面,在后真相时代,意见信息的传播渠道从传统媒体向社群和关系网转移,舆论表达变成追求真相过程中的情感宣泄、价值认同和社群归属,情绪宣泄和情感传导成为社会舆论的底层动因。[5] 然而,在转型期的中国,社会群体的分化、社会共享价值的缺乏以及社会不信任的扩大某种程度上影响着社会舆论的理性表达。社交茧房下意见信息的圈层流动增加了对话和沟通的难度,极易造成群体极化和负面舆情,从而影响社会和谐安定。

---

[1] 十一. 用社会主义核心价值观凝心聚力 [N]. 人民日报, 2016-05-05 (9).
[2] 中共中央文献研究室. 十四大以来重要文献选编: 上 [M]. 北京: 人民出版社, 1996: 647-648.
[3] 陈力丹. 从舆论导向视角看舆论的基本要素 [J]. 新闻大学, 1997 (3): 5-10.
[4] 张涛甫, 王智丽. 中国舆论治理的三维框架 [J]. 现代传播 (中国传媒大学学报), 2016 (9): 32-36.
[5] 李彪. 智媒时代的舆论概念演进与舆论治理转向 [J]. 青年记者, 2022 (18): 9-11.

健康舆论生态正遭遇"情绪化""民粹化""反智化"等非理性因素的干扰。

面对转型期中国纷繁复杂、价值多元的舆论生态，在舆论表达渠道宽广的媒介化社会语境下，"正确地引导社会舆论，是社会主义新闻传媒的重要功能，也是马克思主义新闻观指导下的重要业务规范"，主流媒体担负着"以正确舆论引导人"的重任。[①] 社会治理和社会舆论存在内在联系，对舆论进行治理，既是有效社会治理的保障，又是社会治理的重要内容。[②] 舆论治理成为中国社会治理的严峻任务。作为核心平台，主流媒体在社会治理进程中成为政府治理负面舆情的重要工具。政府借助媒体平台围绕公共事务或公共利益与其他治理主体进行对话与协商，及时公开政务信息、监测社会舆情、提供社会服务，引导公众形成正确认识和评价现实社会的社会信念、社会情感和社会价值观，通过恰当合理的方式对舆论的形成和流动进行方向性引导，澄清舆论中的事实性信息，减少舆论中的盲目和非理性，最大限度减少不和谐因素，促进人民群众的理解、沟通与协调。在这个过程中，主流媒体应充分发挥专业新闻供给机构的权威信息传播优势，对群众关心的热点问题及时监测、分析和研判，并第一时间辟谣澄清和解疑释惑，回应社会关切，维护公众的知情权，通过优质权威信息的全时传播遏制不实、不良信息的扩散，减少社会冲突，化解社会矛盾，发挥舆论的正面价值导向作用，净化社会舆论环境，引导舆情和事件朝理性方向发展。同时，主流媒体应利用其资源优势和连接优势，将负面舆情治理与实际问题解决结合起来，建立与政府部门的协调联动机制，推动实际问题的解决。从负面舆情治理到实际问题解决，从源头真正有效化解社会治理过程中出现的各种舆情隐患。

二、作为社会治理主体的媒体

联合国教科文组织强调，传媒对确保善治和以人为本的发展的根本因素——透明度、问责制和参与至关重要。[③] 在社会治理实践中，当媒体以多元

---

① 童兵. 马克思主义新闻经典教程 [M]. 上海：复旦大学出版社，2014：361.
② 张涛甫. 寻找社会治理与舆论治理的最佳切口 [J]. 人民论坛·学术前沿，2016（5）：35-39，63.
③ 瑟韦斯，玛丽考. 发展传播学 [M]. 武汉：武汉大学出版社，2014：382.

治理主体中的一元参与社会治理实践时,媒体不再是任何特定群体的发声"器官",而是拥有自身的规范与规则,以公共利益为最高目标,服务于公共利益的形成与表达,独立自主地发挥作为服务社会、服务公众的新闻生产和治理实践主体的作用。[1] 在社会治理实践中,作为治理主体的媒体通过多元信息供给、建设性舆论监督、社会对话的组织和参与以及建构社会信任,深度赋能社会治理。

(一) 提供多元信息,为协同共治提供信息依据

社会治理离不开多元利益主体在话语空间的博弈互动,信息是社会治理的基本要素和重要依据,有效的信息传播是有效治理的前提。只有充分获取信息,社会治理中的多元行动者才能做出负责任的决定而非在无知状态下行动。信息传播的偏差会影响公众的事实判断和价值判断,进而造成公众意见的隔阂和利益群体的对立。[2] 通过提供信息帮助人们了解客观世界的变动是媒体参与社会治理、服务群众的首要功能。

1948年,政治学家拉斯韦尔提出传播具有"瞭望哨"的"环境监视"功能。美国学者赖特在其基础上进一步言明,大众传媒通过向人们提供日常所需的信息和警示外来威胁,实现对环境的守望与监测。从守望与监测环境这一社会功能出发,作为社会治理主体的媒体具有平等、公平、公正地为社会各阶层提供信息、捍卫不同利益主体知情权的主体性价值。当有重大的事情威胁公众的生活和公共利益时,新闻媒体要肩负起提供足够的信息、适时发出警报的责任。[3] 有研究者指出,面对信息过剩、社会动向感知更有难度的新风险社会,作为信息供给机构的媒体要真正发挥社会"瞭望哨"的功能,就不能仅仅充当舆情热点的追踪者,其更重要的价值应该体现在先于其他信息源和分析者发现社会、经济等领域值得注意的动向、问题和风险,从细微动

---

[1] 李良荣,方师师.主体性:国家治理体系中的传媒新角色[J].现代传播(中国传媒大学学报),2014(9):32-37.

[2] 张晋升,刘蓓.网络信息传播中的舆论偏向与社会治理:基于两起网络虚假信息事件的传播分析[J].新闻记者,2016(4):66-70.

[3] 马凌.新闻传媒在风险社会中的功能定位[J].新闻与传播研究,2007(4):42-46,95-96.

向见微知著，展现梳理信息、提出问题、发现风险和引起警觉的能力。①

在社会治理实践中，媒体作为专业的信息供给机构，通过提供各方面有用的信息，帮助多元治理主体及时了解国内外政治、经济和文化情况，通过识别、告知事实性信息，判断、解释价值性信息，主动发现与认识现实社会中的问题，为多元利益主体在参与社会治理过程中理性审慎地判断问题、提出意见建议、做出正确决策提供重要的信息依据。媒体通过新闻生产和信息传播再现或建构社会现实，并将平等、公平、公正地为社会各阶层提供信息以及捍卫不同利益主体的知情权作为实践治理职能、促进社会平等的要义。

(二) 通过建设性舆论监督深度介入社会治理

舆论监督一直是传媒的重要职责，也是媒体参与社会治理、保证社会公正的利器和手段。"新闻媒介的舆论监督是最经常、公开、广泛的一种监督方式。"② 作为公民知晓情况和发表意见的公开渠道，媒体的舆论监督本质上是媒体代表公众对舆论客体施加影响、行使监督职责的活动，保证公共权力的正确行使、促成并维护依法治国的社会机制、遏制腐败的滋生和蔓延是传媒监督的主要职责。③ 新中国成立之初，中共中央就发出了《关于在报纸刊物上展开批评和自我批评的决定》，强调报刊开展批评报道（舆论监督）的重要性和必要性。20世纪90年代，中国媒体的舆论监督实践空前活跃，以《焦点访谈》为代表的自上而下的权威型监督和以《南方周末》为代表的自内向外的草根型监督成为当时中国媒体舆论监督的典型代表。2016年2月19日，习近平总书记在党的新闻舆论工作座谈会上强调，"舆论监督和正面宣传是统一的。新闻媒体要直面工作中存在的问题，直面社会丑恶现象，激浊扬清、针砭时弊，同时发表批评性报道要事实准确、分析客观"④。现阶段，随着媒体

---

① 陆小华. 风险感知与协同治理：社会治理中的媒体角色 [J]. 中国广播, 2020 (8): 5-9.

② 刘光牛. 把握历史使命勇于发展和创新当代中国新闻理论：深入学习习近平关于党的新闻舆论工作的新论断新观点 [J]. 中国记者, 2016 (7): 33-37.

③ 陈力丹. 论我国舆论监督的性质和存在的问题 [J]. 郑州大学学报（哲学社会科学版）, 2003 (4): 7-10, 14.

④ 新华社. 习近平：坚持正确方向创新方法手段 提高新闻舆论传播力引导力 [EB/OL]. 中国政府网, 2016-02-19.

对自身作为社会治理主体的角色认知与功能定位的日益清晰，越来越多的媒体开始重视舆论监督的建设性与合法性，以解决问题为导向的建设性舆论监督逐渐成为主流媒体深度参与社会治理、服务人民群众的外化表现。如《北京日报》的《政府与市民》新闻专版，以建设性舆论监督的形式参与社会治理，在舆论监督实践中引导公众理性思考，同时通过与政府建立合作联动机制促进问题的实际解决。再如《南方都市报》，自2018年成立南都大数据研究院以来，逐渐形成"以开展舆论监督的新闻生产路径揭示问题、以提供决策参考的智库运作路径贡献方案、以整合多方观点的公共服务路径凝聚共识"的行动路径，通过从采编角色向智库研究者、项目运营者、公共服务者等角色的转型，深度介入社会治理。①

（三）组织和参与社会对话，推动异质主体协商共治

多元治理主体的共同参与及其在治理过程中的合作与协商是网络化治理模式下社会治理的内在要求。"共建共治共享"的新格局是社会治理现代化的核心要义。党的十九大报告指出，要"打造共建共治共享的社会治理格局。加强社会治理制度建设，完善党委领导、政府负责、社会协同、公众参与、法治保障的社会治理体制，提高社会治理社会化、法治化、智能化、专业化水平"②。其中，"社会化"强调激发全体社会成员的广泛参与和自主能动力量。在社会治理中，参与主体的异质性带来利益关注点的多元化，要实现异质主体间的协同治理，必须形成多元利益主体之间的有效对话与理性交流。多元主体之间真实有效的交流与对话是实现"共建共治共享"的前提和基础。大众传媒是社会的整合器和"黏合剂"，是当代社会关键的"沟通性工具"，具有协调社会关系的功能。促进异质主体的对话与沟通，实现社会整合与协调是媒体以主体性角色参与社会治理的重要实践。作为社会治理的重要力量，与其他治理主体相比，媒体的双重角色为其协调社会关系提供了更大的潜能。媒体主体角色和工具角色的统一使其能够打破狭隘的思维局限，超越具体分

---

① 罗昕，张瑾杰. 主流媒体参与网络内容治理的行动路径：以南都大数据研究院为例［J］. 中国编辑，2022（7）：41-45.
② 习近平. 决胜全面建成小康社会 夺取新时代中国特色社会主义伟大胜利：在中国共产党第十九次全国代表大会上的报告［N］. 人民日报，2017-10-28（1）.

歧和价值语境，更好地理解政府与公众不同的运作逻辑和利益诉求，为多方利益主体在更高维度建立连接提供对话通道，促进多元利益主体之间的理解与合作，协调多元利益主体之间的矛盾，使多元主体在持续不断的"对话"中实现更有效的沟通和价值的契合。

处于社会转型期的当下中国，社会结构分岔、社会行为混沌与分形等复杂性特征使社会治理常常面临复杂的公共问题。面对转型期中国复杂的治理情境，主流媒体在社会治理实践中可以从以下三方面推动异质主体协商共治，实现社会整合与协调。其一，组织对话，编织治理网络。为了应对复杂公共事务以及多元治理主体的跨界性，作为治理主体的主流媒体应该发挥自身的社会连接优势，跨越组织、层级、行政等多重边界，充当社会对话的组织者，将公共事务涉及的多元利益主体链接到一张治理网络，为多元利益主体协商共治提供直接参与和发声的渠道和机会，为异质主体的协商与对话搭建桥梁，协调不同机构、社会力量之间的利益分歧，推动社会治理的多元参与。其二，利益代言，呈现多元观点。尽管媒体为多元利益主体提供了发言渠道和表达平台，但并非所有的利益主体都具备有序表达诉求的能力。代表多元利益主体进行有序表达、捍卫不同利益主体的表达权和参与权，是传媒作为社会公器服务于公共利益的形成与表达的职责所在。主流媒体在社会治理实践中通过充当多元利益主体的代言人，呈现多元观点和态度，代表多元主体尤其是那些被边缘化的弱势群体进行有序表达，反映他们的利益诉求，"言其所欲言而又不善言者，言其所欲言而又不敢言者"[1]，促进社会治理的平等、公平、公正。其三，参与对话，协调互动过程。在推动异质主体协商共治的过程中，主流媒体还应该作为对话的积极参与者和实践者，协调多元利益主体间的互动过程，促进异质主体的良性互动、相互理解和情感认同，从而实现对治理资源最大限度的整合，为社会问题的有效解决寻求最大社会公约数。

（四）促进社会信任，建立社会层面的信任机制

社会信任是社会良序运行的基础。按照德国社会学家格奥尔格·齐美尔（Georg Simmel）的观点，信任是社会最主要的凝聚力之一，离开了人与人之

---

[1] 徐宝璜. 新闻学 [M]. 北京：中国传媒大学出版社，2016：4.

间的普遍信任，社会将变成一盘散沙。① 罗伯特·帕特南（Robert D. Putnam）也认为，社会信任和公民参与是相互强化的，信任是社会生活中避免摩擦的润滑剂。② 在治理实践中，社会信任作为社会资本的重要形式，是多元利益主体围绕公共事务和公共问题分享信息、共享资源、协同合作的前提与基础，在调节缓和矛盾、促进社会合作以及形成公共意见等方面发挥着重要作用。在参与社会治理的过程中，建构社会信任、形成信任机制是媒体作为社会协同治理主体的重要使命和价值所在。媒体除了发挥资源共享、信息互换、路径协调、决策提供的作用外，还能在不同社会阶层之间建立信任关系，生产出社会层面的信任机制。一方面，社会信任本质上是公众对信任环境的认知与态度。媒体作为媒介化社会重要的信息供给机构，可以凭借其报道内容和公信力对社会信任产生影响。另一方面，对话与沟通是提升信任水平、改善信任关系的重要途径③，而媒体在社会治理实践中能够充当起社会对话的组织者和参与者角色，成为催化社会信任的重要中介。媒体依托自身的媒体公信力为多元利益主体搭建对话和沟通的桥梁，在多次持续的对话中，社会信任逐渐形成。

第三节　县级媒体融合与乡村社会治理的关系

中国的媒体融合是一个兼具传媒发展和治理使命的双重命题。全媒体时代，媒体参与社会治理的能力局限以及当下社会治理的现实困境对主流媒体的转型发展提出了要求，融媒体之"器"与社会治理之"道"正发生紧密关联。本节立足于新时代中国社会治理所面临的现实困境，从国家战略层面深入探讨中国语境下媒体融合与社会治理之间存在的逻辑关联，在此基础上，

---

① 齐美尔. 货币哲学［M］. 陈戎女，译. 北京：华夏出版社，2002：178-179.
② 罗伯特·帕特南. 独自打保龄：美国社区的衰落与复兴［M］. 刘波，祝乃娟，张孜昇，等，译. 北京：北京大学出版社，2011：149-152.
③ 强月新，孔钰钦. 社会信任视角下新型主流媒体的价值建构［J］. 中国编辑，2021（12）：5.

以中国乡村治理的基本背景为出发点，对县级媒体融合与乡村社会治理的关系进行梳理。

一、新时代中国社会治理的现实困境

当下，中国特色社会主义进入新时代，面临世界百年未有之大变局，信息技术的迭代重塑了新传播格局，互联网勃兴，社会交往模式重构。在此背景下，社会治理既拥有了更多可能，也面临着更为复杂的社会情境和巨大压力。作为社会治理的重要工具和参与主体，媒体传统的传播实践已然无法充分满足国家治理现代化的需求。目前，媒体参与社会治理的局限以及社会治理的现实困境主要表现在以下方面：

（一）主流媒体话语权面临消散危机

以互联网为代表的传播技术正在深刻影响中国社会，带来传播资源的全民化和传播权的社会化。在以"去中心化—再中心化"为基本特征的信息环境中，主流媒体面临话语权日益消散的危险。各类商业媒体平台凭借开放、智能、社交、分享等特点正在成为公众表达诉求和协商对话的主要场域，出现了一批民间意见领袖和商业媒体平台，主流媒体在舆论场中的影响力有减弱趋势，这一变化直接制约了其参与社会治理的成效。在多元主体协同治理格局中，主流媒体是政府治国理政的重要支撑，也是协调治理各方的核心力量。重建话语权不仅成为主流媒体自身发展的需要，也成为优化和创新社会治理的必须。

（二）协商共治缺乏具有治理效能的公共领域

社会治理强调社会协同和公众参与，倡导多元主体协商共治的秩序结构，需要多元主体发挥各自优势以形成协同解决问题的合力。公众的积极参与对实现善治至关重要，而多元主体的意见表达与协商共治需要合适的话语空间和公共领域。从中国公众自治实践来看，中国人长期形成的"面子协商"的习惯以及欠缺公开理性商辩的文化心理使得面对面议事的实际效果并不理想，可进可退的网络空间更适合基层群众的沟通交流。当前，技术赋权使公众参与社会治理的渠道日趋丰富、成本大大降低，各类商业媒体平台为多元治理

主体提供了交流对话的空间，公众的主体意识和维权意识也随之高涨。然而，形成于商业平台的民间话语易受市场逻辑的侵蚀，公众基于自身利益进行的诉求表达和话语建构多呈现无序性和非理性的特征，未能形成理性协商的参与氛围。从中国社会治理的实际情况看，多元主体的协商共治缺乏具有治理效能的、理性有序的公共领域。

（三）基层治理主体缺位和共同体意识缺失

郡县治，天下无不治。基层治理是中国社会治理的重点，社区自治和乡村自治是其主要内容。作为基层协商民主的重要实践主体，群众参与协商自治的积极性和有效性直接影响基层治理的效果。研究表明，治理主体缺位、共同体精神缺失、政府和治理主体之间沟通不畅等问题成为当下基层社会治理的难题。[①] 一方面，随着经济社会结构的转型和城市化进程的加快，中国传统单位聚居的居住方式被商品房小区的聚居方式所取代，基于市场购买行为聚集起来的社区居民天然缺乏精神上的认同和社区归属感，加之公共生活中"搭便车"的心理，当前居民参与社会治理的积极性不高，难以产生自治的集体行动，社区治理容易陷入政府"独角戏"的"共同体困境"。另一方面，中国乡村社会"空心化"现象突出，忙于生计的农民同样缺乏参与社会治理的意识和兴趣，社会"原子化"趋势明显。基层治理需要基层群众的协商共治，基层治理中治理主体缺位和共同体意识缺失的问题已然超出传统媒体信息传播、舆论引导的能力范围。

二、中国语境下媒体融合与社会治理的逻辑关联

从国家战略层面来说，我国媒体融合与社会治理的战略价值具有内在统一性。国家治理现代化大背景下，社会治理的有效开展对信息资源整合、信息传播技术、信息传播渠道、协商治理平台等提出了诸多的要求，这些要求成为媒体深度融合的动力。加强和创新社会治理成为推进媒体深度融合发展的主要动因，而媒体融合的深度发展通过优化主流媒体的引导力、服务力和

---

① 吴青熹. 社会化媒体与社区治理难题的破解：基于社区共同体的分析视角[J]. 南京大学学报（哲学·人文科学·社会科学），2017（4）：66-73，159.

沟通力，为社会治理提供新的动能，成为社会治理规则与模式创新的重要手段。深度融合后的新型主流媒体作为社会治理主体和社会治理工具，在舆论生态建设、智慧服务创新、基层社会治理方面助力社会治理创新。

（一）媒体融合与社会治理战略价值具有内在统一性

从国家战略目标来看，媒体融合和社会治理都是国家治理的组成部分，最终目标都是实现国家治理体系和治理能力现代化。一方面，实现中华民族伟大复兴的中国梦，需要不断增强和铸牢中华民族共同体意识，巩固全党全国人民团结奋斗的共同思想基础。主流媒体是党和政府传播社会主义主流意识形态、铸牢中华民族共同体意识、凝聚社会共识的重要工具。然而，随着互联网在我国的快速发展，价值多元、快速成长的民间舆论场给主流媒体主导的官方舆论场带来了极大的冲击，与此同时，国外敌对势力也不断借助互联网的超级动员能力对我国意识形态进行渗透，国家意识形态安全遭遇重大挑战。在这一时代背景下，采编流程繁杂、受众对象和表现形式单一的传统媒体已然无法满足新时代国家快速发展需要的传播治理现代化的需求，主流媒体亟须通过媒体融合实践来重塑话语权。2013年，习近平总书记在全国宣传思想工作会议上强调，"要积极探索有利于破解工作难题的新举措新办法，特别是要适应社会信息化持续推进的新情况，加快传统媒体和新兴媒体融合发展，充分运用新技术新应用创新媒体传播方式，占领信息传播制高点"①。2014年，媒体融合战略被正式提出。国家从战略层面推动媒体融合发展，就是为了强化主流媒体的传播力、引导力、影响力和公信力，扩大主流价值影响力版图，做大做强主流舆论，让党的声音传得更开、更广、更深，从而巩固全党全国人民团结奋斗的共同思想基础，为复兴征程提供强大的精神力量和舆论支持。另一方面，中国的社会治理以实现和维护群众权利为核心，体现了党领导下的多方参与、共同治理的主张，其功能价值在于既提升党和政府的治理能力，又还权于社会，通过多元主体的合作治理来激发社会自由与活力，维护社会秩序和正义，确保人民安居乐业、社会安定有序，为实现中

---

① 习近平. 在全国宣传思想工作会议上的讲话：2013年8月19日［M］//中共中央文献研究室. 习近平关于全面深化改革论述摘编. 北京：中央文献出版社，2014：84-85.

华民族伟大复兴提供团结稳定的社会基础和发展动力。由此可见，媒体融合与社会治理的战略价值具有内在统一性，都在为实现"两个一百年"奋斗目标、实现中华民族伟大复兴的中国梦提供支持。

（二）媒体融合通过重塑主流媒体，为社会治理提供新动能

新时代背景下，推动媒体融合事关国家治理体系和治理能力现代化。媒体融合通过重塑主流媒体的引导力、服务力和沟通力，为社会治理提供新的动能，成为社会治理规则与模式创新的重要手段。融合后的新型主流媒体能够在舆论生态建设、智慧服务创新和基层社会治理方面提升社会治理的效能。

1. 优化主流媒体引导力，赋能舆论生态建设

媒体融合通过优化主流媒体的舆论引导力，塑造主流舆论新格局，营造健康舆论生态，为社会治理提供新的动能。一方面，媒体融合通过优化主流媒体塑造共识的能力，为社会治理赋能。社会问题的有效解决需要社会成员之间拥有"共识"，促进社会整合和凝聚社会共识是社会治理的重要内容。"发展社会主义先进文化、广泛凝聚人民精神力量，是国家治理体系和治理能力现代化的深厚支撑。"[1] 作为党和政府治国理政的重要工具，主流媒体有责任通过自身的活动将主流意识形态和社会主义核心价值观传播给民众，在传播先进文化、正面宣传引导、塑造社会共识方面发挥着重要的作用。然而，转型期的当下中国，技术赋权与社会转型的碰撞带来舆论场的多元化与复杂化，给政治整合和国家治理带来了巨大的挑战。新媒体成为人们信息获取和传播的主要渠道，主流媒体通过宣传引导塑造共识的能力被不断削弱，官方舆论场与基于网络的民间舆论场出现了断裂。习近平总书记在《加快推动媒体融合发展 构建全媒体传播格局》中强调，"人在哪儿，宣传思想工作的重点就在哪儿，网络空间已经成为人们生产生活的新空间，那就也应该成为我们党凝聚共识的新空间。""准确、权威的信息不及时传播，虚假、歪曲的信息就会搞乱人心；积极、正确的思想舆论不发展壮大，消极、错误的言论观点就会肆虐泛滥。这方面，主流媒体守土有责，更要守土尽责，及时提供更

---

[1] 新华网. 中共中央关于坚持和完善中国特色社会主义制度推进国家治理体系和治理能力现代化若干重大问题的决定[J]. 中国民政，2019（21）：6-16.

多真实客观、观点鲜明的信息内容，牢牢掌握舆论场主动权和主导权。"[①] 面对公众信息接收的移动化趋势与传统渠道影响力的式微，通过媒体融合加强主流媒体的舆论引导力，培育健康舆论生态，进而提高社会治理水平成为刻不容缓的事情。有学者指出，媒体融合是实现信息传播帕累托最优的有效路径，能够使信息得到最有效的传播并对社会力量产生积极影响。[②] 通过媒体深度融合，新型主流媒体可以实现传播渠道的拓展和传播手段的创新，通过全媒体矩阵传播和融媒体传播方式，与基层群众建立稳定性连接，使党和政府的工作情况，党的路线、方针、政策，及国家法律法令直接抵达移动化的社会末梢，实现习近平总书记强调的"读者在哪里，受众在哪里，宣传报道的触角就要伸向哪里，宣传思想工作的着力点和落脚点就要放在哪里"[③]。

另一方面，媒体融合通过优化主流媒体舆论治理的能力，为社会治理赋能。良好的舆论生态是社会治理的环境保证。主流媒体在社会治理进程中是政府治理负面舆情的重要工具。通过媒体融合发展，主流媒体可以优化舆情风险防范机制，提高自身作为舆论治理工具的能力。习近平总书记强调，在媒体智能化快速发展的当下，"我们要增强紧迫感和使命感，推动关键核心技术自主创新不断实现突破，探索将人工智能运用在新闻采集、生产、分发、接收、反馈中，用主流价值导向驾驭'算法'，全面提高舆论引导能力"[④]。基于技术创新的融媒体平台利用云计算、大数据、人工智能等新兴技术能够对社会舆情进行实时监测，帮助政府科学研判和防范化解潜在风险，进而通过政务公开和信息服务的精准和及时，以及基于算法的个性化信息推荐，实现民众信息需求与政府信息公开的有效对接，减少因传播障碍和传播隔阂导致的舆情风险，引导社会舆论朝理性的方向发展。此外，融媒体平台还可以利用区块链技术追踪信息来源，实现信源认证，减少网络谣言，培育积极健康的舆论生态。

[①] 习近平. 加快推动媒体融合发展 构建全媒体传播格局 [J]. 共产党员, 2019 (7): 4-5.
[②] 郑恩, 杨菁雅. 媒介治理：作为善治的传播研究 [J]. 国际新闻界, 2012 (4): 76-83.
[③] 习近平. 习近平新闻舆论思想要论 [M]. 北京：新华出版社, 2017: 199-200.
[④] 习近平. 加快推动媒体融合发展 构建全媒体传播格局 [J]. 共产党员, 2019 (7): 4-5.

2. 优化主流媒体服务力，实现智慧服务创新

媒体融合通过优化主流媒体的服务力，深刻影响公共服务和政务服务的供给机制与模式创新，为社会治理提供新的动能。融合后的新型主流媒体不仅承担信息传播的基本任务，还以"新闻+政务+服务"的业务模式拓展自身的服务功能，在实现基本公共服务均等化和智慧服务创新方面发挥重要作用。一方面，中国特色社会治理强调发展成果由全民共享，保障基本公共服务均等化是"全民共享"题中应有之义。"内外相接"是媒体深度融合的一大特征。融合后的新型主流媒体可以通过政府采购、外包合同等形式，实现与交通、民生、教育、医疗等公共服务行业的信息、数据相接，以及与行政、司法等部门的宣传、服务相融，依托合纵连横的传播网络为公众提供一站式信息服务，保障基本公共服务的均等化。

另一方面，党的十九届四中全会强调了"科技支撑"在社会治理体系中的重要性。媒体融合是信息科技的主要应用领域，发展成为技术密集型媒体是媒体融合发展的目标之一。随着大数据、人工智能、5G、物联网、区块链等新兴技术在媒体融合中的逐步应用，新型主流媒体基于新兴技术的智慧服务创新优势开始凸显。首先，"区块链+媒体"的应用创新成为优化主流媒体公共服务的重要驱动力量。利用区块链分布式数据库、安全可信、智能合约等特点，新型主流媒体可以将原本垂直分散的公共服务"信息孤岛"勾连起来，在媒体、政府、企业等多元治理主体之间建立数据共享、实时互联、联动协同的智能化公共服务供给机制；同时通过建设区块链智慧社区，实现信用信息的记录共享，为公民身份认证、政务信息公开、智慧医疗等公共服务创新提供基于区块链技术的优化方案，提升社会治理效能。其次，数据正在成为创新社会治理的重要资源。习近平总书记指出："创新社会治理，要以最广大人民根本利益为根本坐标，从人民群众最关心最直接最现实的利益问题入手。"[1] 技术驱动下的新型主流媒体将具备强大的信息采集、计算、分析和应用能力，通过对用户海量数据的收集、挖掘、研判和共享，利用人工智能

---

[1] 中共中央党史和文献研究院，中央学习贯彻习近平新时代中国特色社会主义思想主题教育领导小组办公室.2023 习近平新时代中国特色社会主义思想专题摘编［M］.北京：党建读物出版社，中央文献出版社，2023：428.

信息储存、超级模仿和深度自我学习的能力，能够根据人群的特点和利益诉求提供优质精准的公共服务，同时为治理主体准确预判和科学决策提供数据支撑，实现决策科学化和治理精细化。

3. 优化主流媒体沟通力，赋能基层社会治理

媒体融合通过优化主流媒体的沟通力，为基层社会治理实现"共建共治共享"提供新的动能。作为媒体融合纵深发展的产物，县级融媒体中心是媒体融合的"最后一公里"，也成为媒体融合赋能基层社会治理的落脚点。十九届四中全会提出"构建基层社会治理新格局"，完善群众参与治理的制度化渠道，推动社会治理和服务重心向基层下移。基层治理强调多元主体的合作共治，这种合作关系需要以正式的社会组织或非正式的社会网络作为载体。[①] 深度融合后的县级融媒体中心不再只是充当信息传播"中介"角色的基层主流媒体，也是可以成为具有广泛社会连接性、拥有丰富的公共数据和强大算法技术、为群众提供各类政务服务、公共服务、信息服务的公共性的社会治理平台。[②] 县级融媒体中心通过建设区域性的"主流舆论阵地、综合服务平台和社区信息枢纽"，可以实现与基层群众的广泛连接与密切联系，为多元行动者参与"共建共治共享"搭建非正式的治理网络，提供信息储备、协商平台，并培育共同体意识，从而赋能基层社会治理。具体说来，首先，从信息共享价值看，县级融媒体平台直达基层的信息传播网络能够保障普通群众的知情权和媒介接近权，实现信息的人人"共享"和普惠价值，减少因信息鸿沟导致的社会不公，同时为多元主体的"共建共治"提供信息储备。其次，从共建共治价值看，县级融媒体中心构建的区域性线上社区，融合信息发布、公共论坛、社会交往等多维功能，为公众参与基层治理提供民主协商平台。基于真实社区的线上讨论空间可以将"原子化"的社区居民凝聚起来，易于形成一种参与式文化和集体社区氛围，构建具有治理效能的公共领域。技术赋能下的多元主体以自由、平等身份参与社会治理，不仅可以提升其参与治理的积极性和行动能力，还可以形成对政府决策和行为的自下而上的有效监督，

---

① 王立峰，潘博. 社会整合：新时代推进党建引领城市基层治理的有效路径 [J]. 求实, 2020（2）：26-36, 109-110.
② 李佳婧. 媒体融合与社会治理 [J]. 唯实, 2021（6）：69-71.

保障其在基层事务上的表达权、参与权和监督权。公众基于线上的社会交往与情感沟通也有助于培育彼此的信任和共同体意识，提升社会归属感和社会整合度。

三、新时代中国乡村治理的基本背景

2022年发布的《文化蓝皮书：中国乡村文化发展报告（2018—2021）》指出，我国乡村文明经历了从"乡土中国""城乡二元中国""城乡两栖中国"到"城乡融合中国"的范式转型，从2012年开始，我国乡村文明已迈入"进行时+未来时"的"城乡融合中国"阶段。[①] 人口流动性、价值多元化、情境媒介化构成现阶段中国乡村治理的基本背景。

（一）人口流动性：人口大规模流动及其造成的"人地分离"

人口大规模流动及其造成的"人地分离"是当代中国乡村治理的一个基本背景。改革开放以来，在国家政权建设和市场化浪潮的推动下，非流动性、地方性和熟悉性这些"乡土中国"的典型特征在当下乡村社会开始弱化甚至消解，"大流动的村庄社会结构"成为"后乡土中国"的显著特征。[②] 乡村土地经营改革和税费体制改革重塑了乡村传统的生计模式和关系模式。在城市虹吸效应、交通网络发展以及国家制度应允的多重影响下，乡村民众的主要生计模式从农业经营转变为半工半耕，离土不离乡、代际分工和性别分工是我国乡村地区半工半耕职业结构的主要类型。[③] 这种半工半耕的生计模式不仅带来乡村民众的职业流动，还造成了乡村民众的空间流动，消减了村民对土地的依赖性。乡村人口"从乡村向城市""从经济欠发达地区向经济发达地区"的频繁流动使中国乡村呈现"人口流出村"和"人口流入村"的差异化发展。[④] 无论是中西部经济相对落后的人口流出村，还是东部经济相对发达的

[①] 澎湃新闻. 我国首部乡村文化蓝皮书发布，"人口多元"成未来乡村新常态［EB/OL］. 中国新闻网，2022-07-31.

[②] 叶娟丽，徐琴. 中国乡村治理研究本土化概念考［J］. 理论与改革，2021（6）：33-50.

[③] 杨华. 中国农村的"半工半耕"结构［J］. 农业经济问题，2015（9）：19-32.

[④] 邱泽奇，李由君，徐婉婷. 数字化与乡村治理结构变迁［J］. 西安交通大学学报（社会科学版），2022（2）：74-84.

人口流入村，都难以阻挡本地青壮年向城市流动。在半工半耕的生计模式下，作为乡村社会主体的村民的生产生活空间日益与村落发生分离。

（二）价值多元化：乡村社会的规范和价值日益分化和多元

2012年以来，我国乡村文明迈入"城乡融合"发展阶段，高速城镇化的"涡旋效应"引发乡村世界的"圈层空间折叠"，越来越多的乡村人口结构从单一的世居群体转变为混合的多元群体，"人口多元"成为未来乡村新常态。① 在"城乡融合"发展的大背景下，乡村居民不断习得城市中的现代性观念以及由市场经济衍生的契约规则，乡村社会的传统规范和价值系统遭遇现代性文化的冲击。此外，随着乡村治理体制的变革，国家权力推行的法律化、统一化的现代公共规则取代了传统乡村社会的礼治秩序。② 在城市文化与国家公共规则的冲击下，乡村社会的行为规范和价值系统日益分化和多元。然而，现代化与城市化进程并未完全消除乡村的"乡土性"，"后乡土性"成为现代化进程中乡村社会的基本特质。③ 尽管大量乡村青壮年向城市或者经济发达地区频繁流动，但老人、妇女和儿童仍然留守在村落，传统乡村的熟人关系、人情礼俗等乡土性特质在村落社会依旧能对村民的行为产生一定的影响。

（三）情境媒介化：乡村治理的媒介逻辑和基层舆论可见性

在当下的中国乡村，"提速""扩容"后的移动互联网日益介入乡村民众的日常生活，为乡村社会开辟出新的权力空间和表达空间。与此同时，在巨大的用户红利的刺激下，抖音、快手等互联网商业平台纷纷"下沉"县域乡镇，不仅繁荣了基层社会的物质文化和精神文化消费，也在很大程度上改变了乡村社会的信息传播模式和舆论生态。据第53次《中国互联网络发展统计报告》显示，截至2023年12月，我国农村网民规模达3.26亿，农村地区互联网普及率为66.5%，全国农村宽带用户总数达1.92亿户，农村网络基础设

---

① 澎湃新闻. 我国首部乡村文化蓝皮书发布，"人口多元"成未来乡村新常态[EB/OL]. 中国新闻网，2022-07-31.
② 叶娟丽，徐琴. 中国乡村治理研究本土化概念考[J]. 理论与改革，2021（6）：33-50.
③ 陆益龙. 乡土中国的转型与后乡土性特征的形成[J]. 人文杂志，2010（5）：161-168.

施不断完善,农村互联网应用场景持续拓展。① 随着移动网络和智能终端的普及,新媒体的效力开始渗透乡村社会的各个场域,重构乡村的生活样式、资源结构和文化形态。② 新媒体以"元资本"的形式改变着乡村治理的既有规则,"媒介化"成为乡村治理的一个基本背景,各类主体的治理实践不得不适应"媒介逻辑"的运行规律。

一方面,传统乡村社会结构中乡镇政府和村两委的基层叙事逻辑被媒介赋权机制打破,处于媒介化乡村场域的乡镇政府和村级组织不仅需要使其治理行为符合该场域的既定规则,还需要依据"媒介场"特有的运作逻辑开展治理活动。如利用微信群"社区黏合"的价值优势推动"原子化"村民的媒介"共在"和"意见回村",利用短视频直播等新型视觉媒介勾连乡村场域内外的权力资源。

另一方面,新媒体对乡村民众的表达赋权和聚集赋能,使他们不再是福利主义色彩发展模式中"有识阶层"代言的"他者"。在媒介赋权机制下的乡村社会,舆论表达渠道空前宽广,人际交往进入媒介化时代。便携的移动设备和泛在的互联网络为乡村民众表达诉求和协同治理提供了多样化渠道。原先受制于传统权力格局和传播权格局的乡村力量和声音,纷纷进入"去中心化"的互联网空间,寻求替代性补偿。普通村民参与乡村治理的合理诉求不再被乡镇政府和村级组织的基层叙事遮蔽或湮没。③ 从短视频个性化的自我呈现,到微信群基于地方责任感的互动交流,基层舆论具有了极大的"可见性",民间舆论场开始呈现众声喧哗的热闹景象。乡村民众凭借智能设备和泛在网络的技术赋权获得了"无权者的权力",成为技术赋权下自主表达和自我代言的能动性主体。少数乡村体制外的精英通过迎合"媒介逻辑"获得公共

---

① 中国互联网络信息中心. 第53次中国互联网络发展状况统计报告[EB/OL]. 中国互联网络信息中心网站,2024-03-22.
② 李烨,刘祖云. 媒介化乡村的逻辑、反思与建构[J]. 华南农业大学学报(社会科学版),2021(4):99-110.
③ 常凌翀. 县级融媒体创新数字乡村治理的内在逻辑与推进路径[J]. 中国出版,2021(14):37-41.

关注，进而实现符号资本的积累，成为乡村内部与村两委协商博弈的中坚力量。① 此外，新媒体具有的重构时空的能力和平台化特征又为"人地分离"的离散村民实现空间意义上关系的联结和"重新部落化"提供了数字化公共空间，因人口频繁流动而遭遇"空心化"危机的当代乡村由此获得了再造乡土团结的可能。

四、中国语境下县级媒体融合与乡村社会治理的关系

在中国语境下，县级媒体融合与乡村社会治理的关系本质上源于媒体融合与社会治理之间的逻辑关联。2020年9月，中共中央办公厅、国务院办公厅印发的《关于加快推进媒体深度融合发展的意见》中，强调要"完善中央媒体、省级媒体、市级媒体和县级融媒体中心四级融合发展布局"②。在四级融合发展布局下，县级媒体融合是媒体融合整体战略的一部分。而乡村社会治理是社会治理的基础和重要一环，是国家治理体系和治理能力现代化的重要组成部分。此外，县级媒体融合和乡村社会治理的落脚点是重合的。作为媒体融合纵深发展的产物和全媒体传播体系的基层底座，县级融媒体中心的根基和优势在基层，而乡村是国家治理的基本单元，乡村社会治理属于基层治理的一部分。

从媒体融合与社会治理的关系可知，县级媒体融合与乡村社会治理的战略价值具有内在统一性，都在为实现"两个一百年"奋斗目标、实现中华民族伟大复兴的中国梦提供支持。创新乡村社会治理、实现乡村有效治理是加速县级媒体融合即县级融媒体中心建设的主要动因，而县级融媒体中心作为基层新型主流媒体和基层社会治理平台，是乡村社会治理创新和乡村振兴发展的重要工具和载体。2022年，《中共中央 国务院关于做好2022年全面推进乡村振兴重点工作的意见》强调了县级融媒体中心在乡村振兴和乡村治理进程中的重要地位，指出县级融媒体中心作为创新农村精神文明建设的平台载

---

① 牛耀红. 建构乡村内生秩序的数字"社区公共领域"：一个西部乡村的移动互联网实践[J]. 新闻与传播研究，2018（4）：39-56，126-127.
② 新华社. 中共中央办公厅 国务院办公厅印发《关于加快推进媒体深度融合发展的意见》[EB/OL]. 中国政府网，2020-09-26.

体，肩负着在乡村开展对象化分众化宣传教育、弘扬和践行社会主义核心价值观的重任。①

从媒体融合赋能社会治理的价值维度来看，县级媒体融合在三方面为乡村社会治理提供新动能。其一，县级媒体融合通过优化县级融媒体中心的舆论引导力，赋能基层舆论生态建设，包括通过县级融媒体中心的全媒体矩阵传播和融媒体传播方式，与县域乡村民众建立稳定性连接，确保党的路线、方针、政策和国家法律法令抵达乡村社会的移动化末梢，为乡村社会治理提供共同思想基础。同时，县级融媒体中心作为基层社会治理平台，凭借近地优势、技术优势以及政府资源优势，成为基层政府治理乡村负面舆情的重要工具。其二，县级媒体融合通过优化县级融媒体中心的服务力，使县级融媒体中心能够依托合纵连横和触达基层末梢的传播网络，为乡村民众提供实用性和易用性强的一站式信息服务，并根据当地乡村民众的需求提供优质、精准且易用的公共服务，助力乡村实现基本公共服务均等化和智慧服务供给。其三，县级媒体融合通过优化县级融媒体中心的沟通力，为乡村民众参与村庄治理提供可用且易用的线上交流平台，实现乡村社会多元治理主体的广泛连接，为多元行动者参与乡村社会的"共建共治共享"提供非正式的治理网络，同时在协商共治的过程中重构乡土团结。

---

① 中共中央 国务院关于做好二〇二二年全面推进乡村振兴重点工作的意见［N］.人民日报，2022-02-23（1）.

第五章

媒介化社会中的乡村治理信息传播网络

信息是社会治理的基本要素和资源，信息在多方社会行动者之间的流通和反馈是社会治理的必要环节，不同行动者之间的信息输入、输出是协调得以发生的前提。在社会治理过程中，多元参与且协同高效的信息传播有助于弥合行动者之间的认知鸿沟，推进多元共治。在当下的中国乡村，哪些行动者在乡村治理信息传播网络中扮演活跃传播者的角色？他们是如何形塑乡村治理信息传播网络的？从治理有效的角度看，乡村信息传播存在怎样的问题？此外，作为自然灾害和公共卫生事件的多发地区，乡村是风险治理的前沿阵地，风险治理成为乡村治理的一个重要议题。防范乡村风险是实现乡村治理有效、实施乡村振兴战略的题中之义。面对风险事件带来的问题情境，传播成为人类解决问题的一种应对机制，主动参与传播是行动者之间达成共识、实现共治的关键。作为乡村治理的重要实践主体，乡村民众的主动传播对风险治理极为重要。在风险情境中，治理信息是如何在乡村民众内部传播与扩散的？哪些因素影响乡村民众主动参与风险传播？乡村民众主动传播行为的产生机制为何？本章在文献分析的基础上，采用深度访谈和问卷调查方法，对上述问题进行解答，旨在深刻解析新时代中国乡村治理信息传播网络的整体特征，准确把握县级融媒体中心参与乡村治理的传播环境，为后续研究提供坚实的基础。

第一节　乡村治理信息传播网络中的活跃行动者

随着移动网络和智能终端的普及，新媒体的效力开始渗透乡村社会的各个场域，重构乡村的生活样式、资源结构和文化形态。[1] 在媒介化乡村背景下，技术赋权与民众参与意识的觉醒使多元治理主体在信息流动过程中相互博弈，乡村信息传播主体呈现出多元化趋势。本节在文献分析的基础上，结合深度访谈，对乡村治理信息传播网络中的活跃行动者及其传播特征进行分析。

该部分访谈采取半结构式访谈方法，将普通村民、村两委干部和县级融媒体中心工作人员作为访谈对象，以突发事件为切入点，主要围绕以下三个方面的问题展开：(1) 村民的信息获取和信息传播行为；(2) 乡村基层组织的传播实践；(3) 县级融媒体中心的乡村传播实践。质化研究专家认为，在线性主题的深度访谈中，28~40 个样本便可以保证研究的集中度和有效性。[2] 本研究采用目的性抽样和异质性抽样相结合的方法，选取 30 名受访者展开具体调查。访谈在 2021 年 11 月至 12 月进行，具体采用微信访谈和面对面访谈两种形式，由作者本人和 1 名新闻传播学专业本科生共同完成。该本科生前期已接受访谈主题和访谈方法的相关培训，且属于来自农村的大学生，与村民和村两委干部两类受访者之间具有地域和文化上的接近性。从受访者的构成来看，5 名县级融媒体中心工作人员分布在湖南、湖北两省，25 名村民和村两委干部受访者中，男性占 52%，女性占 48%，且覆盖了青年、中年和老年各个年龄段，受访者具有一定的代表性。同时，本研究还通过文献分析和以微信群参与观察的方法，形成不同的数据来源进行三角互证，提高研究的信度和效度。表5-1 为本次访谈对象的构成情况。

---

[1] 李烊，刘祖云. 媒介化乡村的逻辑、反思与建构 [J]. 华南农业大学学报（社会科学版），2021 (4)：99-110.
[2] GUBRIUM J F, HOLSTEIN J A. Handbook of Interview Research: Context & Method [M]. London: Sage Publications, 2001：13-26.

表 5-1　访谈对象构成（N=30）

变量	属性	样本数	变量	属性	样本数
性别	男	17	类型	普通村民	21
	女	13		村两委干部	4
年龄	18~29岁	4		县级融媒体中心工作人员	5
	30~39岁	6	学历	初中及以下	10
	40~49岁	14		高中或中专	12
	50岁及以上	6		大专及以上	8

在前期文献分析的基础上，结合深度访谈结果，本研究发现，媒介化乡村的治理信息传播网络呈现出以政府、媒体等力量为外围，村两委等乡村基层组织为中观，村民个体为内核的结构特征。作为乡村治理信息传播网络中的活跃行动者，政府、媒体、乡村基层组织和乡村民众因身份属性和传播特征的差异，在乡村治理实践中占据各自的信息生态位，发挥着独特的功能价值，通过信息的相互博弈共同形塑乡村信息传播生态。

一、政府：媒体中介传播、扁平化自主传播和垂直化组织传播

在我国，作为社会治理的重要组成部分，乡村治理强调在政府组织和主导负责的基础上，吸纳社会组织和乡村民众等多元主体有序参与。政府在乡村治理中发挥主导和决定性作用。尤其是连接国家和乡村社会的基层政府，对乡村治理成效具有重要的影响，在治理实践中发挥着协调多元治理主体、服务治理实践过程以及保障治理机制有效运行的多重作用。[①] 作为乡村治理的主要实施者，政府拥有权威独家的信息资源和统领全局的能力，是乡村治理信息传播网络中的重要行动者。

现阶段，我国政府机构主要采取以下三种方式开展对农传播。其一，借助专业媒体的中介传播。如风险事件发生后，为确保信息传播的及时性和广泛性，政府机构会通过召开新闻发布会等形式，借助电视等专业媒体向公众

---

① 王丹. 基层政府在乡村治理中的作用研究 [D]. 南京：南京航空航天大学，2020：55.

介绍事件的潜在风险和最新进展、宣传党和政府防范处理风险的政策措施。在这类传播方式中，专业媒体仅作为政府传播的工具存在，各级政府机构从媒体获得的乡村治理力量并不均衡，呈现出从中央到县级递减的趋势。[1] 在传统媒体时代，乡镇级政府机构受"四级办电视"传媒政策的影响几乎缺失通过专业媒体开展乡村治理的资源。目前，这一现状随着县级融媒体中心的全面铺开而有所改善。其二，政务新媒体的自主传播，即政府机构通过自有的政府网站、政务微博、政务微信等政务新媒体发布信息。随着政务新媒体日趋发展成熟，"两微一端一网"开始成为政府传播信息、创新服务的新兴平台。以湖北省为例，2022年，湖北省乡村振兴局通过门户网站发布信息1533条，通过官方微博发布信息38条，通过微信公众号发布信息924条，并通过完善"无障碍阅读"和"繁体版"功能满足特殊用户需求，提升用户使用体验。[2] 作为政府传播"全媒体化"的重要尝试，政务新媒体的自主传播很好地契合了移动社交时代乡村民众信息接收个人化、移动化和社交化的趋势，但也遭遇政务新媒体在中国乡村实际采纳率不高的困境。[3] 其三，组织传播渠道的下行传播。政府通过会议、文件等形式，将政务信息如风险事件的处置和应对措施等，沿政府系统内部的传播渠道进行下行传播，到达乡镇机构、驻村第一书记和工作队，再经由他们将信息传递给乡村基层组织和村民。在传统组织传播渠道中，县级政府作为政府机构和基层一线的连接点，在政府信息流中扮演承上启下的支点角色，处于体制链条末端的乡镇政府是政府信息落地前的最后中转站，而第一书记和驻村工作队是政府对农传播的直接行动者。[4] 数据显示，截至2020年2月底，全国共派出25.5万个驻村工作队，

---

[1] 李乐. 媒介变革视野中的当代中国乡村治理结构转型 [J]. 新闻与传播研究，2020（9）：78-94，127.
[2] 湖北省乡村振兴局. 省乡村振兴局2022年政府信息公开工作年度报告 [EB/OL]. 湖北省乡村振兴局网站，2023-01-30.
[3] 陈然. 农民使用政务短视频的影响因素研究：基于技术采纳和政治参与的视角 [J]. 现代传播（中国传媒大学学报），2020（10）：148-152.
[4] 喻恂. 精准扶贫中基层政府面向农民的沟通效能研究 [D]. 武汉：华中科技大学，2019：62-66.

累计选派290万名干部驻村帮扶。① 作为政府对农传播的主力，驻村干部不仅通过屋场会宣讲、一对一入户以及村庄固定大喇叭等公共媒体开展线下政策宣传，还通过组建微信群、一对一微信聊天等方式与村民进行线上话题交流，在长期交往中与当地村民建立起一种"类亲属"关系。访谈中，有村民（男，普通村民，46岁）表示，"遇到突发事件，第一书记都会及时告诉我们。"

在乡村治理实践中，政府传播既是一种传播行为，也是一种管理行为。政府通过媒体中介传播、扁平化自主传播以及垂直化组织传播的多维路径，在乡村治理实践中，发挥着权威引导和社会动员的重要作用。一方面，"可沟通"的服务型政府有责任向乡村民众宣讲和解释各类政策，并为多元治理主体提供参与乡村治理所需的各类信息。有学者指出，政府传播构建的信息场域具有公认性和普世性，可以为其他信息体系提供标准和尺度。② 政府有关乡村治理和乡村振兴的议程设置和信息发布对其他治理主体而言具有"信息灯塔"的引导作用。政府传播采取的方式、注重的机制、重视的内容，会直接影响公共领域及政治发展的根本走向。③ 乡村民众和其他治理主体通过把握政府设定的议程和传播的重点，能够知晓国家的政策信息、资源调配和价值指向，并根据自身需求进行行为调整。另一方面，政府围绕乡村治理和乡村振兴进行的传播实践具有引导乡村民众认同、支持和参与的社会动员价值。社会学研究将动员区分为"共意动员"和"行动动员"，其中，"共意动员"是为了获得他人对自己的观点和主张的支持，"行动动员"则是为了说服他人参与某项行动。④ 在乡村治理实践中，驻村干部将国家"三农"政策和举措"转译"成通俗易懂的话语，通过村内广播、墙面标语等多种传播渠道让村民知晓，唤起乡村民众的认同和支持，完成"共意动员"。同时，驻村干部通过亲身传播和社交媒体传播与村民进行沟通，建立情感纽带，说服他们参与村

---

① 25.5万个驻村工作队，25.5万支战斗队［EB/OL］.中央纪委国家监委网站，2020-03-14.
② 兰久富.价值体系的两个核心价值观念［J］.东岳论丛，2000（1）：89-92.
③ 高波.我国政府传播论［D］.北京：中央民族大学，2006：3.
④ KLANDERMANS B. Mobilization and Participation: Social-Psychological Expansions of Resource Mobilization Theory［J］. American Sociological Review, 1984（5）：583.

庄公共事务和公共问题的解决，完成"行动动员"。此外，依托互联网技术成长起来的政务自媒体，不仅能将烦琐的"官话"用图片、音频、视频等多模态形式进行传播，还因超强的交互功能成为动员社会成员参与乡村治理的新兴力量。

二、主流媒体：以县级融媒体为主力的全媒体传播

美国社会学家丹尼尔·勒纳（Daniel Lerner）曾将大众传媒称为社会发展的"奇妙的放大器"。在我国，以党报、党刊以及电台、电视台的新闻综合频道为核心的主流媒体①作为党和人民的"喉舌"，在乡村治理实践中肩负着政策宣传、舆论引导、风险感知、协调关系和塑造共识等重要使命，是乡村治理信息传播网络中不可或缺的重要行动者。首先，宣传和解释国家方针政策是作为"社会雷达"的传媒"环境监视"功能的具体体现，也是我国新闻媒体作为党和人民"喉舌"的基本职责。习近平总书记指出，新闻工作者应该"长期地、耐心地、孜孜不倦地向人民宣传党的路线、方针、政策，解释党对事物的主张和看法，让人民了解党和国家的大事，使党的看法、主张化为人民群众自觉自愿的行动"②。其次，大众传媒具有联络和协调社会关系的功能。参与式发展理论认为，大众传媒在国家发展中的重要价值在于交流观点和让成员介入，促成利益相关者开启对话以产生分析和解决问题的策略。③ 媒体通过发起参与式活动，为乡村各方利益者搭建对话通道，实现需求和意向的精准对接，成为乡村资源的连接器和多元利益的协调者。再次，施拉姆在论及传媒在国家发展中的角色时指出，作为教育者的媒介可以为人们提供发展所需的新知识、新技能，作为看守人的媒介可以开阔眼界，培养移情能力，使人们拥有想象其他生活方式的可能性。④ 媒体在对农传播中通过"教导必

---

① 李良荣，袁鸣徽．锻造中国新型主流媒体［J］．新闻大学，2018（5）：1-6，145.
② 习近平．摆脱贫困［M］．福州：福建人民出版社，1992：64.
③ MEFALOPULOS P. Theory and Practice of Participatory Communication：the Case of the FAO Project "Communication for Development in Southern Africa"［J］. Journal of Physics a General Physics，2003：91.
④ 施拉姆．大众传播媒介与社会发展［M］．金燕宁，等，译．北京：华夏出版社，1990：133-147.

要的技能"和"觉悟启蒙"对乡村民众发挥"志智双扶"的教育功能。此外，发展传播学认为，大众传媒可以将人们的注意力吸引到发展的目标、机会和方法上来，创造一个刺激发展的信息"气候"。主流媒体通过内部生态圈的协同传播以及与外部商业平台的互动合作，将社会的注意力吸引到乡村振兴与发展的重要问题上来，营造出"社会协同共治"的意见"气候"。正如李良荣、方师师所言，中国的媒体具有"组织性和主体性"双重角色，促进社会平等、协调、协商、多元是媒体主体性角色的重要职责。[1] 从这一职责出发，主流媒体不仅充当乡村治理的记录者，还是乡村治理的组织者和积极行动者。

在高度媒介化的社会，我国主流媒体在乡村社会已经形成中央、省市、县域多级参与，传统媒体与新兴媒体多渠道并用的信息传播格局。各级各类主流媒体凭借自身搭建的全媒体矩阵积极开展对农传播，通过内容的高度类似性、时间的持续性、空间的广泛性以及渠道的多样性，宣传党的方针政策，传播主流价值，努力增强乡村社会共识，为实现乡村振兴和中华民族伟大复兴营造良好的舆论氛围。随着媒体融合的纵深发展，作为基层主流媒体和国家治理托底工程的县级融媒体中心日益成为媒体助力乡村治理和乡村振兴的重要力量。县级融媒体中心依托自身的全媒体矩阵，通过各类传播实践参与乡村振兴和乡村治理。其中，农村有线广播（"村村响"）作为充分地方性的媒介，成为媒体融合背景下县级融媒体中心开展对农传播的重要渠道。尤其是2020年年初以来，在新冠疫情的推动下，重启和重建"村村响"应急广播成为乡村治理的重要举措。县级融媒体中心沿"县区广播站—乡镇广播站—村广播站"三级传播路径，将相关政策信息和应急信息精准传至特定村庄，旨在通过"村村响"的广泛渗透性将村民的注意力及时吸引到乡村治理和乡村振兴问题上来，营造乡村"协同共治"的意见气候。

---

[1] 李良荣，方师师. 主体性：国家治理体系中的传媒新角色[J]. 现代传播（中国传媒大学学报），2014（9）：32-37.

三、乡村基层组织：公共媒介、入户宣传和"线上农家院"多渠道传播

作为乡村主要的基层组织，行使政治领导权的村支部和行使村民自治权的村委会是乡村治理和乡村振兴的重要参与者，在乡村治理信息传播网络中扮演着重要的角色。《中华人民共和国村民委员会组织法》规定，宣传法律政策、发展文化教育、普及科技知识是村委会的主要职责。在乡村治理实践中，宣传政策、沟通信息、传授知识、动员村民参与是村两委工作的重要组成部分。

社会网络理论认为，一个与多个他者有直接联系的行动者往往居于网络中心地位，处于其他行动者发生联系的"要塞"上，因而具有控制其他行动者建交的能力。在中国独特的政治生态中，乡村基层组织就居于村庄治理网络的这一重要位置。有学者指出，在乡村治理实践中，乡村基层组织扮演着上级政府代理人、国家利益代理人、村庄代理人以及家庭代理人的多重角色，不仅作为乡镇政府的"行动手脚"承担相应工作，还是村庄承接国家资源、项目以及动员、组织乡村民众的平台和基础。① 乡村基层组织既作为村庄代理人充当村民利益的维护者，又因"准行政化"的身份与外部力量有着密切的关联，驻村干部的乡村治理实践需要借助村委会的指引和引介，外部企业的项目实施也有赖村委会的参与和推进。正是源于多重角色，乡村基层组织成为乡村治理实践中政府信息在乡村精准传播的关键节点以及多维关系的协调者和推进者。一方面，作为乡村基层组织的具体行动者，村干部是土生土长的当地村民，熟知村庄发展过程中的各类公共事务和亟待解决的公共问题，在乡村治理实践中能够根据村民个体的信息接受能力，采用熟人交往模式有针对性地开展政策宣传和信息沟通，成为政府信息在乡村精准传播的关键节点。另一方面，乡村基层组织凭借"上连政府、下接村民"的关系优势，对外与乡镇政府、驻村干部、社会组织等外部力量沟通，对内与村民协商交流，完成对广大村民的行动动员，说服村民主动参与乡村治理，成为乡村治理多

---

① 刘欣. 国家精准扶贫政策的乡村执行研究：以河乡岩村为调查个案［D］. 武汉：华中师范大学，2017：69.

维关系的协调者和推进者。

目前，乡村基层组织主要通过以下方式进行信息传播：一是依靠乡村公共媒介广而告之。乡村公共媒介以村内组织全员为对象，是传统社会村级组织宣传政策和发布信息时最常用的媒介，包括村布告栏、村有线广播、村公共区域户外标语等。尤其是重建后的农村有线广播，凭借技术上的开放性和传播终端的村落化成为乡村基层组织政策传播和风险告知的重要渠道，乡村基层组织以较低的成本成为农村有线广播的直接管理者和内容生产者。[1] 访谈中，有县级融媒体中心负责人（男，县级融媒体中心工作人员，52岁）表示："农村有线广播播出内容由融媒体负责，但村委会可自行在播出空档或特殊时期插播通知。"有村民（女，普通村民，39岁）也表示："像疫情这种消息，村支书会通过大喇叭广播。"二是通过村干部入户宣传和会议传达，使信息沿"村—村民小组—村民"的组织结构在村庄内扩散。有村干部（男，村干部，47岁）表示："突发事件发生后，乡镇会召开村委会会议，村委会再召开会议下达通知到各村小组，村小组再通知到每一户。各村小组主要通过微信群、直接上户或者广播告诉村民。"三是技术赋权下的线上沟通。随着移动互联网和微信应用的普及，在离散化现象日渐严重的中国乡村，越来越多的乡村基层组织开始借助"改变社区黏合纽带"的微信群和网络开放平台开展村务管理和乡村治理，为村民之间的"缺场交往"提供线上"村广场"和"农家院"。以"腾讯为村"为例，根据"腾讯为村"公众号实时显示的数据可知，截至2023年9月21日，全国已有42948个村庄、794万多村民加入"为村"平台。这些入驻"腾讯为村"的乡村基层组织通过村级事务管理平台提供的"书记说事""三务公开""党群服务日记"等栏目进行村务公开，发起村庄治理话题讨论，村民也可以通过"村民说事"等栏目积极参与村庄治理，共同搭建起乡村治理的"媒介化合作网络"。此外，随着县级融媒体中心政务服务功能的初显，部分乡村基层组织开始借助县级融媒体平台搭建三务公开和协商议事的"线上村广场"。

---

[1] 李乐. 媒介变革视野中的当代中国乡村治理结构转型 [J]. 新闻与传播研究, 2020 (9)：78-94, 127.

四、乡村民众：技术赋权驱动下的主动传播

在媒介化乡村背景下，技术赋权正在唤醒乡村民众的内生动力，移动互联网的嵌入与普及保障了乡村民众的媒体近用权，为村民个体参与乡村公共事务和公共问题的治理提供了可以畅所欲言的平台。作为乡村治理重要主体的乡村民众成为治理信息传播网络的积极行动者。"数字在场"的交流模式消弭了身份、阶层等外在因素造成的传播障碍，缩短了乡村民众与其他行动者之间协商对话的距离，乡村民众因而获得与其他行动者"缺场交往"的机会以及由其衍生的"在场交往"的契机，同时也拥有了更多展现自我和协商共治的渠道和资源。技术赋权下的乡村民众开始利用手中的新兴媒介参与乡村公共事务的讨论。然而，村民参与传播的动力和能力并不一致。与普通村民相比，乡贤、村能人、乡村自媒体人等体制外精英有着更强的参与乡村治理的意愿，在行政、技术、市场多重力量的驱动下，成为乡村治理信息传播网络中的重要行动者。

在中国乡村社会，体制外精英是那些不具有正式权力资源，但在村庄拥有一定政治社会影响力的村民，包括宗族精英、经济精英和文化精英等。① 随着移动互联网在中国乡村的"下沉"，新媒介技术也催生出一批"因网而生"的新时代村庄体制外精英。一方面，招募乡贤能人等体制外精英担任"百姓宣讲员"是近年来我国基层政府推进乡村主流舆论宣传工作的一大举措。如2023年9月，山东省临沂市兰山区以推进乡村振兴、丰富农民精神文化生活为目标，从基层、农村选拔具有丰富"三农"工作经验的宣讲人才和文艺人才，采用"宣讲+文艺""宣讲+服务""宣讲+知识问答"等模式，用故事诗歌、快板快书、小戏小剧等文艺形式，围绕文明乡风、移风易俗、助农兴农等与乡村振兴息息相关的主题，组织开展宣讲活动，让党的创新理论和惠农政策进入乡村的千家万户。② 另一方面，随着村级微信群在我国乡村治理中的广泛应用，部分活跃村民凭借较好的媒介素养和动员能力在微信群权力场域

---

① 仝志辉，贺雪峰. 村庄权力结构的三层分析：兼论选举后村级权力的合法性［J］. 中国社会科学，2002（1）：158-167.
② 纪伟. 接地气的宣讲送到田间地头［N］. 大众日报，2023-09-15（9）.

逐渐获得其他村民的认同，成为村庄治理的积极行动者。有学者通过对一个西部乡村的考察发现，技术赋权下的体制外精英借助移动网络平台与村两委展开博弈，在村庄内形成相对均衡的协同治理模式。① 此外，"短视频+直播"的崛起让原本处于大众传播边缘地位的乡村民众获得了传播的主动权，乡村自媒体人开始成为互联网积极的视觉生产者和创造者，主动参与快手、抖音等商业短视频平台推出的乡村扶持计划，将内容生产和乡村发展相结合，成为网络平台的"幸福乡村带头人"。抖音集团发布的 2022 年企业社会责任报告数据显示，截至 2022 年年底，抖音集团发起的"乡村守护人"项目已覆盖全国 33 个省（自治区、直辖市），辐射全国 2159 个县级行政区，累计吸引超 1.5 万名主体加入，助力乡村优质内容传播 2400 亿次。如广西农民康仔和老小孩通过在抖音平台发布乡土风味、情感治愈的短视频和直播带货，吸引了超 2300 万粉丝，累计获赞 3.3 亿，他们用镜头助力家乡发展，成为抖音平台的乡村传播者和乡村守护人。② 乡村自媒体人正在成为乡村治理信息传播网络中极具内生动力和影响力的新生力量。

这些村庄体制外精英凭借自身所具备的政治、经济和社会优势，以及较好的媒介素养和动员能力，在乡村权力场域拥有较强的号召力，能够对其他村民的态度和行为施加个人影响，在乡村治理实践中发挥意见领袖的组织动员和引导协调作用，成为政府和媒体等外部信源的转译者以及乡村民众的行为示范者。在传统乡村社会，"站堆儿""串门子"是村民社会交往的重要方式，这一方式在今天依旧是乡村中老年群体的行为习惯。同时，微信群作为村民信息分享和观点交流的重要平台，逐渐成为乡村治理场域的增量要素，不仅使村民与乡村基层组织、政府机构的纵向互动成为可能，而且在横向上能够将分散的离乡村民在网络空间中集结起来。有受访者（女，普通村民，38 岁）表示："村里人平时常在一起交流风险信息，稍年轻的会通过村里的微信群交流，发表自己的见解。"与关系网络中的"熟人"进行线上线下的互

---

① 牛耀红. 建构乡村内生秩序的数字"社区公共领域"：一个西部乡村的移动互联网实践[J]. 新闻与传播研究，2018（4）：39-56.
② 抖音集团发布 2022 年企业社会责任报告：超 1.5 万主体加入"乡村守护人"项目[EB/OL]. 中国经营网，2023-03-16.

动交流，是当下中国乡村民众满足日常信息获取与人际交往需求的重要方式。有调查显示，在信息闭塞、资源稀缺的落后村庄，村民媒介购买力及信息素养较低、信息获取渠道有限，信息接收带有观望、效仿熟人的特点，信息从政府、大众传媒等外部力量精准扩散和渗透至村民，需要借助乡村精英、亲戚朋友等社会关系网络的中层转接。① 与政府、大众传媒等外部信源相比，村庄体制外精英与普通村民具有群内同质性，拥有相似的生活环境、沟通方式和习俗传统，是村民了解和信赖的"熟人"。作为村民的"熟人"，体制外精英以情感为纽带，以身边的故事为载体，采用戏曲、说唱、舞蹈等村民喜闻乐见的形式进行政策宣讲和主流价值传播，其传递的信息具有较高的可信度和较强的说服力，成为政府和媒体等外部信源信息传播的重要中继者和过滤环节。此外，体制外精英多为乡村振兴的践行者和带头人，自身成功的经验不仅成为信息有力的佐证，还能激发村民的自信，发挥示范引导作用。

第二节　乡村治理信息传播网络存在的问题

乡村治理是国家治理的基石，也是乡村振兴的基础。没有乡村的有效治理，就没有乡村的全面振兴。基于文献分析和深度访谈结果，本研究发现，当下的中国乡村，治理信息传播网络中的各类活跃行动者的乡村传播实践都存在一定的问题。无论是主流媒体与乡村社会深层互动的缺乏，还是村两委基层传播影响力的式微，抑或乡村民众的非理性参与，最终都指向乡村传播行动者之间信息交互和协同治理的不足。

一、主流媒体的新媒介传播仍游离在乡村传播网络的边缘

调研过程中发现，尽管各级主流媒体已经搭建好传统媒介与新兴媒介联动的全媒体传播矩阵，但现阶段主流媒体的微信公众号、移动客户端等新兴

---

① 张学波，马相彬，张利利，等. 嵌入与行动者网络：精准扶贫语境下扶贫信息传播再思考［J］. 新闻与传播研究，2018（9）：30-50，126.

媒介仍游离在乡村信息传播网络的边缘，未能发挥其应有的功能价值，真正抵达乡村社会"最后一公里"的主流媒介依旧是传统电视和农村有线广播。访谈过程中，有受访村民（女，普通村民，33岁）表示："从来没关注过中央电视台、县电视台这些媒体的公众号和抖音号，觉得没什么必要。"有村干部（男，村干部，45岁）在谈及本村村民的信息获取习惯时也提道："电视对农村中老年人来说，是必备的信息获取途径。"有村民（男，普通村民，45岁）也表示："村里人平时主要就是玩玩手机，看看电视，但玩手机也是看看搞笑视频，没几个人看媒体的公众号。"

二、主流媒体缺乏与乡村社会的深层互动

主流媒体参与乡村治理的实践主要表现为权威信息的及时供给，缺乏与乡村社会的深层互动。一方面，以电视、农村有线广播为代表的传统终端缺乏互动入口，尽管在突发事件风险治理中成为国家动员的重要渠道，但单向度和展演性的宣传方式制约了乡村民众的深度卷入和使用，难以真正嵌入乡村社会生活。另一方面，主流媒体以新闻客户端为代表的自有新媒体平台具备互动的技术可能，但因需要单独下载，乡村民众对其使用率并不高。有村民（女，普通村民，42岁）表示："不知道新闻客户端，也不会安装，平时用手机看新闻都是通过今日头条、抖音这些。"此外，主流媒体依托第三方平台搭建的传播渠道，如微信公众号、头条号、抖音号等，虽然增加了村民信息接触的可能性，但平台自主权的缺失使媒体无法利用用户的数据资源及时把握和回应乡村民众的关切和诉求，进而制约了与乡村民众的深层互动。

三、主流媒体的传播实践尚未实现与乡村社会的精准对接

从治理有效的角度看，目前我国乡村传播的媒体矩阵中，中央、省市级传媒机构与各个乡村在空间上缺乏接近性，围绕乡村治理和乡村振兴的信息生产难以实现真正的"精准"，参与乡村治理的实际效果有限。即使开展驻村实地采访报道、乡村振兴公益行动，也只是阶段性、运动式的个案参与，发挥的更多的是优秀示范、营造氛围和提升乡村民众自信的作用。而另一方面，现阶段，县级媒体窘于人力、财力、物力等条件的限制，在乡村的公信力和影响力又明显不足。在媒介化治理视角下，各级电视台的乡村治理能力因制播水平和村民态度的不同而存在较大差异，中央电视台制播的新闻节目被村民给予了更多的热情和信任，而县市级电视台的新闻节目较难激发村民的收视兴趣。本次访谈中，有村民（男，普通村民，40岁）表示："遇到像新冠疫情这种大事，需要了解消息的时候，还是得看中央电视台的节目，县里的节目不行。"有研究指出，三农媒体与其传播对象及其他三农传播主体之间呈现的弱关系将导致有限的三农传播资源的低效利用。[①] 乡村民众对媒体传播的信息多停留在初步的"知晓"层面，实际采纳、运用度并不高。[②] 此外，研究发现，面对激烈的注意力竞争，传统电视和农村有线广播即使能够抵达乡村社会末梢，也难以在乡村获得足够的注意力和影响力。访谈结果显示，物理空间上覆盖全村的农村有线广播正遭遇"村村响"却"无人听"的困境。有村民表示，"没有听到过村里的有线广播"（女，普通村民，19岁）、"听不太清楚广播里说的，也不是很在意"（男，普通村民，58岁）。

四、乡村基层组织遭遇信息优势不足和乡村影响力式微的困境

乡村基层组织在乡村信息传播过程中遭遇的困境主要有两种。其一，信息优势不足。及时获取权威信息是乡村民众解决各类公共问题的基本信息需求。在现有的信息传播机制下，乡村基层组织主要通过垂直化的组织传播渠道从乡镇政府获取与村庄公共事务相关的通知和要求。因自身权力的有限性和权威信息获取的多层级性，面对新媒体环境中信息的即时传播和舆情的快速发酵，以村两委为代表的乡村基层组织在乡村信息传播网络中并不具备信息优势，尤其在应对突发事件带来的风险情境时，村两委在早期阶段只能提供"我们村没事儿"这类村庄"内部消息"[③]，常常因权威信息不足而陷入无法满足村民信息需求、难以及时阻断谣言传播的现实困境。其二，影响力式

[①] 陈娟. 乡村振兴语境下三农传播中的关系重构［J］. 重庆邮电大学学报（社会科学版），2020（1）：121-129.

[②] 张学波，马相彬，张利利，等. 嵌入与行动者网络：精准扶贫语境下扶贫信息传播再思考［J］. 新闻与传播研究，2018（9）：30-50，126.

[③] 刘庆华，吕艳丹. 疫情防控期间乡村媒介动员的双重结构：中部A村的田野考察［J］. 现代传播（中国传媒大学学报），2020（7）：73-77.

微。在城乡融合发展背景下，原本安土重迁的传统乡村变成"流动的村庄"，空心化和离散化消解了乡村基层组织治理的有效性。移动互联和社交媒体的嵌入又给村民提供了丰富的自我表达平台，体制外精英开始借助移动网络平台与村两委展开博弈①，带来乡村内生秩序的重构。乡村结构变迁下村民的"原子化"、技术赋权下村民信息接触的个性化以及内生秩序重构后的话语分权都对乡村基层组织的影响力和号召力带来了冲击，乡村基层组织影响力的弱化使得其围绕乡村治理的传播实践的效果大打折扣。

五、政府信息难以真正有效抵达乡村的"最后一公里"

现阶段，政府基于多维途径的乡村传播因村庄的"空心化"和政务新媒体较低的乡村采纳率，难以真正有效地抵达乡村的"最后一公里"。首先，政府和乡村基层组织在乡村现实空间的传播网络基本重合，两者依托公共媒体和亲身传播开展的舆论宣传正遭遇乡村"空心化"和村民信息获取个性化的冲击。改革开放以后，乡村社会的高流动性以及自然村范围的扩大，导致政府和乡村基层组织依托村内公共媒体的传播活动的效果日渐式微，干部入户宣传"找不着人"的现象也时有发生。其次，政务新媒体因村民媒介购买力不足、信息素养较低等原因在乡村社会的采纳率并不高，政府借助新媒体发布的政务信息难以真正抵达乡村民众。以湖北省乡村振兴局官方微信公众号"湖北乡村振兴"为例，2023年7月31日至8月7日一周发布的文章的平均阅读数仅为159次。此外，一项针对河北乡村的调查发现，目前村级微信群多用于发布通知公告、网络帖文和拼团购物信息，而较少开展对农政策传播②，在公共事务互动参与方面的公共领域功能尚未得到充分挖掘。

六、乡村民众呈现信息分享的非理性和话题讨论的漂移性

无论是线下闲聊还是线上交流，村民的信息传播行为都呈现出较明显的非理性和漂移性。一方面，微信群、短视频平台的嵌入为乡村民众提供了丰

---

① 牛耀红. 社区再造：微信群与乡村秩序建构：基于公共传播分析框架[J]. 新闻大学，2018（5）：84-93，150.
② 韩春秒. 网络时代农村地区政策信息传播调查[J]. 青年记者，2018（9）：50-51.

富的信息接触渠道，但同时也将他们推入一个信息超载、社会动向感知更有难度的空间。[1] 面对网络空间真假难辨的信息和过度煽情的语言，乡村民众尤其是中老年群体对各类信息往往照单全收，极易成为虚假信息的传播者和恐慌情绪的助燃者。尤其在风险带来的不安与恐惧情绪的刺激下，一旦缺乏及时有效的疏导，虚假信息和恐慌情绪就会极容易通过线下线上的共振在乡村熟人关系网络中迅速发酵与扩散，从而引发次生风险。另一方面，乡村民众的话题讨论呈现无序性和漂移性。因个人媒介素养和科学素养不足，乡村体制外精英的组织动员常常缺乏针对性和条理性，而普通村民受时间和精力的限制，传播行为基本属于即兴式分享和断点式参与，围绕村庄公共事务的话题讨论呈现个人化视角下的"无限漂移"特征，难以形成理性协商的乡村共治氛围。

第三节 乡村民众信息寻求与转发的行为机理

现代社会，风险事件及其应对是人们无法回避的话题。风险事件的不确定性和破坏性都将人们带入一种"有问题"的生活情境。传播成为人类解决问题的一种应对机制，人们通过主动搜寻信息增强自身解决问题的能力，通过信息交流获取其他问题解决者的注意力和资源。[2] 问题解决情境理论指出，人们参与问题解决时的传播行为是一个包含信息获取、选择和交流的多维度的复杂过程，且存在主动传播和被动传播的区别。[3] 公众面对风险的情境感知和传播行为并不一致，人们可能会密集地、表面地或根本不处理风险信息。[4]

---

[1] 陆小华. 风险感知与协同治理：社会治理中的媒体角色 [J]. 中国广播, 2020 (8)：5-9.

[2] GAMSON W A. The Social Psychology of Collective Action. [M] // MORRIS A D, MUELLER C M. Frontiers in Social Movement Theory. New Haven CT: Yale University Press, 1992: 53-76.

[3] KIM J N, GRUNIG J E. Problem Solving and Communicative Action: A Situational Theory of Problem Solving [J]. Journal of Communication, 2011, 61 (1): 120-149.

[4] GRIFFIN R J, NEUWIRTH K, GIESE, J, et al. Linking the Heuristic-Systematic Model and Depth of Processing [J]. Communication Research, 2002, 29 (6): 705-732.

乡村是我国应对各类风险事件的前沿阵地和风险治理的薄弱场域，乡村民众主动参与风险传播是乡村风险治理的必要环节。信息寻求与信息转发是公众主动参与风险传播的两个维度。此部分将信息寻求与信息转发视为公众主动参与风险传播的两大表现，以问题解决情境理论为基础，同时考虑"关系"在中国乡村社会的嵌入影响，运用问卷调查法，使用结构方程模型，探讨风险事件中我国乡村民众主动传播行为的影响因素及其作用机制。

一、文献回顾与研究假设

（一）问题解决情境理论

问题解决情境理论是学者金姆（Kim）和格鲁尼（Grunig）在公众情景理论基础上提出的一般化的情境理论。该理论的基本假设是多数人类行为都是由问题解决驱动的，当处于有问题的生活情境时，人们会将传播作为应对问题生活情境的工具来使用。金姆和格鲁尼指出，问题解决情境理论可以运用在健康传播、风险和科学传播等各种应用传播领域。[①] 该理论为我们探讨风险事件问题情境中乡村民众的主动传播行为提供了研究框架。

1. 问题解决过程中的主动传播

问题解决情境理论将人们在问题解决过程中的传播行为视为一个包含信息获取、信息选择和信息交流三个维度的复杂过程，并将三个维度各自区分为主动传播和被动传播两个面向。其中，信息寻求、信息筛选和信息转发分别代表公众在三个传播维度上的主动传播行为。本研究从传播的基本要素以及"信息共享""双向互动"的本质特征考虑，认为"信息选择"并非传播行为的表征，因而仅从"信息获取"和"信息交流"两个维度考察乡村民众的风险传播行为，并将"信息寻求"与"信息转发"作为乡村民众主动参与风险传播的两大表现。其中，信息寻求指个体对关于特定主题的信息进行有计划的主动寻求的行为，信息转发则是个体对信息的主动分享。

[①] KIM J N, GRUNIG J E. Problem Solving and Communicative Action: A Situational Theory of Problem Solving [J]. Journal of Communication, 2011, 61 (1): 120-149.

2. 传播行为的前因变量和中介变量

问题解决情境理论将"问题认知""涉入认知""受限认知"和"参考标准"作为影响传播行为的前因变量，同时引入"情境动机"作为传播行为的先决条件，探讨个人对某一问题情境的知觉和认知框架以及问题解决中的情境动机与其传播行为之间的关系。问题解决中的情境动机作为情境认知和传播行为的中介变量，指的是特定情境下个人尝试努力解决问题的认知准备状态，代表一个人想要解决问题的程度。[1]

前因变量中，问题解决情境理论将问题认知界定为个人对某些东西缺失以及没有立即适用的解决方案的一种知觉状态，并认为问题认知是个人随后的传播和认知行为的原动力。本研究认为个人对风险事件是不是一个"问题"的知觉体现在个人对事件的风险认知程度上，故而直接用风险认知变量测量个体对风险事件问题认知的程度。风险认知作为个体对客观风险的主观感受与判断，是影响公众风险应对行为的核心要素。有研究发现，在公共卫生事件中，风险认知是多个因素对风险传播行为发挥作用的重要中介变量[2]，且正向影响公众信息寻求的态度与行为。[3] 较强的风险认知会带来更活跃的风险传播行为，促使个人更加关注、收集和研判风险信息，并与他人进行风险沟通。[4] 涉入认知作为问题解决中情境动机的预测因子，指的是个人感知到的自己与问题情境之间的关联程度，是一种非客观的涉入感。[5] 当感知到自己与问题的联系较疏远时，人们会处于一种被动的传播状态，当感知到自己与问题存在紧密联系时，人们则可能会积极地进行信息寻求。[6] 受限认知是个人对问

---

[1] KIM J N, GRUNIG J E. Problem Solving and Communicative Action: A Situational Theory of Problem Solving [J]. Journal of Communication, 2011, 61 (1): 120-149.

[2] 章燕，邱凌峰，刘安琪，等. 公共卫生事件中的风险感知和风险传播模型研究：兼论疫情严重程度的调节作用 [J]. 新闻大学, 2020 (3): 31-45, 118.

[3] 王馨悦，刘畅. 重大突发公共卫生事件中公众信息搜寻行为影响因素探究 [J]. 图书情报工作, 2020 (21): 77-89.

[4] 赖泽栋，杨建州. 食品谣言为什么容易产生？——食品安全风险认知下的传播行为实证研究 [J]. 科学与社会, 2014 (1): 112-125, 64.

[5] KIM J N, GRUNIG J E. Problem Solving and Communicative Action: A Situational Theory of Problem Solving [J]. Journal of Communication, 2011, 61 (1): 120-149.

[6] GRUNIG J E. Communication Behaviors Occurring in Decision and Nondecision Situations [J]. Journalism & Mass Communication Quarterly, 1976, 2 (2): 252-263, 286.

题情境中存在的限制自身解决问题能力的障碍的认知，这一概念与社会学习理论中"自我效能感"的意涵相近。研究发现，当觉得自己解决问题的约束较多或能力不足时，人们开展与问题有关的传播活动的可能性会降低。① 风险认知、涉人认知和受限认知被证实是影响我国农民工健康信息寻求的主要因素。② 由于"参考标准"在部分研究中被证明对传播行为缺乏显著的预测作用，本研究未将其纳入模型。

（二）主观规范与风险传播

主观规范是个人感知到的重要的人或群体认为他应该或不应该采取某项特定行为的社会压力，由个人的规范性信念以及个人服从规范性信念的倾向共同决定。理性行为理论认为，行为产生于意向，而主观规范是影响意向形成的重要社会因素。罗伯特·J. 格里芬（Robert J. Griffin）等学者将"信息主观规范"引入风险信息寻求与加工模型，认为信息主观规范可以调动个人对信息充分性的需求，是风险信息寻求和处理的直接动力。③ 风险感知的社会网络传染理论也强调，社群中存在的"风险感知网络"和社群规范压力会促使个人采取与社群其他成员相似的态度、信念和行为来应对风险。④ 有研究证实，个人感知的受周围群体影响的程度是影响农民行为意向的重要因素。⑤ 在"关系本位"的中国乡村，乡村民众的信息分享表现出较强的目的性、互惠性和关系性。

---

① KIM J N, SHEN H, MORGAN S E. Information Behaviors and Problem Chain Recognition Effect：Applying Situational Theory of Problem Solving in Organ Donation Issues [J]. Health Communication, 2011, 26 (2)：171-184.
② 李莹，林功成，陈霓. 性健康信息在农民工群体的传播研究：以问题解决情境理论为基础 [J]. 人口与发展, 2016 (2)：82-90.
③ GRIFFIN R J, DUNWOODY S, NEUWIRTH K. Proposed Model of the Relationship of Risk Information Seeking and Processing to the Development of Preventive Behaviors [J]. Environmental Research, 1999, 80 (2)：S230-S245.
④ SCHERER C W, CHO H. A Social Network Contagion Theory of Risk Perception [J]. Risk Analysis, 2003, 23 (2)：261-267.
⑤ 何德华. 农村地区移动服务采纳模型和发展策略研究 [D]. 武汉：华中科技大学, 2008：106.

(三) 研究假设和理论模型

基于上述文献回顾，本研究提出表 5-2 中的研究假设，各变量之间的具体关系如图 5-1 所示。

表 5-2 研究假设

序号	变量	假设内容
H1	风险认知与情境动机	乡村民众的风险认知对其应对风险事件的情境动机具有正向作用。
H2	涉入认知与情境动机	乡村民众对风险事件的涉入认知对其应对风险事件的情境动机具有正向作用。
H3	受限认知与情境动机	乡村民众对风险事件的受限认知对其应对风险事件的情境动机具有负向作用。
H4	主观规范与情境动机	乡村民众感知到的主观规范对其应对风险事件的情境动机具有正向作用。
H5	情境动机与信息寻求	乡村民众应对风险事件的情境动机对其信息寻求具有正向作用。
H6	情境动机与信息转发	乡村民众应对风险事件的情境动机对其信息转发具有正向作用。
H7	主观规范与信息寻求	风险事件中乡村民众感知到的主观规范对其信息寻求具有正向作用。
H8	主观规范与信息转发	风险事件中乡村民众感知到的主观规范对其信息转发具有正向作用。
H9	信息寻求与信息转发	风险事件中乡村民众的信息寻求对其信息转发具有正向作用。

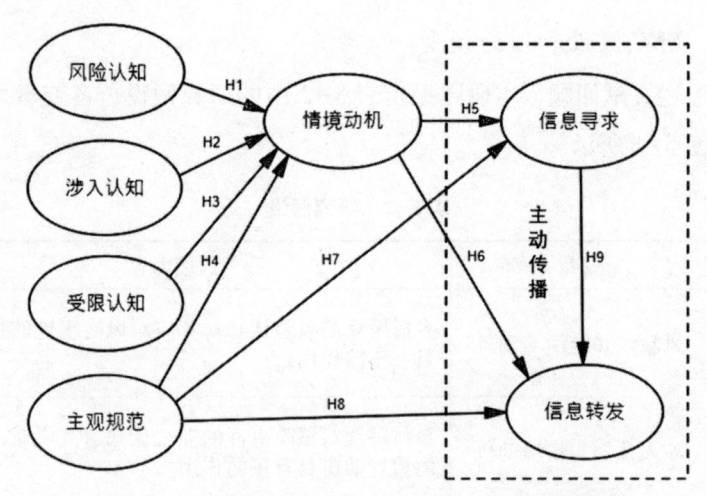

图 5-1 风险事件中乡村民众主动传播行为模型图

二、研究设计

（一）数据收集与处理

本研究以乡村居民为调查对象，采用滚雪球抽样法，通过网络发放和现场发放两种途径进行数据收集。正式调查时间为 2021 年 4 月 15 日至 5 月 30 日。研究通过问卷星网站形成电子问卷，并利用手机发送链接邀请乡村居民填写，再请他们通过个人的社会关系网络以"滚雪球"方式将问卷推送给更多的乡村居民。考虑电子问卷对受访者信息素养要求较高，研究同时深入湖南、湖北和河南农村进行问卷调查，对于部分年长者和文化程度不高者，采取调查对象口述、调查员代填的方式收集数据。为避免滚雪球方法带来样本同质性问题，发放问卷时结合了分层抽样方法，邀请不同年龄段、不同学历的受访者填写。此次调查共发放问卷 470 份，其中电子问卷 240 份，纸质问卷 230 份，最终回收问卷 436 份，回收率为 92.77%，在对问卷进行逻辑一致性清理和缺失值检查后，剔除无效问卷 30 份，最终回收有效问卷 406 份，有效回收率为 86.38%。406 个受访者中，男性占 47.8%，女性占 52.2%；10～19 岁占 20%，20～29 岁占 24.1%，30～39 岁占 14.5%，40～49 岁占 22.9%，50～59 岁占 9.9%，60 岁及以上占 8.6%。本研究统计分析主要采用 AMOS25.0 和 SPSS24.0 完成。

(二) 变量测量

本研究在金姆和格鲁尼①、罗伯特·J. 格里芬等学者②的研究基础上，对研究模型中的变量进行了定义，并以新冠疫情为观测点，设置了测量指标。问卷前测阶段，通过100份问卷的预调查，对问卷中难以理解的题项进行了修改，并根据题项——总体相关系数小于0.3的删除标准剔除了风险认知量表中"我觉得我感染新冠的可能性很大"这一题项。考虑乡村居民填写问卷的实际难度以及两项量表在以往研究中亦可接受③，本研究少数变量的测量题项少于三个。以李克特五级量表对相关变量进行测量，从"1~5"分别表示"非常不同意"到"非常同意"。问卷同时收集了受访者的性别、年龄和受教育程度等个人信息。调整优化后，主要变量的定义及其测量题项如下：

风险认知在本研究中指个人对自己、他人或环境因风险事件受到损失或伤害的可能性的认知与判断。测量题项包括："新冠会对身体造成非常严重的影响"；"这次新冠疫情对社会产生了不良影响"；"这次新冠疫情的流行与传播是很难控制的"。

涉入认知指个人感知到的自己与风险事件的关联程度。测量题项包括："新冠疫情已经影响了我的生活"；"新冠疫情已经影响了我身边的人"；"新冠防治与我密切相关"。

受限认知指个人感知到的应对风险事件时遭遇的障碍和限制的程度。量表设计时参考以往研究，对题项进行了反向处理，测量题项包括："我可以为新冠的预防与治疗做点事情"；"我在新冠防治方面的努力有可能产生一定的积极影响"；"我能够采取行动来应对新冠问题"。

主观规范指个人感知到的重要的人或群体认为他应该主动寻求和传播风

---

① KIM J N, GRUNIG J E. Problem Solving and Communicative Action: A Situational Theory of Problem Solving [J]. Journal of Communication, 2011, 61 (1): 120–149.
② GRIFFIN R J, DUNWOODY S, NEUWIRTH K. Proposed Model of the Relationship of Risk Information Seeking and Processing to the Development of Preventive Behaviors [J]. Environmental Research, 1999, 80 (2): S230–S245.
③ EISINGA R, GROTENHUIS M T, PELZER B. The Reliability of a Two-Item Scale: Pearson, Cronbach, or Spearman-Brown? [J]. International Journal of Public Health, 2013, 58 (4): 637–642.

险信息的社会压力。测量题项包括:"重要的人认为我应该搜寻和注意疫情相关的信息";"重要的人认为我应该有选择地注意疫情相关的信息";"重要的人期待我告知和分享疫情相关的信息";"我周围的人都在讨论疫情相关信息"。

情境动机在本研究中指个人意识到风险事件带来的问题情境,并尝试通过风险传播来努力应对风险和解决问题的一种状态。测量题项包括:"我想要了解更多关于新冠疫情的信息";"我经常思考关于新冠疫情相关的问题";"我认为了解新冠疫情相关的信息是有益的"。

信息寻求在本研究中指个人为了应对风险事件而主动寻求信息的行为。测量题项包括:"我会主动查找或询问与新冠疫情有关的信息";"我会经常查找或询问新冠疫情的最新信息"。

信息转发指个人主动向他人转发和提供与风险事件有关的信息与建议的行为。测量题项包括:"当我得知新冠疫情相关信息时,我会主动转发和分享信息";"我会主动与他人讨论关于新冠的知识与看法"。

三、数据分析与模型检验

(一)测量模型的信度与效度分析

1. 样本共同方法偏差检验

本研究采用自我报告数据,可能存在共同方法偏差问题,将7个量表中20个题项纳入因子分析,检验共同方法偏差,结果显示解释变异率最高的因子为37.776%,未超过40%,说明数据不存在明显的共同方法偏差。

2. 测量模型的信度

本研究采用克朗巴赫 α 信度系数法验证问卷测量量表的信度。对测量模型中风险认知、涉入认知、受限认知、主观规范、情境动机、信息寻求和信息转发7个潜变量的克朗巴赫 α 系数进行测量,克朗巴赫 α 系数值在 0.655~0.916 之间,其中6个潜变量的克朗巴赫 α 系数大于 0.80,说明本研究问卷量表具有较高的信度。

3. 测量模型的聚合效度和区分效度

本研究通过因素负荷量、平均方差抽取量(AVE)和组合信度来评估测量模型的聚合效度。数据分析结果显示,各变量所对应题项的因素负荷量均高于0.50且在P<0.001水平上显著。20个题项中，17个题项因素负荷量大于0.70，处于理想状态。除风险认知外，其他6个潜变量的平均方差抽取量均高于临界值0.50且组合信度值在0.80以上，测量模型具有良好的聚合效度。本研究采用平均方差萃取法对测量模型的区分效度进行检验。如表5-3所示，特定潜变量对应的AVE平方根值均大于它与其他潜变量的相关系数，说明测量模型的区分效度良好。

表5-3 各变量间相关系数及各变量的AVE值的平方根（N=406）

	风险认知	涉入认知	受限认知	主观规范	情境动机	信息寻求	信息转发
风险认知	0.640						
涉入认知	0.518***	0.808					
受限认知	0.229***	0.269***	0.810				
主观规范	0.323***	0.372***	0.480***	0.825			
情境动机	0.255***	0.314***	0.613***	0.632***	0.775		
信息寻求	0.191**	0.359***	0.636***	0.514***	0.603***	0.920	
信息转发	0.306***	0.348***	0.542***	0.498***	0.481***	0.773***	0.886

说明：**p<0.01，***p<0.001；对角线处的值为平均方差抽取量的平方根

（二）假设检验

运用结构方程模型方法对图5-1中假设的模型进行检验。模型的各项拟合度指标为$\chi^2/Df=3.074$（可容许范围是$1<\chi^2/Df<5$），GFI=0.893（可容许范围是>0.9），CFI=0.933（可容许范围是>0.9），IFI=0.933（可容许范围是>0.9），RMSEA=0.072（可容许范围是<0.08），假设模型的拟合不够理想，需要对模型做进一步修正。依次删除风险认知到情境动机（C.R.<1.96，P=0.851）、情境动机到信息转发（C.R.<1.96，P=0.534）、涉入认知到情境动机（C.R.<1.96，P=0.132）、主观规范到信息寻求（C.R.<1.96，P=0.222）这4条不显著路径，并根据AMOS提供的修正指标值，在主观规范和情境动机的部分观察变量间建立了测量误差关联。修正后的模型各项拟合指标为$\chi^2/Df=3.097$，GFI=0.933，CFI=0.962，IFI=0.962，RMSEA=0.072，

修正模型与样本数据拟合度可以接受。修正后的结构方程模型如图 5-2 所示。

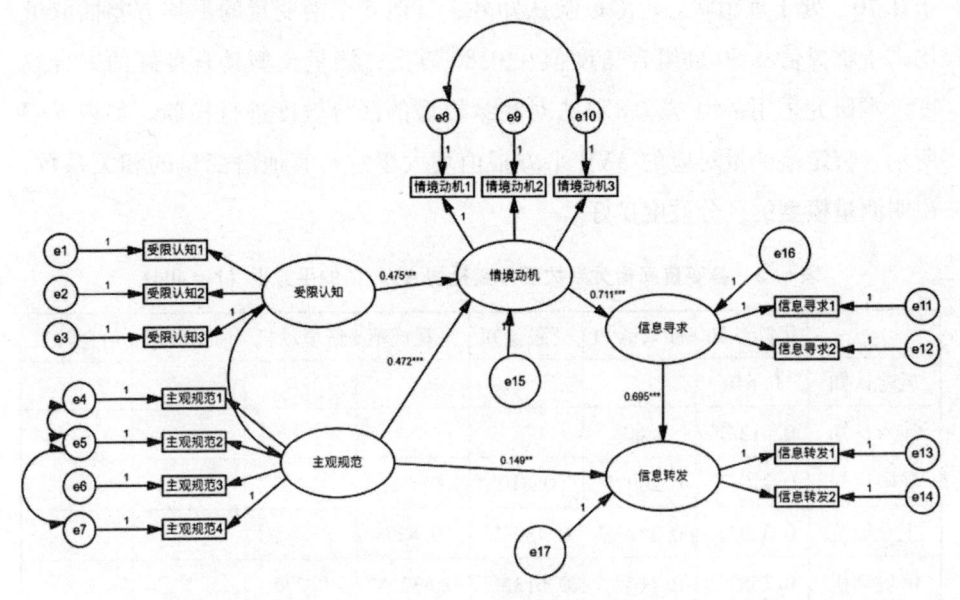

图 5-2 风险事件中乡村民众主动传播行为的修正模型图

说明：路径系数为标准化系数，**p<0.01，***p<0.001

1. 直接效应检验

本研究对受限认知的测量题项进行了反向处理，受限认知对情境动机的路径系数为正，代表两者之间呈负相关。根据表 5-4 显示的各潜变量之间的非标准化路径系数可知，受限认知对乡村民众应对风险事件的情境动机具有显著负向影响（b=0.406，p<0.001），当村民感知到自己应对风险事件的约束较多或能力不足时，其尝试通过传播活动应对风险和解决问题的动机就越弱，假设 H3 被支持。主观规范对乡村民众应对风险事件的情境动机具有显著正向影响（b=0.416，p<0.001），意味着村民感知到的主观规范越强，其应对风险事件的情境动机就越强，假设 H4 被支持。此外，模型修正过程已经证实，风险认知和涉入认知对情境动机的路径系数均不显著，乡村民众的风险认知和涉入认知对他们应对风险事件的情境动机并未形成充分显著的刺激，假设 H1 和假设 H2 不成立。以上分析结果显示，乡村民众应对风险事件的情境动机主要受他们的受限认知和感知到的主观规范的显著影响。

从表 5-4 的数据中还可知，情境动机对乡村民众的风险信息寻求有显著正向影响（b=1.11，p<0.001），即村民应对风险事件的情境动机越强，其主动寻求风险信息的可能性就越大，假设 H5 被支持。但前述分析已证实，情境动机对信息转发的直接效应不显著（C.R.<1.96，P=0.534），村民应对风险事件的情境动机不足以直接刺激其产生风险信息转发行为。面对风险事件带来的问题情境，乡村民众主动转发风险信息的直接刺激主要来自他们感知到的主观规范和自身的信息寻求。表 5-4 的数据显示，主观规范对乡村民众的信息转发行为具有直接显著的正向影响（b=0.198，p<0.01），假设 H8 成立，信息寻求对信息转发也有显著正向预测作用（b=0.672，p<0.001），假设 H9 成立。

表 5-4 修正后模型路径系数（N=406）

路径	标准化系数	非标准化系数	S.E.	C.R.	P
受限认知→情境动机	0.475	0.406	0.051	8.024	***
主观规范→情境动机	0.472	0.416	0.051	8.073	***
情境动机→信息寻求	0.711	1.11	0.101	10.946	***
主观规范→信息转发	0.149	0.198	0.064	3.109	0.002
信息寻求→信息转发	0.695	0.672	0.053	12.737	***

说明：***p<0.001

2. 间接效应和总效应检验

本研究使用 Bootstrap 法计算各潜变量之间的直接效应、间接效应和总效应，Bootstrap 样本量设置为 5000，在 95%的置信区间下进行检验。结合前述分析结果和表 5-5 数据可知，信息寻求的影响因素方面，受限认知对信息寻求的总效应显著，乡村民众应对风险事件的受限认知通过情境动机对其风险信息寻求产生负向影响。主观规范对信息寻求的总效应也显著，但本研究假设的主观规范的两条影响路径中，主观规范直接作用信息寻求的路径不显著（C.R.<1.96，P=0.222），主观规范需要通过情境动机对村民的风险信息寻求产生正向影响。情境动机在受限认知与信息寻求、主观规范与信息寻求之间均发挥了中介作用。假设 H7 成立。

表 5-5　主要潜变量之间的标准化直接效应、间接效应和总效应

		总样本(N=406)			中老年组(N=227)			青少年组(N=179)		
		标准化Estimate	SE	Z	标准化Estimate	SE	Z	标准化Estimate	SE	Z
妥限认知→信息寻求	总效应	0.338***	0.057	5.93	0.208***	0.089	2.34	0.316***	0.081	3.9
	直接效应									
	间接效应	0.338***	0.057	5.93	0.208***	0.089	2.34	0.316***	0.081	3.9
主观规范→信息寻求	总效应	0.336***	0.048	7	0.211***	0.06	3.52	0.574***	0.078	7.36
	直接效应									
	间接效应	0.336***	0.048	7	0.211***	0.06	3.52	0.574***	0.078	7.36
妥限认知→信息转发	总效应	0.235***	0.044	5.341	0.165***	0.073	2.26	0.114**	0.05	2.28
	直接效应									
	间接效应	0.235***	0.044	5.341	0.165***	0.073	2.26	0.114**	0.05	2.28
主观规范→信息转发	总效应	0.383***	0.057	6.719	0.256***	0.067	3.82	0.619**	0.098	6.32
	直接效应	0.149**	0.055	2.709	0.088	0.061	1.44	0.412**	0.137	3.01
	间接效应	0.234***	0.037	6.324	0.168***	0.05	3.36	0.207**	0.084	2.46

续表

	总样本(N=406)			中老年组(N=227)			青少年组(N=179)		
	标准化 Estimate	SE	Z	标准化 Estimate	SE	Z	标准化 Estimate	SE	Z
情境动机→信息转发 总效应	0.495***	0.048	10.313	0.406***	0.083	4.89	0.329*	0.123	2.67
直接效应									
间接效应	0.495***	0.048	10.313	0.406***	0.083	4.89	0.329*	0.123	2.67
信息寻求→信息转发 总效应	0.695***	0.054	12.87	0.793***	0.049	16.18	0.361**	0.135	2.67
直接效应	0.695***	0.054	12.87	0.793***	0.049	16.18	0.361**	0.135	2.67
间接效应									

说明：Bootstrap样本量为5000，* $p<0.05$，** $p<0.01$，*** $p<0.001$

信息转发的影响因素方面，尽管前述分析中情境动机对信息转发的直接效应不显著，但表 5-5 数据显示情境动机对信息转发的总效应显著，情境动机可以通过信息寻求间接正向影响乡村民众的信息转发行为，假设 H6 成立。此外，受限认知对信息转发的总效应显著，乡村民众应对风险事件的受限认知对其信息转发行为的影响路径为：受限认知→情境动机→信息寻求→信息转发。主观规范对信息转发的总效应同样显著，乡村民众感知到的主观规范通过两条路径正向影响其信息转发行为：主观规范→信息转发；主观规范→情境动机→信息寻求→信息转发。

3. 基于年龄的多群组分析

本研究以年龄作为调节变量，以上述研究模型为基础，将年龄在 29 岁及以下的样本归入青少年组，年龄在 30 岁及以上的样本归入中老年组，应用多群组结构方程模型方法，考察乡村青少年和乡村中老年在主动传播行为产生机制上的差异。首先建立无限制模型和结构系数相等的限制模型，并对两个模型的拟合优度进行检验。从表 5-6 可知，无限制模型与限制模型的各项拟合指标均达到通过标准，模型具有较好的拟合优度，两个模型的卡方值差异达到显著性水平（$\Delta \chi^2 = 24.310$，$Df = 5$，$p < 0.001$），表明年龄在模型中的整体调节效应显著，两个年龄层村民在模型中的有关结构路径系数存在显著性差异。

表 5-6　模型拟合指数

模型	χ^2	Df	χ^2/Df	RMSEA	CFI	IFI	TLI	NFI
理想值			<5	<0.08	>0.90	>0.90	>0.90	>0.90
无限制模型	331.997	136	2.441	0.060	0.950	0.950	0.933	0.919
限制模型	356.307	141	2.527	0.061	0.945	0.945	0.929	0.913

本研究通过临界比率值判断具体哪些路径系数存在差异。结果显示，除"受限认知→情境动机"（临界比率值 = -0.208）和"情境动机→信息寻求"（临界比率值 = -0.428）路径系数外，其他路径系数的临界比率值的绝对值都大于 1.96。由此可知，在 0.05 的显著性水平下，两个年龄层村民之间，主观

规范对情境动机的影响、主观规范对信息转发的影响以及信息寻求对信息转发的影响都存在显著性差异。具体来看，在主观规范对情境动机正向影响的路径中，乡村青少年（β=0.628，p<0.001）受到的影响比乡村中老年（β=0.412，p<0.01）更大。在主观规范对信息转发直接影响的路径中，乡村青少年影响显著（β=0.412，p<0.01），而乡村中老年影响不显著（β=0.088，p>0.05）。风险事件问题情境中，主观规范无法直接刺激乡村中老年人产生信息转发行为，只能通过"情境动机→信息寻求"的路径对信息转发产生间接影响，而主观规范对乡村青少年信息转发的直接效应和间接效应都显著存在。此外，在信息寻求对信息转发正向影响的路径中，乡村中老年（β=0.793，p<0.001）受到的影响比乡村青少年（β=0.361，p<0.05）更大。

进一步分析模型中主要潜变量之间的直接效应、间接效应和总效应在两个年龄群组中的差异。从表5-5数据可知，对乡村中老年而言，主观规范和受限认知对其风险信息寻求行为的影响程度相当，而对乡村青少年而言，主观规范对其风险信息寻求的正向刺激明显大于受限认知带来的负向影响。此外，在影响乡村中老年人信息转发的各个潜变量中，信息寻求对乡村中老年人转发行为的影响最大，之后依次为情境动机、主观规范和受限认知，而乡村青少年的风险信息转发行为则受主观规范的影响最大，其次是信息寻求、情境动机和受限认知。

四、乡村民众信息寻求与信息转发的作用机理

（一）"关系嵌入"和"效能期望"推拉下的信息寻求

风险事件问题情境中，源于关系嵌入的主观规范和基于效能期望的受限认知的一"推"一"拉"共同影响乡村民众的信息寻求。

1. 关系嵌入：主观规范通过情境动机正向推动信息寻求

"关系"及其规范性影响是乡村民众信息寻求的重要驱动力量。研究显示，主观规范对信息寻求的总效应显著（β=0.336，p<0.001），其影响路径为：主观规范→情境动机→信息寻求。主观规范对乡村民众应对风险事件的情境动机有显著正向影响（b=0.416，p<0.001），但主观规范直接作用信息寻求的路径不显著（C. R. <1.96，P=0.222），主观规范通过引发情境动机对

乡村民众的信息寻求产生正向影响。城乡融合发展下的当代乡村，村民的行为取向依旧以"关系"为本位，内嵌于乡村的"风险感知网络"和社群规范压力对乡村民众行为意向的影响不容小觑。乡村民众会因为感知到重要的人或群体希望他搜寻、注意和分享信息而产生应对风险事件的情境动机，进而开始信息寻求以及后续的交流分享。

2. 效能期望：受限认知通过情境动机显著制约信息寻求

风险事件问题情境中，受限认知是制约乡村民众信息寻求的重要因素。研究发现，受限认知对乡村民众信息寻求的总效应显著（$\beta=0.338$，$p<0.001$），其影响路径为：受限认知→情境动机→信息寻求。受限认知对情境动机具有显著负向影响（$b=0.406$，$p<0.001$），情境动机对信息寻求有显著正向影响（$b=1.11$，$p<0.001$）。当认为自己应对风险事件的约束较多或自我效能感不足时，村民很难产生通过传播活动来解决问题的情景动机，情境动机越弱，其主动寻求事件相关信息的可能性就越小。

（二）信息寻求、主观规范和受限认知多重影响下的信息转发

风险事件问题情境中，乡村民众的信息转发行为受信息寻求、主观规范和受限认知的多重影响。

1. 寻求与分享的伴随效应：信息寻求对信息转发有正向预测作用

乡村民众的信息寻求行为对其信息转发有显著正向预测作用（$b=0.672$，$p<0.001$）。作为反映个体传播主动性的两大表征，乡村民众的信息寻求与信息转发具有一定的延续性和伴随性，主动的信息寻求会引发积极的信息转发，而较低的信息寻求的可能性则伴随较低水平的信息转发与交流。一个积极的问题解决者会通过主动搜寻信息增强自身解决问题的能力，并通过主动分享告知他人他们的问题认知和解决问题的方案，从而吸引其他问题解决者的注意力和资源。[1] 风险事件中，相濡以沫的村民会在"差序格局"的基础上将搜寻到的事件信息分享给关系网络中的"熟人"，帮助他人采取措施应对风险，同时通过话语交流获得社会支持和精神慰藉，满足共同防御和情绪调适

---

[1] KIM J N, GRUNIG J E. Problem Solving and Communicative Action: A Situational Theory of Problem Solving [J]. Journal of Communication, 2011, 61 (1): 120-149.

的需求。

2. 主观规范的多路径推动：直接刺激和源于信息寻求的间接影响

在乡村社会中，村民的信息转发表现出较强的互惠性和关系性，主观规范是影响乡村民众信息转发的重要因素。数据分析结果显示，主观规范对信息转发的总效应显著（β=0.383，p<0.001）。面对风险事件带来的问题情境，主观规范通过两条路径正向影响乡村民众的信息转发行为。一方面，主观规范对乡村民众的信息转发有直接显著的正向影响（b=0.198，p<0.01）；另一方面，由于情境动机对信息转发的直接效应不显著（C.R. < 1.96，P = 0.534），应对风险事件的情境动机不足以直接刺激乡村民众产生信息转发行为，主观规范通过"情境动机—信息寻求"中介链对乡村民众的信息转发行为产生间接影响（β=0.234，p<0.001）。

3. 受限认知的间接制约：基于"情境动机—信息寻求"中介链的间接效应

研究发现，受限认知对信息转发的总效应同样显著（β = 0.235，p<0.001），受限认知通过"情境动机—信息寻求"中介链对乡村民众的信息转发行为产生间接影响。风险事件中，乡村民众不太可能就"他们认为自己无能为力的问题"进行交流。乡村民众的受限认知制约其产生应对风险事件的情境动机，而动机直接影响他们对风险信息的寻求，进而影响其信息分享的积极性。

（三）"搭便车"心理：风险认知和涉入认知难以刺激乡村民众主动传播

模型修正过程已经证实，风险认知和涉入认知对情境动机的路径系数均不显著，乡村民众的风险认知和涉入认知对他们应对风险事件的情境动机并未形成充分显著的刺激。这种不显著影响的可能的解释是，与被动的信息注意和接触行为相比，信息寻求和信息转发需要个人投入更多的时间、精力和认知资源，单纯的风险认知和涉入认知不足以引发乡村民众产生通过传播来应对风险事件的情境动机。以往研究也已证实，即使有很高的问题认知和涉入认知，解决问题的受限认知也会阻碍人们进行信息寻求和信息转发等传播活动。① 尤其是面对社会广泛关注、媒体密集报道的风险事件时，"搭便车"的心理会让乡村民众缺乏主动传播的动力，而选择被动等待和接收信息。

---

① RAMANADHAN S, VISWANATH K. Health and the Information Nonseeker: a Profile [J]. Health Communication, 2006, 20 (2): 131-139.

第六章

县级融媒体中心参与乡村治理的功能与路径

作为媒体融合战略的"最后一公里",县级融媒体中心被视为国家治理体系的托底工程和县域基层治理的技术装置,从建设之初就肩负着创新乡村治理的重要职责和使命。县级融媒体中心该以何种角色参与乡村治理?在推动乡村善治进程中能够发挥哪些核心功能?这些核心功能又该通过怎样的路径予以实现?本章将全面而深入地探讨上述问题,通过剖析县级融媒体中心在乡村治理中的角色功能及实现路径,揭示县级融媒体中心在乡村治理中的独特价值和作用机制,为县级融媒体中心有效参与乡村治理提供理论框架和实践基础。

第一节 县级融媒体中心在乡村治理中的角色功能

作为基层新型主流媒体和基层社会治理平台,县级融媒体中心在乡村治理实践中具有重要的功能价值,主要扮演乡村社会共识塑造者、乡村社会舆论治理者、乡村知情公众培育者、乡村优秀文化传承者、乡村互动平台搭建者以及乡村治理协商对话组织者多重角色。

一、乡村社会共识塑造者:加固基层传播底座、巩固基层主流舆论阵地

乡村治理需要有效整合乡村社会意识和凝聚乡村社会共识。然而,在当下的中国乡村,乡村的社会整合与共识塑造正面临巨大的挑战。一方面,结

构的空心化、劳动的个体化和精神文化空间的无序化给现代乡村社会共识的凝聚增加了难度。在转型期的中国乡村，城市化进程的快速发展带来乡村人口流动的加剧，村庄大量青壮年劳动力外流，空心化成为乡村结构的显著特征。随着乡村大量人口的频繁流动，传统村落边界被打破，乡村传统文化价值在现代城市文化和现代信息技术的双重影响下被不断解构，对乡村民众的规范作用渐次失效，乡村社会共享价值出现断裂。加之实行家庭联产承包责任制以后，以家庭为单位的个体劳动成为乡村劳动的主要形式，共同协作的劳动生产在乡村逐渐式微。乡村社会基于地缘、血缘、业缘维系的社会文化共同体开始解体，人际互动的"利益逻辑"取代了传统乡村的"熟人逻辑"，以价值观念和地方认同等为内核的乡村精神文化空间遭遇多元价值观的冲击，呈现出无序化的特征。[1] 乡村社会共享价值的断裂制约了乡村民众在村庄公共事务治理中达成共识，同时共同价值标准的缺乏也容易引发各种偏离社会发展轨道和危害社会安全的失范行为。[2] 在此背景下，弥合乡村社会的精神断层，形成乡村民众统一认可的价值实践原则，强化乡村社会共识基础对于乡村治理至关重要。

另一方面，微信、抖音、快手等新兴媒介借助移动互联网的快速普及正在成为乡村民众信息交流、社会交往的重要工具，原本缺少公开表达渠道的乡村民众在新媒体技术赋权作用下拥有了便捷的、互联的、低成本的表达空间。传播资源的泛社会化和传播权的全民化使乡村民众"人人都有麦克风"，基层舆论也因此拥有了极大的"可见性"。与此相伴随的是，各种错误思想和价值观念开始借助互联网渗入乡村场域，污染着乡村社会的信息池，基层舆论同时具有了极大的复杂性和风险性。乡村社会基层舆论的复杂性和风险性使得主流意识形态在乡村的有效传播显得格外重要。然而，在众声喧哗的乡村舆论场中，快手、抖音等新兴媒介的快速发展却极大地分散了乡村民众对主流媒体的注意力，稀释和弱化了主流媒体的声音。主流媒体的价值供给和

---

[1] 傅才武，李俊辰. 旅游场域中传统村落文化空间的生产逻辑与价值回归 [J]. 江汉论坛，2022（10）：131-137.
[2] 肖平，周明星. 新时代乡村社会治理创新：基础、困境与路向 [J]. 云南民族大学学报（哲学社会科学版），2021（4）：110-117.

价值传播遭遇到多元价值观念的冲击和干扰,官方舆论场和媒介技术赋权下的民间舆论场处于"自说自话"的割裂状态,基层传播底座正遭遇"脱嵌"的风险。

有研究指出,政策价值没有得到及时、全面、准确、科学的解读和说明是导致群众对党的路线、方针、政策不关心、不理解甚至质疑抵触的一个不可忽视的原因。[1] 在全媒体传播体系中,中央级、省市级新型主流媒体只能解决上游价值供给和合法性巩固的问题,[2] 因缺乏近地优势,其影响力难以真正触达基层末梢。面对基层传播底座的"脱嵌"风险,国家希望通过"建强用好"县级融媒体中心,形成"中央—省市—县级"新型主流媒体传播权结构的闭环,使基层社会回归到执政党的政治影响版图,实现国家治理的远程统筹和基层社会的有效整合。县级融媒体中心作为全媒体传播体系的"最后一公里",成为国家治理的"托底工程",肩负着重新加固基层传播底座、巩固基层主流舆论阵地的重要使命。从这一使命出发,县级融媒体中心在乡村治理中的功能价值在于利用自身的本地化优势和融媒体技术优势,通过本土化的内容生产、群众路线的用户调研、关系网络的内容分发以及数据支撑的精准推送,加强和改进新闻宣传效果,使党的意志、理念、政策和社会主义主流文化和价值观念有效抵达乡村社会的神经末梢,帮助乡村民众在复杂多元的基层舆论生态中树立正确的社会信念和社会价值观,促进官方舆论场和民间舆论场的融合与共振。县级融媒体中心通过凝聚乡村社会共识,为乡村治理多元主体的协商共治提供共同思想基础,同时为乡村振兴战略和城乡融合发展战略建构良好的舆论环境。

---

[1] 罗昕,蔡雨婷. 县级融媒体创新基层社会治理的模式构建 [J]. 新闻与写作,2020(3):48-55.
[2] 王智丽,张涛甫. 超越媒体视域:县级融媒体中心建设的政治传播学考察 [J]. 现代传播(中国传媒大学学报),2020(7):1-6.

二、乡村社会舆论治理者：将舆情隐患消灭在萌芽、将负面舆情遏制在本地

舆论安全是社会安全的重要表征。① 基层舆论的有效治理是乡村治理的重要组成部分，也是建构健康乡村舆论生态的重要内容。在社会转型期的当下中国，不少社会矛盾和社会冲突发生在县一级，那些得不到地方政府和媒体恰当回应和解决的矛盾冲突常常以群体性事件的形式爆发，以期获得更高一级政府和社会的广泛关注。现阶段，与群众利益相关的各类民生"小事儿"未能得到及时有效解决是我国县域空间存在的最大舆情隐患。这类基层舆情隐患又极易借助互联网的即时传播和社交网络的裂变式扩散演变成全域性风险，甚至威胁整个国家治理安全。在此背景下，将舆情隐患消灭在萌芽以及将负面舆情消化在本地，成为当下基层舆论治理的重要内容。

一方面，在当下的中国乡村，随着抖音、快手等新兴媒介的普及和下沉，媒介化逻辑日益渗入民众的日常生活，原本安静的乡村舆论场由于移动互联网和新兴媒体的赋能逐渐热闹，呈现出价值多元和新旧冲突的特点。那些乡村社会中曾处于传播权边缘的"沉默的大多数"开始借助丰富而便捷的网络平台抒发己见。与此同时，善于使用互联网的乡村短视频达人作为新意见阶层开始影响基层舆论走向。在媒介技术赋权和民众表达欲望日益高涨的当下，乡村民众日常生活中遭遇的各类民生"小事儿"在得不到有效关注和解决时容易借助互联网的不断发酵和快速蔓延，发展成脱域性的舆情事件，给社会治理带来极大的安全隐患。由民生"小事儿"引发的基层舆情风险呈现出脱域性、衍生性发展的特点，"将舆情消化在本地"成为基层舆论治理的重要目标。

另一方面，及时感知和有效解决乡村民众关注的各类民生"小事儿"是降低乡村社会舆情风险发生的关键。长期以来，基层舆论治理的各类行动主体因能力、精力、身份等限制，难以及时有效消除源于民生"小事儿"的舆情隐患。首先，以县广播电视台为代表的县级传统媒体主要通过民生新闻报道、服务专题策划等方式推动民生"小事儿"的解决，内容生产能力的不足

---

① 葛明驷. 县级融媒体建设与舆论治理"下沉"[J]. 中州学刊, 2020 (11): 162-167.

使其难以兼顾群众关注的各类民生"小事儿",只能选取有代表性的问题进行报道与协调,而作为信息供给机构的身份又使其止步于问题呈现,难以实质性推动和参与民生"小事儿"的有效解决。其次,随着我国电子政务体系的快速推进,政府各职能部门都积极利用在线政务服务回应和解决各自业务领域内的民生"小事儿",然而,并非舆情处置专家的身份以及各自为政的处理方式使政府部门更多关注具体问题的解决,而难以敏锐地预判和排除民生"小事儿"背后潜藏的舆情风险。如何有效感知并解决乡村民众日常生活中遭遇的民生"小事儿",将基层舆情风险消灭在萌芽状态是当下乡村舆论治理的重要任务。

长期以来,兼具治理工具和治理主体双重身份的主流媒体一直是防范和化解基层舆情风险的重要行动者。然而,作为长期游离于大众视野之外的媒体族群,中国的县级媒体在基层舆情风险治理方面效果甚微。面对泥沙俱下、价值多元的乡村舆论生态,话语声量不足的传统县级媒体在议题设置力和舆论引导力方面存在明显的"实质性短缺",舆情应对能力较弱,难以真正影响乡村民众,进而对基层舆论进行导流,这导致县级政府在应对重大舆情事件时不得不主动协调甚至将处置权移交上级媒体单位。[1] 随着社会转型和移动互联网下沉的叠加影响,县域空间官方舆论场和民间舆论场的割裂以及舆论治理的"底层真空"成为乡村舆论有效治理的关键阻碍。

面对基层负面舆情频发而基层传统媒体舆情治理乏力,县级融媒体中心作为基层新型主流媒体和县域治理枢纽出场,在乡村治理进程中扮演负面舆情治理者和民生问题求解者的重要角色。一方面,县级融媒体中心肩负着"将舆情消化在本地"、防止风险外溢和扩散的重要使命。从这一使命出发,县级融媒体中心在乡村舆论治理中应该充分利用直达基层的本地化优势,及时把握乡村民众关注的热点问题和难点问题,同时将基层百姓所需所盼与党委政府积极作为对接起来,把服务延伸到基层、问题解决在基层,[2] 肩负沟通

---

[1] 张诚,朱天. 从"集成媒体的新机构"到"治国理政的新平台":县级融媒体中心的方位坐标及其功能逻辑再思考[J]. 四川大学学报(哲学社会科学版), 2020 (2): 127-133.

[2] 黄楚新. 县级媒体融合的意义和路径[J]. 传媒, 2019 (2): 14-16.

政府与民众的重任，成为基层舆情风险治理中县级政府积极引导回应的重要平台，利用基层新型主流媒体的传播优势和资源优势，通过权威信息的及时发布、群众关切问题的精准回应以及谣言流言的快速澄清，为乡村民众解疑释惑，引导乡村舆情朝理性方向发展，将基层负面舆情风险消化在本地。另一方面，作为县域治理枢纽，县级融媒体中心应利用自身丰富的资源、广泛的社会连接以及技术赋能下的平台优势，主动成为乡村民众民生"小事儿"的问题求解者，推动民生"小事儿"的有效解决，将问题及其可能存在的舆情隐患解决在萌芽状态，从源头真正有效化解乡村治理中出现的各种舆情隐患。

三、乡村知情公众培育者：营造"乡村振兴""协同共治"的意见"气候"

作为国家治理体系中的基础工程，乡村治理需要政府部门、社会组织、乡村自治组织、乡村民众等多元主体的协同参与。其中，乡村民众、村级自治组织是乡村社会发展的关键性内生力量。习近平总书记指出，"要广泛依靠农民、教育引导农民、组织带动农民，激发广大农民群众积极性、主动性、创造性，投身乡村振兴，建设美好家园。"[1] 乡村治理强调乡村民众的自治实践，创新乡村社会治理需要激活乡村民众这一乡村社会发展中最重要的内生动力。在乡村治理实践中，乡村民众的有效参与需要其拥有一定的公共事务知识与信息储备，对自己在乡村治理中的主体性角色有清晰的认识，形成明确的共同体意识，并认同共同协作的方式。然而，内源性发展动力不足是当下中国乡村社会面临的普遍问题。[2] 当下的中国乡村，尽管移动互联网和自媒体的崛起打开了乡村民众连通世界的渠道，一定程度上激发了县域传播的活力，但是政治冷漠依旧存在。乡村民众的政治冷漠外化为一种回避性、消极性的政治行为，使乡村民众对关系切身利益的政治事务漠视，对政治参与活

---

[1] 习近平. 坚持把解决好"三农"问题作为全党工作重中之重 举全党全社会之力推动乡村振兴 [J]. 乡村振兴, 2022（4）: 8-15.
[2] 肖平, 周明星. 新时代乡村社会治理创新：基础、困境与路向 [J]. 云南民族大学学报（哲学社会科学版），2021（4）: 110-117.

动疏远甚至逃避。[1] 新媒介的技术赋权并不必然造就知情公众。在信息丰富甚至过剩的网络空间，乡村民众的媒介使用更多以娱乐化、生活化内容为主，村民的时间和精力更多被娱乐短视频占据。与乡村民众有关的本地公共新闻的缺乏以及乡村公共空间的失落，使部分县乡居民在当地公共事务、公共政策与基层治理上，既缺乏参与治理的自觉意识，也缺乏参与治理的基本能力。[2] 面对乡村内源性发展动力不足的现实，有效的乡村治理首先需要对基层的、分散的多元主体进行主体性、公共性的动员和唤醒。[3] 作为乡村振兴的重要实践主体，动员和唤醒乡村内生力量的主体性和公共性，培育乡村知情公众，营造"乡村振兴""协同共治"的意见"气候"成为县级融媒体中心的重要使命。

关注公共事务并掌握全面而准确的信息是乡村民众参与基层治理的基本条件。施拉姆在论及传媒在国家发展中的角色功能时指出，作为教育者的媒介可以为人们提供发展所需的新知识、新技能，作为看守人的媒介可以开阔眼界，培养移情能力，使人们拥有想象其他生活方式的可能性。[4] 在乡村治理实践中，作为基层新型主流媒体的县级融媒体中心通过"教导必要的技能"和"觉悟启蒙"对乡村民众发挥"志智双扶"的教育功能，同时通过多元信息的有效供给，保障乡村民众的知情权，确保公共信息在乡村社会的人人"共享"，为乡村民众参与乡村公共事务的"共建共治"提供信息储备，为乡村协同共治培育知情公众。此外，发展传播学认为，大众传媒可以将人们的注意力吸引到发展的目标、机会和方法上来，创造一个刺激发展的信息"气候"。在社会治理实践中，县级融媒体中心可以通过全媒体矩阵的协同传播、与上级媒体的同频共振以及与外部商业平台的互动合作，将乡村民众的注意

---

[1] 詹国辉，韩星梅，刘邦凡. 当代我国农民政治冷漠现象的成因及化解路径选择 [J]. 南京航空航天大学学报（社会科学版），2014（4）：56-61.
[2] 罗昕，蔡雨婷. 参与式治理视角下县级融媒体的角色定位与发展路径 [J]. 新闻与写作，2021（5）：14-21.
[3] 何志武. 主体性与连接性：县级融媒体参与乡村社会治理的基本逻辑 [J]. 中州学刊，2022（10）：158-165，2.
[4] 施拉姆. 大众传播媒介与社会发展 [M]. 金燕宁，等，译. 北京：华夏出版社，1990：133-147.

力吸引到乡村治理与乡村振兴的问题上来,在乡村社会营造"乡村振兴"与"协同共治"的舆论氛围,降低乡村民众的政治冷漠,促进乡村民众主体性和公共性的觉醒与认同。

四、乡村优秀文化传承者:激活文化振兴的内生动力、培育乡村文化自信

费孝通认为,文化是共同生活的人群在长期的历史当中逐渐形成并高度认同的民族经验。① 作为中华文化的重要组成部分,乡村文化是乡村民众在长期的生产生活实践中形成的、带有地域性和乡土性的、共同的生活方式与观念体系。长期以来,在"国权不下县"的传统乡村社会,村规民约等民俗文化在乡村社会发展过程中一直发挥着教化、规范、维系和调节等重要的社会功能。在国家大力推进乡村振兴的当下,乡村文化既是乡村社会建设的重要内容,也是乡村社会治理的基本工具。② 在乡村治理实践中,文化作为一种价值观体现深深地内嵌于人们的价值追求和系统逻辑关系中,影响和决定着人们关于政治治理、经济治理、社会治理和生态治理的认识和态度,③ 在维护乡村社会秩序和促进乡村有效治理方面具有重要的价值。作为重要的内生力量,乡村文化具有凝聚村民价值共识、增进村民地方认同、规范村民行为、维护乡村社会秩序、化解乡村社会矛盾、构建村民精神家园等重要的道德治理功能。④ 一方面,乡村文化具有规范和调节的功能。优秀乡村文化中蕴含的尊老爱幼、诚实守信、邻里和睦等道德思想能实现对乡村民众个体精神的塑造,有助于规范村民的行为,化解乡村社会矛盾,维护乡村社会秩序。同时,优秀的乡村文化能够抵御新媒体冲击下不良文化的侵蚀,培育文明的乡风和淳朴的民风,为乡村治理和乡村振兴营造健康良好的舆论生态。另一方面,乡村文化具有凝聚和组织的功能。优秀的乡村文化能够凝聚乡村社会,将分散

---

① 费孝通. 费孝通九十新语[M]. 重庆:重庆出版社,2005:176.
② 何建华. 乡村文化的道德治理功能[J]. 伦理学研究,2018(4):93-97.
③ 胡惠林. 乡村文化治理能力建设:从传统乡村走向现代中国乡村:三论乡村振兴中的治理文明变革[J]. 山东大学学报(哲学社会科学版),2023(1):50-66.
④ 何建华. 乡村文化的道德治理功能[J]. 伦理学研究,2018(4):93-97.

的乡村民众聚集起来，改变乡村组织力涣散的困境，形成乡村发展所需的合力和凝聚力。同时，优秀的乡村文化能够激发乡村民众的主体性和地方认同，进而以文化意识的主体性带动行动的主动性，凝聚乡村振兴的社会共识，成为乡村民众参与乡村公共事务治理的内在精神动力和支撑，为乡村治理和乡村振兴培育理性的内生治理主体。

乡村文化在乡村治理实践中的杠杆性意义不容置疑。乡村民众的文化自信是乡村自信的基石，而建构乡村自信是实现乡村善治的首要条件。[①] 然而，伴随着乡村社会变迁和媒介化逻辑的深度嵌入，乡村文化尤其是乡村公共文化的式微已经成为乡村治理问题的外在表征和内在原因。[②] 在城镇化和现代化的进程中，价值观念多元、民间信仰衰落、村规民约失效、家族宗族影响力式微、乡贤人才流失等问题在中国乡村社会凸显，乡村文化的道德治理功能日益弱化。乡村文化的衰落导致乡村民众文化自信的不足，致使乡村振兴和乡村治理缺乏乡村文化这一强有力的精神支撑。传承和弘扬中华优秀传统文化一直是我国媒体的重要职责。面对乡村治理和乡村振兴进程中乡村文化式微这一困境，作为基层新型主流媒体和基层社会治理平台的县级融媒体中心肩负着激活文化振兴的内生动力、培育乡村文化自信的重要使命。县级融媒体中心应该重视乡村文化在乡村治理中的功能价值，深入挖掘当地优秀乡村文化蕴含的思想观念和人文精神，利用联动协同和全媒化传播等优势，努力展示乡村文化的独特魅力，通过乡村文化的有效传播、文化活动的组织开展以及乡村文化交流平台的供给，助力乡村文化传承与发展，改善乡村民众的精神风貌，增强乡村民众的地方认同，进而唤醒其参与乡村治理的主体意识。

五、乡村互动平台搭建者：搭建多维互动平台、重构乡村社会连接

作为社会治理的重要组成部分，中国的乡村治理是一个多元主体共同参与的过程，坚持自治、法治、德治相结合，强调村民自治实践和社会协同共

---

① 夏小华，雷志佳. 乡村文化振兴：现实困境与实践超越［J］. 中州学刊，2021（2）：73-79.
② 吴理财，解胜利. 文化治理视角下的乡村文化振兴：价值耦合与体系建构［J］. 华中农业大学学报（社会科学版），2019（1）：16-23，162-163.

治。在乡村治理实践中，多元治理主体之间真实有效的交流与对话是实现协同治理的基础，而"共同在场的关系"以及"共同在场"的公共空间是多元治理主体进行有效对话的前提。安东尼·吉登斯（Anthony Giddens）在《社会的构成：结构化理论大纲》中指出，"共同在场的情境总是承载互动的主要情境"，"社会整合必定和共同在场情境中的互动有关"。[①] 在传统乡村社会中，同一村庄中的人们因身处同一或相似生活场景而拥有大致相同的生活体验，同时面临相似的社会问题，具备"共同在场的关系"，极易产生"同感"和共同的价值规范，这为乡村民众围绕公共事务进行有效交流和对话提供了共通的意义空间和思想基础。同时，寺庙、祠堂、麦场、院落等场所作为村庄重要的信息平台和交流场所，是宗族宗法制度等村庄内部习惯法发生作用以及村庄精英施加个人影响的重要场域，也是乡村社会秩序形成、规则建立以及社会整合的重要中介，[②] 为村庄内部多元治理主体的协同共治提供了"共同在场"的公共空间。

然而，现代性对乡村社会的深刻影响使中国的村庄结构呈现出明显的"空心化""离散化"特征，村民彼此的社会关联度日趋下降，村庄的空间边界和心理边界日益模糊，麦场、院落等传统村落公共空间日渐式微，丧失了聚集村民"共同在场"进行协商对话的功能。相对松散的村级组织、高度离散的"原子化"村民、公共性建设的弱化、治理对象的复杂化以及参与渠道的不畅制约了村民的自治实践和社会的协同治理。不少乡村地区群众参与公共活动、公益事业、文化生活和村庄治理的渠道依旧传统单一且形式落后，难以满足当下乡村社会人口大量流动背景下高度离散的"原子化"村民"共同在场"协商共治的实际需求。

面对乡村治理情境的这一变化，商业网络平台通过搭建数字虚拟社区为村庄内部的互动交流以及村民参与乡村治理提供了在线平台，为"离散化""原子化"的乡村治理主体的重新联结和联合行动提供了新的可能。然而，商

---

① 安东尼·吉登斯. 社会的构成：结构化理论大纲 [M]. 李康，李猛，译. 北京：生活·读书·新知三联书店，1998：238-239.
② 陈新民，王旭升. 电视的普及与村落"饭市"的衰落：对古坡大坪村的田野调查 [J]. 国际新闻界，2009（4）：63-67，72.

业网络平台仅仅通过"虚拟在场"为乡村社会再造了数字公共领域，却并不具备连接和组织政府部门、社会组织等多元治理主体的能力和条件，因身份的限制难以在多元治理主体之间建立常态化的多维协商对话机制。电视等传统大众传播媒介因明显的单向传播特征，在搭建"共同在场"的公共平台、组织协商对话方面又显得力不从心。传统大众传媒的单向传播性与商业网络平台在多维连接上的先天不足恰恰成为县级融媒体中心参与乡村治理的优势和责任所在。

作为基层新型主流媒体和社会治理平台，县级融媒体中心不仅具有新媒体的开放、平等、互动、分享等特征，还因官方背景和本地化优势具备连接乡村多元治理主体的资源和能力。搭建多维基层协商互动平台、重构乡村社会连接成为县级融媒体中心参与乡村治理的重要功能。县级融媒体中心通过搭建数字乡村公共平台，突破物理空间的限制，将物理空间中分散的离散化村民个体连接起来，重构乡村社会连接，为多元治理主体随时随地参与公共交往和村庄治理提供便利的平台，保障乡村民众的媒介接近权。在地的乡村精英、外出务工人员等物理空间上分散的乡村治理主体通过媒介化的连接与协作，重新聚集到以村庄为单位的网络社区，实现线上的"共同在场"和在线交流，并经由线上交往发展到线下民主协商，强化彼此的社会关联。

六、乡村治理协商对话组织者：实现异质主体的跨界对话和协同治理

新时代中国乡村治理需要在党的领导和政府组织下进行，同时也离不开村委会、企事业单位、社会组织、乡村民众等各类治理主体的广泛参与和协同合作。在乡村治理实践中，多元治理主体之间的协同关系并不能自发形成，而需要一个主导性主体发挥组织协调作用，将参与治理的异质主体连接起来。处于权力中心的政府尽管可以采取协调会等方式组织多元主体协同治理，但政府借助行政力量的组织形式难以保证参与主体的多元性和广泛性，也容易导致治理回到自上而下的管理轨道，并且政府也缺少将分散的治理主体"在线"组织起来的渠道和精力。县级融媒体中心的职能赋权和技术赋能使其具备成为主导性主体的潜力，① 在乡村治理实践中发挥组织协调的作用，成为多元治理主体协商对话的积极组织者。县级融媒体中心可以充分利用基层主流媒体的近地优势和官方背景的资源优势，跨越组织、行政等多重边界，将党、政府与乡村基层组织、社会组织、村民等乡村治理的多元主体编织进一张多元合作的治理网络，为乡村治理各方利益者搭建对话通道，成为治理资源的连接器；同时通过活动的发起，充当乡村治理实践中异质主体理性对话的组织者，实现多元治理主体之间信息、意见等要素的有效连接，促进治理意见和治理方案的协商交流，推动"协商民主"嵌入乡村治理的各个环节。如对发展乡村文旅产业这一公共问题，县级融媒体中心可以充分发挥自身的多维连接优势和专业的活动策划能力，围绕如何建设、如何融资、如何合作、如何创收等问题，邀请相关利益主体参与讨论，组织社会各界建言献策，实现异质主体的跨界对话和协同治理。

第二节　县级融媒体中心参与乡村治理的主要路径

在深入剖析县级融媒体中心在乡村治理中的角色功能之后，本节进一步探讨实现上述功能价值的可行路径，即县级融媒体中心应该选择怎样的路径去实现各项功能，以确保有效赋能乡村治理。

一、优化传播渠道，强化互联网基因与在地化思维，贯通官民舆论场

良好的舆论生态是社会治理的环境保证。在当下中国，技术赋权与社会转型的碰撞带来民间舆论场的多元化与复杂化。在乡村社会，社会转型和移动互联网下沉的叠加影响使国家体系的基层传播底座面临"脱嵌"的风险，原本话语声量不足的县级传统媒体在网络意见领袖和商业媒体平台的进一步分权下，更加难以真正影响县域乡村民众并对基层舆论实现有效导流。县级

---

① 何志武. 主体性与连接性：县级融媒体参与乡村社会治理的基本逻辑 [J]. 中州学刊, 2022（10）: 158-165, 2.

媒体主导的官方舆论场和媒介技术赋权下的乡村民间舆论场呈现"各自为阵"的割裂状态。面对乡村民众信息接收的移动化趋势与传统媒体渠道影响力的式微,通过县级媒体融合加强基层主流媒体的舆论引导能力,培育基层健康舆论生态,进而提升乡村治理水平刻不容缓。县级融媒体中心作为基层新型主流媒体出场,成为基层舆论引导力建设体系的重要推动者。作为全媒体传播工程的"最后一公里",县级融媒体中心应该将自身的本地化优势和融媒体技术优势结合起来,推动"群众""关系""技术""数据"等异质行动者的有效联结和深层协同,促进官方舆论场和民间舆论场的融合与共振。具体说来,县级融媒体中心可以从以下两方面促进官方舆论场和乡村民间舆论场的融合共振。

(一)优化传播渠道,实现官民舆论场的贯通

县级融媒体中心应该充分利用融媒体传播的技术优势与全媒体传播的矩阵协同优势,基于县域乡村民众的媒介使用习惯和信息需求特征,依托传统媒体与新兴媒体的融合发展,搭建合纵连横、直达乡村基层的信息传播网络,摆脱传统县级媒体遭遇的因村民"人不在村"而"人媒分离"的传播困境。一方面,在媒体深度融合发展的思路下,县级融媒体中心应该重视自有平台的建设与完善,通过流程优化、平台再造、资源整合、思维创新,构建自主可控、上下相融、内外相接、技术驱动的融媒体平台,使其嵌入乡村民众的信息传播网络,促使官民舆论场的勾连与贯通。另一方面,县级融媒体中心还应该通过"借船出海",将信息传播的触角延伸至微博、微信、抖音等群众所在的任何外部网络平台,实现习近平总书记强调的"读者在哪里,受众在哪里,宣传报道的触角就要伸向哪里,宣传思想工作的着力点和落脚点就要放在哪里"[①]的目标,将主流价值、正面宣传及时传至乡村社会的"最后一公里",保障主流声音和关键信息通过各种终端、以最灵活的方式被最广泛的群众接收。

---

① 习近平. 习近平新闻舆论思想要论[M]. 北京:新华出版社,2017:199-200.

（二）强化舆论引导的互联网基因与在地化思维

作为媒体融合纵深发展的产物，县级融媒体中心自带互联网基因与基层在地化优势，在宣传引导实践活动中，应该将互联网基因与在地化优势进行融合。一方面，县级融媒体中心必须深入乡村基层，从县域乡村民众的切身利益出发，找寻宣传报道的切入点，采用地方化视角和当地乡村民众喜闻乐见的方式，阐释党的意志、理念和政策。同时，县级融媒体中心应该跳出传统媒体的视野，遵循移动互联网时代信息传播的底层逻辑，对新闻产品进行情感化、社交化、场景化设计，通过技术赋能下的多模态话语创新表达，优化新闻产品对于乡村民众的贴近性、易懂性以及体验的易用性和友好度，实现信息从可读到可视、从静态到动态、从一维到多维的立体化传播，从而更好地发挥引导群众、教育群众的作用。

二、深耕本地公共新闻和各级政务信息，培育知情公众

村民作为乡村社会的真正主人和乡村治理的内生主体，其公共参与呈现出"社会性参与热情而政治性参与冷漠"的特征，村民自治作用发挥不足，乡村治理中的"搭便车"现象较为常见。[1] 培养知情公众和营造良好舆论氛围是县级融媒体中心参与乡村治理的重要功能。作为基层新型主流媒体和乡村治理的重要主体，县级融媒体中心既有资源整合和在地传播的优势，也具备重组乡村社会时空关系和实现社会主体、生活场景互联互通的潜能。在乡村治理实践中，县级融媒体中心有责任也有能力通过多元信息的提供，降低乡村民众的政治冷漠，动员和唤醒乡村民众的内生动力，为乡村协同共治提供信息依据、培养知情公众和营造良好舆论氛围。从这一功能维度出发，县级融媒体中心应该重视县域乡村民众这一用户群体以及自身在乡村振兴和乡村治理中的重要使命，将专业媒体的新闻生产优势、地方媒体的近地传播优势、融媒体矩阵的协同传播优势以及作为基层治理平台的社会连接优势整合起来，通过深耕本地公共新闻资讯和助推各级政务信息公开，实现多元信息

---

[1] 高原. 乡村多元主体协同治理格局的演进：基于"社会中的国家"视角［J］. 东南学术，2023（3）：152-164.

在乡村社会的有效供给，提升乡村民众参与治理的自觉意识和参与乡村公共事务治理的基本能力，实现培养知情公众和营造良好舆论氛围的重要功能的发挥。

（一）强化在地化公共传播思维，深耕本地公共新闻资讯

在分散而广阔的乡村社会，乡村民众对自身可以享受的社保、医保、就业、教育等政策福利信息常常缺乏足够了解，供需信息未能有效连接不仅给乡村民众的生活带来不便，还容易造成乡村民众对本地公共事务的冷漠。县级融媒体中心在信息生产与传播活动中应强化信息生产与传播的公共性和在地化特色，充分发挥基层媒体的近地传播优势，凸显公共议题与乡村民众需求的相关性，增进村民对本地社会、经济动态的了解，提高乡村民众对公共议题和公共事务的关注度，将乡村民众培育成拥有公共事务知识与信息储备的知情公众。

（二）助推和监督各级政务信息公开

在国家治理视角下，推动政府信息开源是大众传媒以主体性角色参与多元治理的重要方向。[1] 2019 年，中共中央、国务院在《关于加强和改进乡村治理的指导意见》中提出，要完善党务、村务、财务"三公开"制度。作为乡村治理的重要实践主体，县级融媒体中心不仅整合了县域范围内广播电视台、报刊、新闻中心、新媒体等各类媒体资源，还具备连接和汇聚县域乡镇、街道及部门信息的资源优势，肩负着助推和监督县域、乡镇、乡村各级政务信息公开的重任。兼具县域主流媒体和基层治理平台双重身份的县级融媒体中心，应通过多种方式助推政府信息开源，降低乡村民众的政治冷漠。县级融媒体中心应利用专业媒体的信息生产优势，在信息公开和新闻自由的高度，充当县域政府信息的积极传播者，同时充分发挥融媒体中心的广泛连接性，搭建横向共享、纵向互通的县域网上政务信息公开平台。

三、依托"文化传播+活动组织+平台供给"，培育乡村文化自信

实现乡村治理有效需要建构乡村自信，而乡村自信的基石来自乡村民众

---

[1] 李良荣，方师师. 主体性：国家治理体系中的传媒新角色［J］. 现代传播（中国传媒大学学报），2014（9）：32-37.

的文化自信。面对当下乡村民众文化自信不足的现状，激活文化振兴的内生动力、培育乡村文化自信成为县级融媒体中心参与乡村治理的重要功能。在参与乡村治理的进程中，县级融媒体中心可以通过"文化传播+活动组织+平台供给"的多维路径实现培育乡村文化自信这一功能价值。

（一）通过有效的乡村文化传播，增强乡村民众的文化自觉

通过有效的乡村文化传播，增强乡村民众的文化自觉，是县级融媒体中心培育乡村文化自信的重要路径。乡村民众的文化自觉是文化自信的前提和基础，主要指村民熟悉和了解自身生活环境蕴含的文化，对其本质有深刻的认识，具有传承和发展乡村文化的主体意识，并能理性、科学应对多元文化的冲击。[1] 然而，转型期的当下中国乡村正遭遇现代城市文化与网络空间多元文化的冲击，在此情境下，乡村民众尤其是伴随着互联网成长的乡村青少年，缺乏应有的文化自觉，对本地乡村文化的历史与内涵缺乏足够了解，对乡村文化缺少坚守的自信。乡村民众文化自觉的缺失带来乡村文化自信的不足，进而影响他们参与乡村治理和乡村振兴的主动性和积极性。乡村文化自信的构建需要增强乡村民众的文化自觉。传承和弘扬中华优秀传统文化一直是我国主流媒体的重要职责。作为基层新型主流媒体，县级融媒体中心从建设之初就肩负着传播当代优秀文化、传承乡村优秀文化的重任。面对乡村民众文化自觉的缺乏，县级融媒体中心应该利用专业媒体的技术优势开展有效的乡村文化传播，推动乡村文化中蕴含的崇德向善、诚实守信等道德思想的继承与发扬，通过乡村优秀文化的教化与熏陶，帮助乡村民众尤其是乡村儿童和乡村青少年，系统地了解本地特有的乡村文化历史和内涵，感受乡村文化的魅力，对乡村文化和现代文化形成正确的认知，从而培养村民对本地特有乡村文化的认同感，增强文化自觉，为乡村治理提供文化资源和精神泉源。

具体说来，县级融媒体中心应该通过加强乡村文化传播的新媒体性和贴近性来提高传播效果。其一，重视乡村文化传播的新媒体性。县级融媒体中心应该凭借专业媒体的内容生产优势，寻找传统文化传承与新文化生产的平

---

[1] 夏小华，雷志佳. 乡村文化振兴：现实困境与实践超越［J］. 中州学刊，2021（2）：73-79.

衡点，采用新兴文化载体和现代文艺形态对传统乡村文化进行创新性新闻报道和活动直播，并依托融媒体中心的全媒体矩阵，实现乡村文化的多元化、全媒体的跨屏交互传播。其二，重视乡村文化传播的贴近性。县级融媒体中心不仅要报道县（区）、镇（乡）党委政府主办的大型文化活动，还应该重视对"十里不同俗"的乡村节庆民俗文化活动的呈现。在乡村文化传播实践中，县级融媒体中心应该充分利用基层媒体的近地优势，通过走乡串户深入村庄，深度挖掘和真实记录当地的民间绝技、乡村民俗和非遗特色文化等带有浓郁地方特色、极具感染力的优秀文化资源和文化精髓，并邀请乡村文化名人传播本地优秀乡村文化，增加乡村文化传播的贴近性，让乡村民众深刻感受乡村的价值和发展空间，激发县域村民的文化自觉和地方认同感。

（二）组织常态化、规范化的乡村文化活动，增强乡村凝聚力

通过组织常态化、规范化的乡村文化活动增强乡村凝聚力是县级融媒体中心培育乡村文化自信的另一重要路径。县级融媒体中心应该利用自身拥有的广泛的社会连接性，与新时代文明实践中心建立战略协同合作，实现文化共振，以乡村文化活动为抓手，弘扬优秀乡村文化，凝聚乡村社会共识，培育乡村文化自信。县级融媒体中心组织乡村文化活动应考虑当地乡村文化的地域性和独特性，同时注重文化活动的常态化、规范化和群众参与性，通过具有地域特色的乡村文化活动，将离散的"原子化"乡村民众组织起来，为乡村民众搭建文化交流平台，在文化的认知、体验和交流中唤醒他们精神深处的"乡愁"和"乡情"，使他们坚定乡村振兴的自信，进而提升其参与乡村治理的内在活力，使其自觉为乡村振兴和乡村治理贡献力量，重建在地团结。

（三）为县域村民自主参与乡村文化传播提供平台

为县域村民自主参与乡村文化传播提供平台是县级融媒体中心培育乡村文化自信的重要路径。作为乡村振兴和乡村治理的参与者和受益者，乡村民众是乡村治理的内生性主体，也是乡村文化传播的重要力量。随着移动互联网和社交媒体在中国乡村的深度嵌入，乡村民众展示自我、表达诉求的欲望被不断激活，越来越多的乡村民众利用网络平台狂欢，乡村文化借助互联网

有了更大的社会可见性。县级融媒体中心应该充分发挥其基层信息枢纽的资源优势,为普通村民参与本地乡村文化传播提供渠道和平台,邀请村民到融媒体中心演播或者在融媒体平台自主传播文化作品,让普通村民用自己的语言和方式讲述乡村故事、传播乡村文化、传递乡村情感,充分发挥乡村民众作为乡村文化传承者、创造者的主体作用。

四、通过"兴趣社群+地域社区+问政平台",重构乡村社会连接

平等直接的参与渠道是公民有效参与的要素之一,[①] 共同在场的互动平台是多元主体协商共治的场域前提。通过搭建多维协商共治平台重构乡村社会连接是县级融媒体中心参与乡村治理的重要功能。为实现这一功能价值,县级融媒体中心应该充分利用自身广泛的"连接"属性重建和新建社会关系,搭建基于兴趣和地域的在线社区,同时为基层群众直接连接政府部门搭建问政平台,实现乡村治理多元主体之间的信息共享和资源互补,构建乡村治理行动者信息交互的合作网络,促进乡村共治格局的形成。

(一)搭建基于兴趣的在线数字社区,培养共享互助的社群生态

伴随着新媒介技术的快速发展以及地缘、血缘等传统关系纽带的弱化,互联网为用户提供了结识同侪与共享内容的可能性,人们的社会关系经由网络被重新激活。以兴趣和情感为核心的网络趣缘群体开始依托在线虚拟社区大量出现,并构建起"小世界网络",形成兼具传统社群凝聚力与现代社群自由度的趣缘共同体。[②] 有研究指出,情感力在数字信息生产、传播与接受网络中扮演着核心角色,以小群体交往为基本场景的情感社群能够为社群成员的公共讨论和理性协商营造情感氛围,进而影响公共话语质量,是当下互联网用户情感交流和公共表达的重要领域。[③] 面对乡村社会个体"原子化"生存的现状,通过网络趣缘社群,以兴趣和情感为纽带,将分散的乡村个体重新连接起来,成为县级融媒体中心赋能乡村治理的重要路径。

---

① 陈恒钧. 参与治理是趋势?或是迷思?[J]. 文官制度季刊,2009(12):113-144.
② 蔡骐. 网络虚拟社区中的趣缘文化传播[J]. 新闻与传播研究,2014(9):5-23,126.
③ 田浩. 原子化认知及反思性社群:数字新闻接受的情感网络[J]. 新闻与写作,2022(3):35-44.

（二）搭建基于地域的乡村数字社区，重建乡土团结

在当下的中国乡村，工业化、城市化进程带来人口大规模流动和乡村人口的"人地分离"，村级自治组织松散化以及村民个体分散化成为多数村庄的现状。因为"人不在村"，有社会行动力的乡村中青年在信息、思想、情感和资源方面与村庄联系松散甚至"失连"。作为基层社会治理平台的县级融媒体中心具有"平台化和组织化"属性，[1] 肩负着重构乡村社会连接、重建乡土团结的重要使命。县级融媒体中心应该为县域范围内的每个村庄搭建基于地域关系的数字社区，使其成为乡村传播网络中异质行动者信息交互和协同共治的"必经之点"。县级融媒体中心搭建的基于真实社区的线上讨论空间，不仅为乡村精英主动参与村庄公共事务治理提供权威和正统的渠道，也为普通村民参与村庄事务讨论以及与政府部门、社会组织、村级组织等多元治理主体进行意见交换和直接对话提供了平台。此外，及时准确地了解村务信息是多元主体理性参与乡村公共事务治理的前提。以真实社区为基础的在线平台承担着村级信息公开的任务，村级组织的工作规划、日常管理等各类公共信息可以通过乡村社区在线平台及时公开并接受群众监督。同时，县级融媒体中心也能通过这一平台及时捕捉到乡村民众关于突发事件、公共事务的意见和诉求，把握基层舆情的走向并及时进行舆论引导。

（三）搭建全媒体报料问政平台，实现线上政民沟通

此外，县级融媒体中心还应该重视报料问政平台的建设。县级融媒体中心应该充分发挥报料问政平台在政民沟通和协商对话方面的功能价值，为县域居民提供便捷的在线问政平台，同时通过督办群众反映的问题、显示办理进度、公布满意度指标等方式提高报料平台的有用性，使其成为乡村治理进程中政民协商对话的有效平台。

---

[1] 沙垚. 重建基层：县级融媒体中心实践的平台化和组织化 [J]. 当代传播，2020（1）：30-33.

五、通过网络直播问政，推动乡村治理异质主体的协商共治

建立多元主体协商对话机制以形成和完善乡村社会治理结构，是县级融媒体中心参与乡村治理、"重建基层"的重要任务。[①] 在乡村治理实践中，要实现多元异质主体之间的有效连接和真实对话，仅仅搭建协商对话平台是不够的。县级融媒体中心应该通过设置治理议题、编制治理网络、搭建沟通平台、参与问题解决等行动逻辑，深度介入乡村社会治理实践，整合协调多元利益，推动乡村治理的多元参与，利用自身在治理实践中拥有的主体和工具的双重角色，超越具体分歧和价值语境，推动多元异质主体的相互理解和协商共治，为乡村社会发展过程中遇到的各类问题寻求有效解决的最大合意和最佳方案。

长期以来，以电视问政为代表的媒体问政，作为媒介逻辑介入地方治理的一种经验现象，[②] 是媒体参与社会治理、组织社会对话、协调社会关系的一种媒介化样态，被视为新时代传播环境下媒体推进国家治理体系和治理能力现代化的必然选择。在乡村治理实践中，媒体问政也成为县级融媒体中心推动异质主体协商共治的可行路径。县级融媒体中心可以通过直播问政节目将当地政府部门、乡村民众、专家学者等多元治理主体勾连起来，围绕乡村振兴与乡村治理中的各类公共问题开展对话交流，通过公开协商与建设性讨论，实现异质主体的有效沟通和协商共治，县级融媒体自身的主体性也在这一过程中被形塑和加强。

为真正发挥直播问政的协商对话价值，县级融媒体中心组织直播问政节目应注重其议题的贴近性、交流的真实性、主体的多元性以及对话的常态化。具体说来，其一，习近平总书记指出："创新社会治理，要以最广大人民根本

[①] 何志武. 主体性与连接性：县级融媒体参与乡村社会治理的基本逻辑 [J]. 中州学刊，2022（10）：158-165，2.

[②] 闫文捷，潘忠党，吴红雨. 媒介化治理：电视问政个案的比较分析 [J]. 新闻与传播研究，2020（11）：37-56，126-127.

利益为根本坐标，从人民群众最关心最直接最现实的利益问题入手"。① 县级融媒体中心的直播问政节目应该以乡村社区为落脚点，通过网格化新闻报道队伍、在线社区的舆情捕捉、报料平台的群众反馈，及时发现并聚焦当地乡村民众普遍关注的公共话题。同时，县级融媒体中心应该考虑乡村民众问题意识和维权意识普遍不足的群体特征，利用专业媒体对问题的敏感性，主动发现问题并设置议题，确保问政议题的贴近性，如在国际消费者权益日组织"3·15"投诉报料活动。其二，县级融媒体中心应利用自身的广泛社会连接性和影响力，将乡村治理涉及的各方利益主体吸纳到融媒体平台，保障治理主体的多元性。县级融媒体中心应该邀请公共管理部门、专家学者、村干部、乡村草根意见领袖、普通村民等多元治理主体围绕乡村发展过程中遭遇的问题和矛盾进行平等对话，为各方利益主体尤其是传统媒体时代缺乏发声渠道的乡村弱势群体参与协商共治提供直接发声的渠道和机会，为异质主体之间的理性协商、充分交流搭建桥梁，在多元治理主体之间编制社会治理的行动者网络。此外，在组织协商对话的过程中，县级融媒体中心还应该充分考虑乡村社会中那些不善言者和不敢言者的利益诉求，充当乡村社会弱势群体的代言人，通过新闻报道去反映弱势群体的利益诉求，为他们提供更多的媒介支持，捍卫乡村治理实践中各方利益主体尤其是那些被边缘化的弱势群体的表达权和参与权。其三，县级融媒体中心应该保证直播问政节目的连续性，推进乡村治理多元主体协商共治的常态化。县级融媒体中心围绕乡村治理议题开展的每一次直播问政和协商对话，不仅要能够增加基层群众对融媒体中心的使用黏性，还要在一定程度上提升乡村民众参与乡村治理的主体意识。同时，县级融媒体中心还可以通过组织线上线下的活动，提升乡村民众的网络素养和问题意识，激活乡村民众参与乡村公共事务治理的主动性和积极性。

六、通过消灭舆情隐患和化解舆情风险，构建乡村良好舆论生态

郡县治，则天下安。通过消灭舆情隐患和化解舆情风险，培育乡村健康

---

① 中共中央党史和文献研究院，中央学习贯彻习近平新时代中国特色社会主义思想主题教育领导小组办公室.2023 习近平新时代中国特色社会主义思想专题摘编［M］.北京：党建读物出版社，中央文献出版社，2023：428.

舆论生态，是县级融媒体中心参与乡村治理的重要路径。具体说来，县级融媒体中心应该充分发挥平台、连接、协商、监督功能，将乡村社会舆情隐患解决在萌芽。一旦发生舆情，县级融媒体中心则应该启动协同、切换、沟通机制，将舆情风险消化在本地，防止基层舆情风险扩散演变成全域性风险。

（一）发挥平台、连接、协商、监督功能，将舆情隐患解决在萌芽

将乡村舆情隐患解决在萌芽，是作为县域治理枢纽的县级融媒体中心构建乡村健康舆论生态的重要一环。县级融媒体中心应该充分利用自身开放的技术、丰富的资源、全方位的社会连接以及技术赋能下的平台优势，深度嵌入本地乡村信息传播网络，成为县域乡村"微"舆情的及时感知者，并通过建设性舆论监督促进乡村社会各类民生问题的有效解决，充当基层民生问题的求解者。具体说来，县级融媒体中心可以依循"发现问题—揭示问题—反映问题—监督问题—回访报道"的步骤，对县域乡村民众生产生活实践中的各类民生"小事儿"实现全流程参与，发挥平台、连接、协商、监督功能，将乡村舆情隐患解决在萌芽。

首先，县级融媒体中心应该以解决问题为导向，揭示问题和反映问题。县级融媒体中心在详细深入了解乡村民众遭遇的各类民生"小事"后，不能不加区分地对待，而应该聚焦乡村民众的共性问题、与政府重点工作关系密切的问题以及政府目前有能力解决的问题。对捕捉到的各类民生问题，县级融媒体中心应及时向政府有关部门反映，同时对具有共性且目前有能力解决的公共问题及时展开调查和追踪报道，发挥媒体的舆论监督作用，在合规合法的情况下向社会大众揭示问题，将问题及其协商解决过程进行全面呈现。县级融媒体中心在揭示问题时，应跳出简单的报道新闻和提供信息的媒体思维，以解决问题为导向，采用"新闻审视+逻辑分析"的方式对问题进行深入报道，同时引导乡村各类治理主体关注问题并参与问题讨论。如果遇到真实存在但政府暂时无法解决的问题，县级融媒体中心则应该充分发挥自身在协调社会关系方面的专业优势，通过内参告知政府部门问题的存在，同时向群众耐心解释，帮助政府了解基层群众的困难和诉求，同时提升群众对政府的信任和理解。

其次，县级融媒体中心应该充分发挥社会治理主体的功能价值，推动基

层民生"小事儿"的有效解决。一方面，县级融媒体中心应该依托信息交互与协同共治平台，通过议程设置和活动组织，引发当地乡村民众围绕关乎切身利益的公共事务展开充分的讨论，促进多元治理主体通过理性协商形成合意。由于群众意见的表达大多呈现分散杂乱的碎片化特点，在促进多元主体理性协商的过程中，县级融媒体中心应该充分发挥专业媒体的内容生产优势，对群众分散的观点和建议进行系统化和结构化的统合，提高群众意见的可见性和条理性。另一方面，县级融媒体中心应该与当地政府建立问题解决的闭环合作联动机制，利用自身丰富的资源和全方位的社会连接，将民意传至基层政府，为政府实时掌握乡村舆情动态、科学研判和化解潜在风险、精准回应村民关切提供数据支持，助力政府与乡村民众的有效沟通。在此基础上，县级融媒体中心要发挥建设性舆论监督的作用，推动政府服务的有效供给，监督政府督办相关职能部门及时整改问题，实现决策科学化和治理精细化。最后，通过回访报道向基层群众反馈整改进展，将问题及其可能存在的舆情隐患解决在萌芽。

此外，作为乡村治理实践主体，县级融媒体中心应该跳出单纯的媒体角色定位，从新闻供给机构向智库型媒体发展。在乡村社会发展进程中，县级融媒体中心应该从揭示和反映问题延伸到为政府提供决策参考报告，以贡献治理方案的路径更深入地参与到基层治理中。县级融媒体中心可以通过对县域各类问题的持续关注形成问题敏感，对县域治理重点和难点进行大规模、深入的调研，利用自身的社会资源和权威优势，邀请政府、学界和行业代表聚焦问题展开讨论，向政府部门提供政策优化建议。

（二）启动协同、切换、沟通机制，将舆情风险消化在本地

"将舆情消化在本地"是基层舆论治理的重要目标，而主流媒体一直是防范和化解基层舆情风险的重要行动者。然而，中国的县级媒体却长期游离于大众视野之外，舆情应对能力较弱，导致县级政府在应对重大舆情事件时不得不主动协调甚至将处置权移交上级媒体单位。[1] 鉴于基层负面舆情频发而基

---

[1] 张诚，朱天. 从"集成媒体的新机构"到"治国理政的新平台"：县级融媒体中心的方位坐标及其功能逻辑再思考［J］. 四川大学学报（哲学社会科学版），2020（2）：127-133.

层媒体舆情治理乏力，县级融媒体中心从一开始就肩负着将基层舆情消化在本地、防止风险外溢和扩散的重要使命。具体到赋能乡村负面舆情治理，为实现"将舆情消化在本地"的使命，县级融媒体中心可以从以下几方面入手：

其一，成为乡村传播网络中的信息"水利枢纽"，及时把握乡村基层舆情走势。县级融媒体中心应该借助服务群众和打造优质资源池聚集县域用户群，并通过项目合作、组建联盟等方式，与县域乡村社会中的乡贤、自媒体达人等其他有影响力的传播节点建立合作关系，"编制"县域乡村传播网络的"核心圈"，并通过资源互换和合作共赢，将自身形塑成乡村传播网络中能够自如调节信息流通态势的"水利枢纽"。在舆情风险治理中，县级融媒体中心可以借助自建平台的用户数据和线下记者的采访报道及时把握舆情走势，为政府治理舆情风险提供决策参考。同时，县级融媒体中心可以利用区块链技术追踪信息来源、实现信源认证，通过对不良有害信息的监测以及虚假新闻、谣言的甄别，净化乡村信息传播生态。

其二，及时提供与乡村民众实际需求相匹配的公共信息，成为基层政府回应社会关切、满足公众知情权的重要平台。在"去中心化"的社会信息传播格局中，通过技术赋能实现"再中心化"既无必要也无可能。[1] 在舆情风险治理中，县级融媒体中心应该利用全媒体矩阵的协同传播和直达基层的本地化优势，成为基层政府积极引导回应的重要平台。县级融媒体中心基于舆情数据分析，可以实现信息服务与群众需求的精准匹配，为县域乡村民众提供权威、有用和易用的公共信息，保障官方信息在县域乡村传播网络中的供给范围和传播效果，避免基层政府与乡村民众之间因信息供给渠道不畅而引发信息供需矛盾。

其三，成为多元主体合作式治理的推动者。县级融媒体中心应该通过活动策划、平台提供、关系搭建，为政府部门、乡村意见领袖、县域乡村民众之间的风险沟通搭建桥梁，防范和化解舆情风险治理中的伪信息扩散风险和非理性表达风险，推进舆情风险的合作式治理，最终得以在舆情发生后将其

---

[1] 邓又溪，朱春阳．县级融媒体中心参与基层社会治理的路径创新研究［J］．新闻界，2022（7）：34-42，77．

消化在本地。

七、重塑基层服务体系，实现服务均等化并赋能乡村振兴

服务群众是主流媒体公共性的内在要求，也是县级融媒体中心最根本的功能设定。作为全媒体传播体系的基层底座，县级融媒体中心能够深刻影响基层服务的供给机制和模式创新，重塑基层服务体系，在推动乡村社会基本服务均等化方面具有独特价值。为乡村民众提供均等化公共服务、打通服务群众的"最后一公里"、帮助乡村民众实现高质量生存与发展是县级融媒体中心赋能乡村治理的应有之义。从赋能乡村治理的视角出发，县级融媒体中心应该充分发挥服务乡村群众的功能价值，利用专业性、平台性和连接性，将自身打造成集政务、商务、服务于一体的综合服务平台和社区信息枢纽，通过各类服务的有效供给，实现乡村公共服务的均等化，赋能县域乡村社会发展。县级融媒体中心通过重塑基层社会的新闻和信息服务、政务服务、公共服务和市场服务，深度嵌入乡村社会信息化工程和智慧社区建设，嵌入智慧农业、智慧医疗、智慧教育等与乡村民众生活息息相关的各类公共服务。同时，优质的公共服务和政务服务也将为县级融媒体中心带来更多的人气和关注，凝聚乡村民众，加强自身在县域乡村社会的传播力和引导力。县级融媒体中心通过提供多维度、高质量、高适配度、本地化的各类服务，可以收获县域乡村民众的关注与黏性，实现县级融媒体中心与乡村民众的有效连接，进而实现对民众的组织和引导，吸引乡村民众主动参与治理实践。

具体说来，县级融媒体中心在为乡村民众提供多维度全方位服务时，应注重服务的有用性和易用性。一方面，县级融媒体中心的服务供给要强调对于本地乡村民众的有用性。县级融媒体中心应从本地乡村民众的实际需求出发，将乡村民众关注的资讯服务、民生保障等公共服务进行整合传播，注重服务供给的多维性、一站式和匹配度。县级融媒体中心应该实现与当地交通、民生、教育、医疗等公共服务行业的信息、数据共享和实时互联，以及与当地行政、司法部门的宣传、服务相融，将县域垂直分散的公共服务信息孤岛连接起来，建设成多维度、一站式综合服务平台，提高服务供给的有用性。另一方面，县级融媒体中心的服务供给要强调对于乡村民众的易用性。美观

大方的应用界面、方便快捷的操作流程、清晰直观的功能定位能够为融媒体用户带来沉浸式体验。① 县级融媒体中心的服务供给应该考虑乡村民众媒介素养不足的实际情况，通过提高服务使用的便捷度、用户需求的反馈度、服务功能的清晰度等，来提高县域乡村民众对融媒体服务的体验感和易用感知，促使乡村民众与县级融媒体服务之间形成深度连接。

---

① 罗昕，李嘉诚，刘碧燕．中国县级融媒体客户端场景运用能力状况调查［M］//钟瑛，芦何秋，余红，等．新媒体社会责任蓝皮书：中国新媒体社会责任研究报告：2022. 北京：社会科学文献出版社，2022：330-347.

第七章

社会治理视域下县级融媒体中心的社会责任评价

随着县级融媒体中心在我国全面铺开并迈入深度发展阶段，如何"建强用好"成为当下县级融媒体中心建设的重点问题，而服务基层社会治理是县级融媒体中心"建强用好"的主要方向。基础不牢，地动山摇。基层作为检验国家政策的炼金石和社会矛盾的多发地，也是社会治理的前沿阵地。作为内嵌于基层的公共平台，县级融媒体中心从建设之初就肩负着引导群众、服务群众和沟通群众的重要使命。从赋能社会治理的视角来看，县级融媒体中心不仅是新时期的基层媒体单位，还承担着对基层社会进行治理、调节和重塑的重要任务。[①] 县级融媒体中心可以通过媒体融合实践整合基层治理资源，同时将分散多元的基层治理主体组织起来，促成公众对话和公共讨论，释放基层治理的协同力量。[②] 面对时代赋予的重要使命，县级融媒体中心是否很好地履行了赋能基层社会治理的责任和义务？从社会治理视域对县级融媒体中心赋能基层治理的履责情况进行科学系统的评估是进一步"建强用好"县级融媒体中心的前提。

本部分以县级融媒体中心在基层社会治理中的核心功能为逻辑起点，以县级融媒体自建客户端为观测对象，基于层次分析法，尝试构建县级融媒体中心参与基层治理的社会责任评价指标体系。在此基础上，选取20个有代表

---

① 李一凡，黄楚新，田锋，等. 基层治理视域下县级融媒体中心建设研究：对云南省7家县级融媒体中心的实地调研[J]. 中国记者，2023（2）：44-50.
② 沙垚，许楠. 融合人民：县级媒体融合与基层协同治理[J]. 新闻与写作，2021（5）：29-35.

性的县级融媒体客户端作为评估样本,以融媒体客户端2023年的行为数据为依据,对我国县级融媒体中心在赋能基层治理方面的履责情况进行现实考量,进而对社会治理视域下县级融媒体中心责任缺失的表征进行梳理,旨在为县级融媒体中心更好地赋能基层治理提供决策依据。基层社会治理在本研究中指的是对基层社会领域中公共问题的治理,其治理主体包括县区、乡镇政府及政府的派出机构,政法部门,城乡基层自治组织、社会组织和居民等社会力量。改善民生和维持社会稳定是基层社会治理的两个重要侧面。[①]

第一节 社会治理视域下县级融媒体中心社会责任评价体系构建

正确评估县级融媒体中心赋能基层治理的履责水平,需要一套比较全面完整的评价指标体系。然而,迄今为止,对县级融媒体中心赋能社会治理的履责水平的测量还没有形成一个公认的、有效的并付诸实践的评价指标体系。一套科学完善的评价体系亟待建立。

一、评估指标的具体设定

作为全媒体传播体系的基层底座,县级融媒体中心赋能社会治理的落脚点在基层。在新时代中国语境下,县级媒体融合与基层社会治理的战略价值具有内在统一性,创新基层社会治理是加速县级融媒体中心建设的主要动因,县级融媒体中心作为基层社会治理的平台、工具、主体,又成为基层社会治理规则与模式创新的重要推手。从媒体融合赋能社会治理的价值维度来看,县级融媒体中心赋能基层社会治理的功能设定主要集中在引导群众、服务群众和沟通群众三个方面。在文献回顾以及与网络传播领域专家开放性访谈的基础上,基于县级融媒体中心在基层社会治理中的功能价值,遵循指标选取

[①] 王思斌. 新中国70年国家治理格局下的社会治理和基层社会治理[J]. 青海社会科学, 2019(6): 1-8.

的科学性、合理性和可行性原则，本研究以县级融媒体自建客户端为观测对象，尝试从引导群众、服务群众和沟通群众三方面，构建县级融媒体中心参与基层治理的社会责任评价指标体系。最终形成的评价指标体系由3个一级指标、7个二级指标和20个三级指标组成。其中，3个一级指标分别为"引导群众""服务群众"和"沟通群众"。

（一）"引导群众"责任维度的指标设定

从赋能基层治理的视角来看，县级融媒体中心在引导群众方面的功能价值主要体现在主流价值传播、培育知情公众和培育文化自信三方面。因此，本研究从这三方面设置"引导群众"责任维度的二级指标。

其一，主流价值传播。作为媒体融合国家战略的"最后一公里"，县级融媒体中心肩负着传播主流价值、巩固基层主流舆论阵地的重任。"培育和弘扬核心价值观，有效整合社会意识，是社会系统得以正常运转、社会秩序得以有效维护的重要途径，也是国家治理体系和治理能力的重要方面。"[①] 县级融媒体中心应该凭借基层媒体的近地优势和新型主流媒体的传播优势，将党的意志、理念、政策和社会主义主流价值观念传播至基层社会末梢，帮助县域群众在复杂多元的信息环境中树立正确的社会信念和社会价值观。县级融媒体中心在"主流价值传播"方面的履责情况主要从"主流价值的宣传力度""主流价值的在地化传播"和"主流价值的创新性传播"三个维度进行评价。其中，"主流价值的宣传力度"考察县级融媒体中心在日常传播活动中对主流价值宣传的重视程度；"主流价值的创新性传播"则主要考察县级融媒体中心在传播主流价值时是否强化了互联网基因，是否采用短视频、H5等融媒体形式。此外，县级融媒体中心在进行主流价值宣传时，应该充分挖掘当地新闻素材，基于县域实际情况和当地群众的理解程度对传播内容进行在地化处理。本研究通过"主流价值的在地化传播"指标考察县级融媒体中心在进行主流价值宣传时，是否将地域特色与舆论引导进行有机结合，实现了主流价值宣传的基层具体化和外地经验的本地化，以及是否采用了当地群众喜闻乐见的

---

① 习近平在中共中央政治局第十三次集体学习时强调 把培育和弘扬社会主义核心价值观作为凝魂聚气强基固本的基础工程［J］.党建，2014（3）：4，6.

形式。该指标主要涉及传播内容的在地化处理和传播形式的本地化设计两个方面。

其二，培育知情公众。基层社会治理需要基层民众的积极参与，关注公共事务并掌握全面而准确的信息是民众参与基层社会治理的基本条件。培育知情公众是县级融媒体中心赋能基层治理的重要使命。作为县域基层的新型主流媒体，县级融媒体中心应该重视传播内容的公共性和本地性，有责任通过本地公共新闻资讯的传播与聚合以及各级政务信息的公开，增进县域群众对本地社会、经济动态的了解，为多元治理主体协商共治提供信息依据，为社会治理培育拥有公共事务知识与信息储备的知情公众。本研究从"议题本地化""议题公共性"和"政务信息公开"三个维度对县级融媒体中心在"培育知情公众"方面的履责情况进行评价。其中，"议题本地化"考察县级融媒体中心在日常传播活动中新闻资讯与县域群众的相关性；"议题公共性"考察县级融媒体中心在日常传播活动中对公共性议题的重视程度；"政务信息公开"指标则考察县级融媒体中心在助推和监督县域、乡镇、乡村各级政务信息公开方面的履责情况。

其三，培育文化自信。文化作为一种价值观体现内嵌于人们的价值追求中，在凝聚价值共识、增进地方认同、维护社会秩序和促进治理有效方面发挥着重要作用。"中国特色社会主义文化是激励全党全国各族人民奋勇前进的强大精神力量。""没有高度的文化自信，没有文化的繁荣兴盛，就没有中华民族伟大复兴。"[1] 坚定文化自信是创新社会治理的本源。[2] 作为县域基层主流媒体，激活文化振兴内生动力、培育文化自信是县级融媒体中心赋能基层社会治理的重要方面。县级融媒体中心应该充分利用基层主流媒体的近地优势，将传承和弘扬中华优秀传统文化视为己任，通过"文化传播+活动组织+平台供给"，增强县域群众的文化自觉和文化自信，激活和唤醒县域群众参与治理的内生动力。本研究主要从"传播优秀文化""组织文化活动"和"培育文化社群"三个维度对县级融媒体中心"培育文化自信"方面的履责情况

---

[1] 习近平. 决胜全面建成小康社会 夺取新时代中国特色社会主义伟大胜利：在中国共产党第十九次全国代表大会上的报告 [N]. 人民日报，2017-10-28（1）.
[2] 叶战备. 坚定文化自信是创新社会治理的本源 [J]. 江苏社会科学，2018（1）：18-23.

进行考察。从赋能基层社会治理的角度来看，县级融媒体中心不仅应该发挥专业媒体在文化传播上的专业优势，采用基层群众喜闻乐见并具有广泛参与性的形式，实现优秀传统文化和先进文化在基层的有效传播。同时，还应该发挥自身的组织性和平台性，通过文化活动的组织和文化类在线社群的培育，提升基层群众的文化自信和地方认同，进而为创新社会治理提供精神源泉。其中，"传播优秀文化"指标主要考察县级融媒体中心在日常实践活动中传播优秀传统文化和先进文化的情况；"组织文化活动"指标考察作为社会治理主体的县级融媒体中心组织基层群众开展文化活动的情况；"培育文化社群"指标则考察县级融媒体中心利用自身的平台性和连接性，为基层群众搭建文化类在线社群的情况。

（二）"服务群众"责任维度的指标设定

服务群众是县级融媒体中心最根本的功能设定，也是其公共性的内在要求。通过重塑基层服务体系，打通服务群众的"最后一公里"，助力基本公共服务均等化以及智慧服务创新是县级融媒体中心赋能基层社会治理的重要功能价值。县级融媒体中心有责任为县域群众搭建集政务、商务、服务于一体的综合服务平台和社区信息枢纽，确保基层群众尤其是数字弱势群体享受到均等化的公共服务，帮助县域群众实现高质量的生存与发展。1989年，戴维斯（Davis）提出了著名的技术接受模型，该模型指出个体对某特定系统的有用性感知和易用性感知会影响其接受特定系统的态度和行为。其中，有用性感知是个体对使用某特定系统可以提高自身工作绩效的程度的感知，易用性感知则是个体对使用某特定系统不费力和不困难的程度的感知。[1] 本研究认为，从2018年发展至今，作为基层新型主流媒体和基层社会治理平台，县级融媒体中心对基层群众而言仍然是一种新事物和新系统，县级融媒体中心在县域社会的推广与采纳会受到群众有用性感知和易用性感知的影响。县级融媒体中心服务群众功能的实现也有赖于服务供给的有用性程度和易用性程度。因此，本研究从"服务的有用性"和"服务的易用性"两个维度考察县级融

---

[1] DAVIS F D. Perceived Usefulness, Perceived Ease of Use, and User Acceptance of Information Technology [J]. MIS Quarterly, 1989, 13 (3)：319-340.

媒体中心在服务群众方面的社会责任履行情况。

一方面，本研究对县级融媒体中心"服务的有用性"的评价主要从"服务广度""服务响应度"和"服务适配度"三方面展开。其中，"服务广度"考察县级融媒体中心在服务提供方面的多维性，考察县级融媒体中心是否为县域群众提供了新闻服务、政务服务、公共服务、市场服务等多类型的一站式服务。"服务响应度"指标考察县级融媒体中心对基层群众服务需求的响应速度。服务的响应速度直接影响群众对服务有用性的判断和感知，甚至会制约基层群众的政治效能感，进而影响其后续的使用意愿。如群众使用县级融媒体中心的问政服务得不到政府的及时回应，将极大地制约其后续对县级融媒体中心的使用兴趣。而"服务适配度"考察县级融媒体中心提供的服务与县域群众的贴近性和适配程度，即县级融媒体中心提供的服务是否满足了县域群众的实际需求。县级融媒体中心应从县域居民的实际需求出发，真正融入县域群众的生活空间，提高服务供给与基层群众实际需求的匹配度以及服务供给的场景适配度。只有提供县域群众切实需要的服务，才能真正发挥服务群众的功能价值，进而通过服务的有效供给来聚集县域群众，为引导群众和沟通群众功能的实现提供用户基础。

另一方面，县级融媒体中心服务群众功能的实现也需要倚赖服务的易用性。本研究从"服务清晰度""服务可见性"和"服务的无障碍性"三方面考察县级融媒体中心的服务易用性程度。其中，"服务清晰度"考察县级融媒体中心为基层群众提供的各类服务是否有清晰的功能指向，功能定位是否清晰。"服务可见性"考察县级融媒体中心提供的服务对于县域群众尤其是互联网技能不足的乡村民众是否具有真正的可见性，即县域居民是否可以轻松地找到服务入口并使用服务。例如当需要咨询、求助或报料时，县域群众是否能在县级融媒体中心的各大平台中轻松找到问政入口并使用该服务。此外，随着信息技术的发展，倡导信息平权的无障碍传播理念被提出。无障碍传播的理念源自丹麦人卞麦克逊（N. E. Bank-Mikkelsen）倡导的"身心障碍者应该与所属文化中的正常人一起生活和接受教育"的"正常化"原则。[1] 该理念倡导信息平权下的"信息无障碍"和信息的可接近性。学者李东晓认为，无障碍传播就是扫除信息传播中的一切障碍，实现信息平等地"到达人人"的过程。[2] 作为基层新型主流媒体和国家治理体系的托底工程，县级融媒体中心有责任从公共利益出发，推动信息传播和服务供给的无障碍建设，通过改善传播的内容、技术以及扩大群众参与渠道的方式，保障县域范围内的每个人都可以平等地获取信息、平等地接近和使用媒介，为基层群众参与社会治理培育亲和的、无障碍的信息环境。本研究用"服务的无障碍性"指标考察县级融媒体中心提供的服务是否能兼顾包括信息弱势群体在内的全体基层群众的权益，即考察县级融媒体中心在信息传播和服务供给过程中，是否通过改善传播的内容、技术以及扩大社会参与渠道等方式保障了包括老人、视听障碍者等信息弱势群体在内的所有基层群众的信息权益。如在信息传播形式上，县级融媒体中心是否为视力不佳的融媒体用户提供音频播报服务。

（三）"沟通群众"责任维度的指标设定

多元主体围绕公共事务进行充分交流与协商对话是实现治理有效的重要基础。异质主体协商对话的有效开展不仅需要"共同在场"的公共交流空间，还需要主导性力量将分散的异质主体组织起来，促进主体之间的有效连接和相互理解，进而实现理性协商对话。在基层社会治理实践中，因媒体的职能赋权和技术赋能，县级融媒体中心在超越媒体的功能定位和新媒体技术的加持下，可以依靠服务型参与来实现对多元治理主体的组织与协调，具备成为社会治理主体中主导性主体的潜力。沟通群众成为县级融媒体中心参与社会治理的重要功能和使命。具有连接性和平台性的县级融媒体中心有责任通过搭建多维协商共治平台协调和重构社会关系，同时组织多元主体围绕公共事务进行跨界对话和协商共治。因此，本研究从"搭建协商共治平台"和"组织多元主体协商共治"两个维度评价县级融媒体中心在沟通群众方面的履责

---

[1] 李东晓，熊梦琪."可及"之后：新媒体的无障碍传播研究与反思[J]. 浙江学刊，2017（6）：199-206.

[2] 李东晓. 无障碍传播的理论模型及其应用：以电视媒体之于视听障碍者的传播为例[J]. 郑州大学学报（哲学社会科学版），2013（3）：168-172.

情况。

具体说来，本研究主要从"培育趣缘社群""搭建数字社区"和"建立问政平台"三方面对县级融媒体中心"搭建协商共治平台"维度的履责表现进行考察，主要评估县级融媒体中心在为基层群众搭建协商共治平台时是否重视多路径和全面性。首先，情感是多元治理网络得以构建的基础要素。多元治理主体只有在情感上彼此认同，才能真正理性地围绕公共事务进行信息共享与观点互动。面对基层群众"原子化"生存以及传统关系纽带松散带来的情感上的疏离，为县域基层群众搭建基于兴趣爱好的网络趣缘社群，以兴趣和情感重建基层群众的关系纽带，实现人群聚合和情感凝聚，成为县级融媒体中心赋能基层社会治理的重要使命。因此，本研究用"培育趣缘社群"指标考察县级融媒体中心为县域群众搭建趣缘社群的具体情况，包括网络趣缘社群的数量、主题的丰富程度以及活动组织情况等。

其次，在工业化、城市化的推动下，"人地分离"正在成为县域基层的典型特征。物理空间的分离一度成为基层群众难以共同在场协商议事的阻碍，而互联网的快速下沉以及各类新兴媒体的普及赋予了基层群众重聚的技术可能。然而，技术的赋能并不必然带来分散的基层群众的重新聚集，因兴趣爱好、应用偏好的差异，基层群众在互联互通的网络空间呈现出较为明显的圈层化行为表征。在此背景下，具有"平台化和组织化"属性的县级融媒体中心[①]便被赋予了极为重要的协调沟通的使命。为县域范围内各乡镇社区提供兼具政务公开和协商对话功能的线上平台成为县级融媒体中心沟通群众的一个重要路径。县级融媒体中心有责任为县域居民搭建基于真实社区的网络数字社区，为分散的基层群众构建基于真实社区的线上媒介化合作网络。这一基于地理位置的网络数字社区不仅应该承担助力基层政务信息公开的重任，还应该突破物理空间的限制，为基层群众、基层自治组织、社会组织等多元治理主体参与本地公共事务的讨论和协作提供线上议事平台。物理空间上分散的基层群众因为公共话题或具体事务被重新聚集到线上社区，参与治理的内

---

① 沙垚. 重建基层：县级融媒体中心实践的平台化和组织化 [J]. 当代传播, 2020 (1): 30-33.

生动力也在持续的线上交流与互动中被不断激活，基层社会的参与式文化和集体氛围也在真实社区和线上平台的同频共振中逐渐形成。因此，本研究用"搭建数字社区"指标考察县级融媒体中心为县域群众搭建基于真实社区的网络数字社区的具体情况，包括网络数字社区的搭建情况、政务公开情况以及群众的参与度等。

此外，县级融媒体中心作为国家治理体系的基层底座，是政府与群众沟通的桥梁，应该为县域居民参与基层社会治理提供在线问政平台，并通过监督和呈现问题的处理过程，提高问政平台的互动性和有用性。本研究用"建立问政平台"指标考察县级融媒体中心在搭建问政平台方面的履责情况，包括问政平台的建设情况、县域群众的使用情况以及政民沟通情况。

另一方面，作为基层社会治理的重要参与者，县级融媒体中心不仅需要为多元治理主体的协商共治搭建治理平台，还应该主动设置治理议题并调动治理资源，组织多方利益主体围绕治理议题进行理性对话，推动基层社会治理目标的实现。本研究主要从"网络直播问政"和"建设性舆论监督"两个维度考察县级融媒体中心"组织多元主体协商共治"的履责水平。其中，网络直播问政是县级融媒体中心组织社会对话和协调社会关系的一种重要的媒介化样态。在网络问政过程中，政府部门和基层群众的对话与互动可以部分弥补间接民主的不足，赋能基层社会治理。县级融媒体中心有责任通过网络直播问政节目，连接政府与群众，为县域基层群众反映问题、表达意见提供渠道，调动群众参与社会治理的积极性，同时通过组织多方利益主体的理性对话，化解县域舆情风险和社会矛盾，为政府科学决策提供真实的参考依据。本研究对县级融媒体中心在"网络直播问政"维度的履责评估主要聚焦县级融媒体中心组织直播问政活动的频次、质量以及活动的常态化程度。此外，舆论监督是县级融媒体中心赋能基层治理的重要路径。作为基层新型主流媒体和基层社会治理主体，县级融媒体中心应该主动利用其丰富的资源优势和广泛的连接优势，与县域政府部门建立合作联动机制，以解决问题为导向，通过建设性舆论监督推动基层治理中实际问题的解决。因此，本研究将"建设性舆论监督"作为评估县级融媒体中心"组织多元主体协商共治"履责能力的另一个指标。

二、评估指标权重的确定

县级融媒体中心参与基层治理的社会责任评价体系是一个具有多层次、多指标的复合体系。评估指标确定后,为了区分指标的差异性,该部分采用层次分析法对各级指标的权重进行赋值。在设计出专家权重咨询表后,共邀请15位新闻传播领域的专家学者对同一层次各评估指标的相对重要性做出判断。问卷回收后,利用层次分析法(AHP)软件对数据进行整理统计和判断矩阵的一致性检验,最终确定了各级指标的权重(如表7-1)。县级融媒体中心参与基层治理的社会责任得分(A)的计算公式为:$A = \sum B_i \times W_{Bi}$($i = 1, 2, 3, \ldots$),其中,$B_i = \sum C_{ij} \times W_{Cij}$($j = 1, 2, 3, \ldots$),$C_{ij} = \sum D_{ijk} \times W_{Dijk}$($k = 1, 2, 3, \ldots$),$B_i$、$C_{ij}$、$D_{ijk}$为各级指标的评估值,$W_{Bi}$、$W_{Cij}$、$W_{Dijk}$为各级指标的权重。

表7-1 县级融媒体中心参与基层治理的社会责任评价指标及其权重结果

一级指标 (B_i)	权重 (W_{Bi})	二级指标 (C_{ij})	权重 (W_{Cij})	三级指标 (D_{ijk})	权重 (W_{Dijk})
引导群众 B1	0.4237	主流价值传播 C11	0.4876	主流价值的宣传力度 D111	0.1849
				主流价值的在地化传播 D112	0.5530
				主流价值的创新性传播 D113	0.2621
		培育知情公众 C12	0.3922	议题本地化 D121	0.1261
				议题公共性 D122	0.4570
				政务信息公开 D123	0.4170
		培育文化自信 C13	0.1201	传播优秀文化 D131	0.5763
				组织文化活动 D132	0.2674
				培育文化社群 D133	0.1564

续表

一级指标（Bi）	权重（W_{Bi}）	二级指标（Cij）	权重（W_{Cij}）	三级指标（Dijk）	权重（W_{Dijk}）
服务群众 B2	0.3601	服务的有用性 C21	0.8381	服务广度 D211	0.1135
				服务响应度 D212	0.4233
				服务适配度 D213	0.4632
		服务的易用性 C22	0.1619	服务清晰度 D221	0.2747
				服务可见性 D222	0.6265
				服务的无障碍性 D223	0.0988
沟通群众 B3	0.2162	搭建协商共治平台 C31	0.5667	培育趣缘社群 D311	0.1074
				搭建数字社区 D312	0.5208
				建立问政平台 D313	0.3717
		组织多元主体协商共治 C32	0.4333	网络直播问政 D321	0.3333
				建设性舆论监督 D322	0.6667

第二节 社会治理视域下县级融媒体中心履责情况的实证分析

在县级融媒体中心的全媒体矩阵中，与依托微博、微信、抖音等第三方平台建立的媒体账号相比，新闻客户端是县级融媒体中心平台化建设的主要载体，[①] 具备自主可控、数据留存等优势。近年来，随着县级融媒体中心建设步入"建强用好"的深度发展阶段，越来越多的县级融媒体中心开始将客户端作为培育用户、整合资源、建立关系的主阵地。新闻客户端也成为县级融

[①] 谢新洲，石林. 县级融媒体中心客户端建设的问题与优化策略 [J]. 青年记者，2021 (3)：50-54.

媒体中心发挥"引导群众""服务群众""沟通群众"治理功能的重要场域。鉴于新闻客户端在县级融媒体中心赋能基层治理中的重要地位，本研究将县级融媒体中心自建客户端作为观测对象，运用构建的县级融媒体中心参与基层治理的社会责任评价指标体系，选取有代表性的客户端样本，对现阶段我国县级融媒体中心参与基层社会治理的履责情况进行实证评估。

一、研究设计

（一）评估对象的选取

在评估对象的选取上，本研究首先从《全国县融中心 2022 年第四季度优秀案例》[①] 和《2018—2019 年度中国县级融媒体中心分省（区市）优秀案例》[②] 中，按照中部、西部、东部分别选取 5 个县级融媒体中心客户端样本。然后，考虑县级融媒体中心的建设与发展会受不同地区的经济社会发展状况、社会文化环境以及媒体资源的影响，本研究再从《2021 年度湖北省县级融媒体中心活力指数排行榜》[③] 中，选取 5 家县级融媒体中心的客户端作为湖北省样本。最终，按区域选取的 15 个县级融媒体客户端样本和 5 个湖北省县级融媒体客户端样本组成了本次实证评估的具体对象。20 个县级融媒体客户端的具体情况如表 7-2 所示。需要说明的是，由于本研究主要关注县级融媒体中心参与县域基层治理的履责情况，故在样本选取过程中，未考虑区级融媒体中心，而仅将县级融媒体中心作为评估对象。

[①] 新华社新闻信息中心，新华社县级融媒体研究中心．全国县融中心 2022 年第四季度优秀案例发布［EB/OL］．新华县融微信公众号，2023-01-18．

[②] 支庭荣，邹美含，杨璐瑶．2018—2019 年度中国县级融媒体中心分省（区市）优秀案例［M］//梅宁华，支庭荣．中国媒体融合发展报告：2020．北京：社会科学文献出版社，2020：301-303．

[③] 长江云．2021 年度县融活力指数排行榜公布［EB/OL］．长江云客户端，2022-06-06．

表7-2 县级融媒体中心客户端样本（N=20）

序号	地区	县级融媒体客户端
1	东部地区	掌心长兴（浙江长兴）
2		爱义乌（浙江义乌）
3		邳州银杏甲天下（江苏邳州）
4		冀云武强（河北武强）
5		遇见闽侯（福建闽侯）
6	中部地区	项城云（河南项城）
7		掌上浏阳（湖南浏阳）
8		桔都南丰（江西南丰）
9		霍山手机台（安徽霍山）
10		画屏分宜（江西分宜）
11	中部地区（湖北）	云上团风（湖北团风）
12		云上竹山（湖北竹山）
13		云上南漳（湖北南漳）
14		云上应城（湖北应城）
15		云上赤壁（湖北赤壁）
16	西部地区	爱玉门（甘肃玉门）
17		娄山资讯（贵州桐梓）
18		大美乌兰（青海乌兰）
19		看茂县（四川茂县）
20		莎车好地方（新疆维吾尔自治区莎车）

（二）研究方法与样本选取

为准确了解县级融媒体客户端的真实情况，2023年3月1日至3月31日，研究者对20个县级融媒体客户端进行了一个月的持续在线观察。在参与观察的基础上，考虑研究的科学性与可行性，本研究综合采用主观评价法和内容分析法，对县级融媒体客户端样本的各项指标进行评估。其中，部分指标根据评分标准，采取主观评价法进行赋分。各项指标的评分标准基于评价体系中指标的主要内涵以及县级融媒体客户端的平台特征予以确定。此外，部分指标采用内容分析法进行评估。内容分析样本来源于2023年3月31日至4月27日20个县级融媒体客户端在"推荐""头条"等首页发布的前300条新闻资讯。在内容分析样本抓取过程中，少数客户端因首页内容过少，增加了"新闻""时政"等其他主要页面的内容。依据上述方法，本研究最终抓取20个客户端共6000篇新闻资讯，构成本次内容分析的样本。内容分析由两名经过培训的编码员独立完成，编码员间的信度系数为0.842。由于各指标的具体测量单位不统一，需要对数据进行归一化处理，将每项指标中值最大的数据作为基准，赋值为5，其他数据按比例计算得分。根据县级融媒体中心参与基层治理的社会责任得分计算公式，最终计算出20个县级融媒体客户端的社会责任得分。各三级指标的测量路径具体如表7-3所示。

表7-3 县级融媒体客户端社会责任评价三级指标的测量路径

三级指标	测量路径
主流价值的宣传力度	宣传主流价值的新闻资讯数量
	宣传主流价值的栏目或频道数量
主流价值的在地化传播	传播内容的在地化处理
	传播形式的本地化设计
主流价值的创新性传播	主流价值传播方式的创新性
议题本地化	本地新闻资讯的数量
	报道本地新闻的栏目或频道的数量
议题公共性	公共性议题比例
政务信息公开	政务公开类新闻资讯数量
	政务信息公开类栏目或频道的数量
传播优秀文化	文化类新闻资讯数量
	文化类栏目或频道数量
组织文化活动	组织文化类主题活动的次数
培育文化社群	文化类主题社群的数量
服务广度	服务供给的多维性
服务响应度	对服务需求的回复和响应速度

续表

三级指标	测量路径
服务适配度	服务与群众需求的匹配度
服务清晰度	服务功能定位的清晰度
服务可见性	服务入口的可见性
服务的无障碍性	是否提供音频播报服务
培育趣缘社群	网络趣缘社群的数量
	网络趣缘社群主题的丰富程度
	网络趣缘社群活动组织情况
搭建数字社区	基于地域的线上社区搭建情况
	线上社区的政务公开情况
	群众参与度
建立问政平台	问政平台的建设情况
	县域群众的使用情况
	政民沟通情况
网络直播问政	网络直播问政的数量
建设性舆论监督	舆论监督类新闻资讯数量
	舆论监督类主题直播活动数量
	舆论监督类栏目或频道数量

二、县级融媒体客户端参与基层治理的社会责任评价

从县级融媒体客户端参与基层治理的社会责任综合评价得分情况看，现阶段，县级融媒体中心的自建客户端在参与基层社会治理方面的履责能力整体一般。以5分为满分，20家县级融媒体客户端参与基层治理的社会责任综合评价得分均值仅为2.6829分，标准差为0.8091，平均得分率仅有53.66%，不同县级融媒体客户端参与基层社会治理的表现存在较大差异。在20家县级融媒体客户端中，社会责任综合评价得分率超过70%的仅有4家，其中仅有1家县级融媒体客户端在参与基层社会治理方面表现优秀，综合评价得分率达到90.58%，13家县级融媒体客户端参与基层治理的社会责任综合评价得分率

不足60%。表7-4为20家县级融媒体客户端参与基层治理的社会责任综合评价得分情况。

表7-4 县级融媒体客户端参与基层治理的社会责任综合评价表

客户端	引导群众	服务群众	沟通群众	社会责任评价总分	排序
掌心长兴	1.9083	1.6806	0.9404	4.5292	1
邳州银杏甲天下	1.7881	1.1955	0.8438	3.8274	2
画屏分宜	1.6753	1.4847	0.4523	3.6123	3
云上团风	1.3905	1.4379	0.6934	3.5217	4
项城云	1.7818	0.9112	0.7800	3.4731	5
掌上浏阳	1.7555	1.0110	0.4966	3.2631	6
云上赤壁	1.5308	1.0673	0.4517	3.0498	7
爱义乌	1.8368	0.4249	0.5345	2.7963	8
看茂县	1.6451	0.8707	0.2741	2.7899	9
云上南漳	1.3001	0.9428	0.1422	2.3851	10
霍山手机台	1.6929	0.4247	0.2231	2.3408	11
桔都南丰	1.2325	0.7133	0.3851	2.3310	12
云上竹山	0.9995	0.8356	0.4261	2.2613	13
云上应城	1.4901	0.3907	0.3380	2.2187	14
娄山资讯	1.3478	0.3907	0.3834	2.1219	15
爱玉门	1.2777	0.4774	0.3383	2.0934	16
大美乌兰	0.9735	0.9107	0.1265	2.0107	17
遇见闽侯	1.3329	0.3961	0.1285	1.8576	18
冀云武强	0.9686	0.6736	0.1822	1.8244	19
莎车好地方	0.7198	0.4820	0.1480	1.3498	20

引导群众、服务群众、沟通群众是县级融媒体中心参与基层社会治理的三个核心功能设定。对20家县级融媒体客户端在"引导群众""服务群众""沟通群众"3个一级指标的得分情况进行分析发现，目前，县级融媒体客户端在引导群众方面的表现相对较好，平均得分率为67.61%，但在服务群众、

沟通群众方面的表现较差，20家县级融媒体客户端在这两项一级指标的平均得分率仅有46.44%和38.34%。现阶段，尽管县级融媒体中心在我国已经全面建成，但大多数县级融媒体中心对自身的功能定位仍缺乏清晰的认知，局限于媒体单位的传统视野，未能较好地履行其作为基层社会治理平台的功能价值，服务群众、沟通群众的责任意识和履责表现亟待加强。

（一）"引导群众"维度的责任评价

引导群众不仅是党和政府赋予县级融媒体中心的重要使命，也是作为新闻供给机构的县级媒体一直以来的核心工作。因此，在参与基层社会治理的3个责任维度中，县级融媒体中心客户端在引导群众方面的表现相对较好。评估结果显示，20家县级融媒体客户端在"引导群众"维度的一级指标得分率在33.98%~90.08%之间。15家县级融媒体客户端该项一级指标的得分率超过60%，其中，5家县级融媒体客户端在"引导群众"维度的履责表现属于良好，得分率超过80%。

本研究主要从"主流价值传播""培育知情公众"和"培育文化自信"3个维度考察县级融媒体中心在引导群众方面的具体表现。从3个二级指标的得分情况看，目前，县级融媒体中心在"主流价值传播""培育知情公众"两个维度的表现相对较好，20家县级融媒体客户端在这两项二级指标的平均得分率分别为76.36%和67.93%，而"培育文化自信"维度的平均得分率仅有31.15%。

在"主流价值传播"方面，作为全媒体传播体系直达基层的底层结构，县级融媒体中心在主流舆论阵地建设方面具有"最后一公里"的重要价值，成为做大做强主流舆论的重要阵地。发展壮大主流思想舆论，塑造基层社会共识成为县级融媒体中心的首要任务。评估结果显示，作为基层主流媒体，县级融媒体中心在日常传播活动中非常重视主流价值的传播，能够利用客户端及时宣传党的路线、方针、政策以及社会主义主流价值观念。部分县级融媒体客户端不仅通过新闻报道传递党的声音，还专门设置了宣传主流价值的栏目和频道，以此保证主流价值传播的力度。如浙江长兴县融媒体中心在客户端设置了"时政""要闻"栏目，四川茂县融媒体中心在客户端设置了"学党史"栏目。此外，随着我国县级融媒体中心步入提质增效的发展阶段，部分发展较好的县级融媒体中心开始尝试突破传统媒体的角色认知，通过主流价值的在地化传播和创新性传播，优化舆论引导的效果。一方面，越来越多的县级融媒体中心开始通过短视频、H5等融媒体形式实现主流价值的创新性传播，以契合当下基层群众的信息消费习惯。另一方面，部分县级融媒体中心开始重视主流价值宣传的贴近性，通过挖掘当地新闻素材，以及运用当地群众喜闻乐见的传播形式，对重大主题进行在地化传播和本地化包装。如浙江长兴县融媒体中心在宣传贯彻党的二十大精神时，发挥自身作为基层主流媒体的近地优势，及时捕捉到当地龙溪村村民反映的"幼儿园门口乱停车"问题，并巧妙地将"龙溪村围绕乱停车问题召开协商会"这一新闻素材与"共建共治共享"社会治理理念的宣传进行结合，实现了主流价值宣传的基层具体化。

在"培育知情公众"方面，本研究主要从"议题本地化""议题公共性"和"政务信息公开"3个维度评估县级融媒体中心在培育知情公众方面的能力与表现。"共建共治共享"的基层社会治理需要拥有足够公共事务信息储备的知情公众的积极参与。然而，对当地公共事务和公共政策一知半解是当下县域居民的普遍现状。为基层社会治理培育知情公众是作为基层社会治理平台和主体的县级融媒体中心的重要职责。评估结果显示，在20家县级融媒体客户端在"议题公共性"维度的履责表现要优于"议题本地化"，"议题本地化"维度的履责表现又优于"政务信息公开"。内容分析结果显示，在20家县级融媒体客户端中，10家客户端在日常传播活动中比较重视本地公共新闻资讯的传播，在内容分析样本中，本地公共新闻资讯的占比超过80%。以浙江长兴县融媒体中心为例，该融媒体客户端"掌心长兴"日常发布的新闻资讯主要集中在与县域居民生活息息相关的各类公共性议题，如台风预警、道路施工提醒、入学教育信息等。浙江长兴县融媒体客户端"掌心长兴"通过政务信息、市场情报、生活资讯、风险预警等各类公共新闻资讯的汇聚，满足了县域居民获取多维信息的需求，增进了县域居民对本地社会、经济动态的了解，将客户端打造成了县域信息集散中心。在内容分析样本中，"掌心长兴"客户端的本地公共新闻资讯占比高达90%。此外，在"政务信息公开"方面，评估结果显示，大部分县级融媒体中心主要通过新闻报道助力政务信息公开，仅有少数县级融媒体中心开始重视客户端的平台价值，不仅通过新闻报道传播政务信息，还利用自身的广泛连接性整合县域政务资源，为县域范围内的乡镇（街道）及部门提供自主发布政务信息的平台。如"掌心长兴""爱义乌"和"邳州银杏甲天下"客户端设立的"掌心号""义乌号""银杏号"等网上政务信息公开平台。

此外，作为全媒体传播体系的神经末梢，县级融媒体中心有责任通过传播优秀文化、组织文化活动以及培育文化社群来激发基层群众的文化自信，使优秀文化融入基层社会治理之中，发挥教化群众、淳化民风和凝聚共识的重要作用。然而，从指标得分情况来看，在"培育文化自信"下设的3个三级指标中，20家县级融媒体客户端在"传播优秀文化"指标的得分率均值仅为37.57%，"组织文化活动"和"培育文化社群"的平均得分率更低，仅有20.25%和19.20%。可见，现阶段，县级融媒体中心并未重视客户端在"培育文化自信"方面的传播价值、连接价值和平台价值。

（二）"服务群众"维度的责任评价

服务群众是县级融媒体中心的基本功能。评估结果显示，20家县级融媒体客户端在服务群众方面的表现整体较差，且差异极大，该项一级指标得分率在21.70%~93.34%之间。在20家县级融媒体客户端中，仅有2家在服务群众方面表现良好，得分率超过80%，除此之外，16家县级融媒体客户端在"服务群众"一级指标的得分率不足60%，其中，7家县级融媒体客户端该项一级指标得分率不足30%。本研究主要从"服务的有用性"和"服务的易用性"两个维度综合评价县级融媒体中心服务基层群众的实际水平。从二级指标的得分情况看，目前，县级融媒体中心为基层群众所提供服务的有用性和易用性均不足，20家县级融媒体客户端在这两项二级指标的平均得分率分别为40.60%和65.51%。相对而言，县级融媒体中心所提供的各类服务的易用性要优于有用性。

在"服务的有用性"方面，本研究主要从"服务广度""服务响应度"和"服务适配度"3个维度评估县级融媒体中心在服务有用性方面的具体表现。对20个客户端样本的具体情况进行分析发现，在《县级融媒体中心建设规范》等国家标准的指引下，县级融媒体中心的自建客户端平台大多比较重视服务供给的多维性，为用户提供了涵盖媒体服务、党建服务、政务服务、公共服务、增值服务等多种类型的一站式服务。如长兴县融媒体客户端"掌心长兴"为县域群众提供了"请你来协商""有事找代表"等政务服务，智慧医疗、生活缴费等民生服务，掌心商城等商务服务，以及灾害天气预报、台风路径、长兴水情等风险提示和预警服务，等等。邳州县级融媒体客户端"邳州银杏甲天下"为用户提供了问政邳州、社会保障、健康医疗、智慧警务、交通出行、文化教育、生活服务、智慧法律、风险提示和预警等多样化服务。20家县级融媒体客户端在"服务广度"三级指标的平均得分率为78.20%。然而，服务的广度并未搭配足够的"服务响应度"和"服务适配度"，20家县级融媒体客户端在这两项三级指标的平均得分率仅为49.45%和19.96%。从评估结果来看，现阶段，大部分县级融媒体中心对基层群众服务需求的响应速度较慢，县级融媒体客户端提供的服务与县域群众的贴近性和适配程度较低，这极大地影响了用户的使用体验。

在"服务的易用性"方面，本研究主要从"服务清晰度""服务可见性"和"服务的无障碍性"3个维度对县级融媒体客户端提供的各类服务的易用性进行综合评价。评估结果显示，20家县级融媒体客户端在"服务可见性"上的表现较佳，该项三级指标平均得分率达到80.60%。以客户端提供的投诉报料服务为例，大部分县级融媒体客户端的投诉报料入口设置在首页，用户能够轻松地找到。"服务清晰度"和"服务的无障碍性"三级指标的平均得分率则仅有61.21%和62.00%。部分客户端设置的栏目或频道定位不清晰，频道之间的内容存在重叠。如"桔都南丰"客户端共设置了28个频道，频道设置冗余且部分频道定位不清晰，其民生频道中转发了中央级媒体的时政新闻。在"服务的无障碍性"方面，音频播报服务能够为视力不佳、文化程度不高的信息弱势群体接收新闻资讯提供便利。评估结果显示，在20家县级融媒体客户端中，65%的客户端为用户提供了音频播报服务，提升了服务的易用性。

(三)"沟通群众"维度的责任评价

从评估结果来看，刚刚全面建成的县级融媒体中心对自身在基层社会治理中的沟通价值缺乏足够的了解和重视，因而导致县级融媒体客户端在沟通群众方面的表现整体很差，20家客户端在该项一级指标的平均得分率不足40%。在20家县级融媒体客户端中，"沟通群众"一级指标得分率超过60%的仅有4家，7家县级融媒体客户端基本忽视了沟通群众的功能价值，该项一级指标得分率不足30%。本研究主要从"搭建协商共治平台"和"组织多元主体协商共治"两个维度评价县级融媒体中心在沟通群众方面的履责表现。从二级指标得分情况看，现阶段，20家县级融媒体客户端在"搭建协商共治平台"和"组织多元主体协商共治"方面的履责能力都很差，两项二级指标的平均得分率均不足50%，分别为36.05%和41.33%。

作为县级融媒体中心平台化建设的主要载体，县级融媒体客户端应该充分地利用融媒体中心的媒体资源、政府资源以及自身的平台资源，通过搭建基层协商互动平台和组织多元异质主体协商共治，将县域基层的不同行动者聚集起来，打通异质行动者之间的圈层壁垒，助力基层社会治理共治格局的形成。本研究从"培育趣缘社群""搭建数字社区"和"建立问政平台"3个维度对县级融媒体客户端"搭建协商共治平台"的履责水平进行综合评价。从整体得分情况看，20家县级融媒体客户端在"建立问政平台"方面的表现优于"培育趣缘社群"和"搭建数字社区"，3项三级指标的平均得分率分别为61.75%、22.50%和20.50%。目前，大部分县级融媒体中心较为重视党和政府赋予的政民沟通的使命，在建立问政平台方面相对比较积极。评估结果显示，20家县级融媒体中心都建立了问政平台，但不同县级融媒体中心对问政平台的重视程度存在差异，这直接导致不同客户端问政平台的实际功效差异较大。部分县级融媒体客户端为基层群众提供了丰富便捷的问政平台。如"掌心长兴"客户端不仅在服务频道设置了"政务办事"和"投诉求助"栏目，包含了"请你来协商""小彤热线""民生治理""全民求助"等板块，还在线上社区专设了以"求助报料"为主题的交流平台。"邳州银杏甲天下"客户端不仅在首页添加了"问政邳州"手机问政平台，还在"大邳圈"线上社区设置了"违建随手拍""创文随手拍"等举报平台，为县域居民实时参与县域基层治理提供了便捷途径。此外，部分县级融媒体客户端较为重视问政平台在赋能基层治理方面的实际作用，对用户咨询和报料问题的处理进度进行了反馈和跟进。如"画屏分宜"客户端的掌上问政频道，面对各类诉求与建议，能够及时给出"已转办""已办结""已回复""处理中"的进度显示。"云上赤壁"客户端首页的问政平台对基层群众咨询的问题不仅能够及时显示相关部门的回复，并标识"已回复""已办结"的字样，还通过回复率排行、满意度排行监督基层单位回应群众关切的情况。然而，整体来看，现阶段，县级融媒体中心对问政平台在基层社会治理中的功能价值并未给予足够的重视。评估过程中发现，在20家客户端中，7家客户端提供的问政平台或是直接使用政府网站的外部链接，或是功能尚未健全。无论是外部链接，还是功能缺失，都将直接影响用户对问政平台的使用体验，进而影响其后续使用。从赋能基层治理的视角看，问政平台的搭建有助于及时了解群众日常生活中遭遇的民生"小事儿"，这些民生"小事儿"是将基层舆情消灭在萌芽状态的关键。

另一方面，现阶段，大部分县级融媒体中心对自建客户端的平台连接价值并不重视，因而并未在客户端为用户提供基于兴趣爱好的在线社群和基于地理位置的数字社区。分析结果显示，在20家县级融媒体客户端中，仅有7家客户端为用户搭建了在线趣缘社群，6家客户端为用户搭建了基于地理位置的数字社区。如长兴县融媒体中心在其客户端为用户打造的"掌心长兴"社区，板块涵盖了舞文弄墨、求助报料、单身男女、楼市家装、吃喝玩乐、亲子教育等多个兴趣话题，除了为县域居民互动交流提供在线社群之外，"掌心长兴"还通过招募版主的方式吸纳县域活跃网民参与社区建设。目前，"掌心长兴"社区已经成为长兴人互动交流、协商议事的公共平台。此外，长兴县融媒体客户端"掌心长兴"还为县域居民提供了基于真实社区的未来社区智慧服务平台，通过搭建数字社区为县域居民提供精准化服务。

在"组织多元主体协商共治"方面，本研究主要从"网络直播问政"和"建设性舆论监督"两个维度进行综合评价。从整体得分情况看，县级融媒体客户端在"建设性舆论监督"方面的表现优于"网络直播问政"，20家县级融媒体客户端在两项三级指标的平均得分率分别为46.50%和31.00%。在20家县级融媒体客户端中，只有7家客户端组织了直播问政活动，且大多未形成常态化机制。如"邳州银杏甲天下"客户端在问政直播活动中邀请人力资源和社会保障局、教育局、住建局、应急管理局、卫生健康委员会、人社局等政府部门做客直播间,但直播问政活动并未实现真正的常态化。此外,20家县级融媒体中心在"建设性舆论监督"方面的履责水平很低。在20家县级融媒体客户端的内容分析样本中,16家客户端的正面宣传报道占比超过90%。尽管对本地公共事务舆论监督较少,但随着互联网思维的不断强化,少数县级融媒体中心开始利用客户端平台的社会连接性,为用户反映诉求提供平台,并通过新闻报道和直播活动,履行舆论监督的职责。如长兴县融媒体中心的舆论监督栏目《直击一线》,聚焦群众反映的各类民生问题,如"垃圾中转站旁垃圾堆积成山""消防通道被堵"等,通过调查采访、跟进报道反映问题,为多方利益相关者理性对话搭建桥梁,并通过回访报道督促相关单位回应和整改,最终推动问题的有效解决。

第三节 社会治理视域下县级融媒体中心责任缺失的表征

本部分根据上述县级融媒体客户端参与基层治理的履责能力评估结果,结合县级融媒体微信公众号、抖音号的表现,对县级融媒体中心参与基层社会治理的责任缺失表征进行梳理。从整体情况来看,目前,刚刚全面建成的县级融媒体中心仍未跳出媒体单位的角色定位和传统媒体的实践思维,在参与基层治理的过程中,宣传引导缺乏"用户""场景"等互联网基因,缺乏精准把握基层舆论态势的意识和渠道,同时对县域群众作为内生力量在基层治理中的协同价值缺乏重视,缺乏作为基层治理主体的问题解决意识。

一、宣传引导缺乏"用户""场景"等互联网基因

现阶段,县级融媒体中心能够主动围绕政府中心工作和热点议题进行新闻宣传和价值引导,但在网络化外衣的表象之下,融媒体中心的传播实践带有较强的传者中心色彩,对"用户""场景"等互联网基因缺乏足够重视。一方面,在传播党的声音和主流价值观念时,县级融媒体中心宣传和"展示"意味较浓,缺少从县域居民实际需求和信息消费习惯出发对传播内容进行本

土化加工和解释性报道，同时也缺乏矩阵协同意识，未根据不同媒介平台提供差异化内容服务。另一方面，大部分县级融媒体中心对移动互联时代的"场景化"要素缺乏足够重视，未能从县域特有的空间环境、县域群众的生活习惯、社交氛围等场景要素出发，对宣传和引导的内容进行场景化加工。在注意力短缺的网络空间，县级融媒体中心缺少互联网基因的宣传引导，难以精准有效地抵达基层社会末梢，产生足够的话语声量和影响力，成为基层舆论的主导意见流。以"团风融媒"抖音号为例，其发布的一则关于"国家一级保护野生动物长江鲟回家"的新闻中，"认真贯彻落实""坚持常态化""全方位开展""多举措强化"等词语频繁出现，过于官方和正统的表达与短视频平台崇尚个性的风格格格不入，难以取得良好的传播效果。

二、缺乏精准把握基层舆论态势的意识和渠道

对基层舆论态势的精准把握是有效引导舆论的前提，也是将基层百姓所需所盼与党委政府积极作为进行有效对接的基础。在媒介化社会，基层群众在网络空间的行为、情绪、态度等数据是把握和研判舆情的重要资源。县级融媒体中心应该重视自身的媒体资源、政府资源以及客户端的平台价值，通过将自建客户端打造成县域基层的信息枢纽和一站式服务平台来聚集群众，从而获得群众在网络空间的行为、情绪、态度等舆情数据。然而目前，县级融媒体中心缺乏真正深入基层了解舆论形成及走向的意识。一方面，从县级融媒体中心现有矩阵及其栏目构成看，媒体矩阵虽已建成，但各平台主要发挥作为内容媒体的信息传播功能。作为自建平台的融媒体客户端尚未充分发挥其平台价值和连接价值，难以及时精准地获取和研判基层舆情数据，并快速对舆情隐患进行方向性引导。另一方面，问政平台正在成为县级融媒体中心的标配，群众投诉报料内容成为县级融媒体中心新闻报道的潜在来源，以及及时了解民情民意和发挥舆论引导功能的重要落脚点。然而目前，因宣传力度不足和使用体验不佳，大部分县级融媒体中心提供的问政平台的实际使用率偏低，难以真正发挥聚民意、集民智的作用。因缺乏广泛有效收集民意的途径，县级融媒体中心难以对基层群众关切的"小事"及其背后的舆情隐患进行及时准确的把握，因而也难以通过有效的舆论引导将舆情消灭

在萌芽状态。

三、对县域群众的协同治理价值缺乏重视

现阶段,县级融媒体中心仅将县域居民作为基层舆论引导的对象,而非治理主体,对群众在基层社会治理中的协同治理价值缺乏足够重视。具体体现在:一方面,尽管多数县级融媒体中心都为群众开设了问政平台,但从县级融媒体中心的整体表现来看,现阶段,除少数几家县级融媒体中心重视群众报料的新闻价值之外,大多数县级融媒体中心仅将自建问政报料平台作为沟通群众与政府部门的桥梁,较少从媒体角度对群众爆料的"小事儿"进行核实和报道,不善于从群众爆料的"小事儿"中发现共性问题和舆情隐患,也不善于从爆料者中发现具有协同治理意愿的积极群众。另一方面,作为基层治理的内生性主体,群众的自生产内容往往是基层社会问题、需求、矛盾和动态的真实反映。通过深入挖掘这些内容,县级融媒体中心可以更全面地了解基层社会治理中的各类问题以及县域群众的关切点,以便更好地回应基层群众的需求。此外,县级融媒体中心对群众自生产内容的重视和呈现,将有助于提高县级融媒体中心在基层群众中的影响力和可信度,使其更好地履行基层社会治理的功能。然而目前,许多县级融媒体中心还未充分认识到基层群众的自生产内容在社会治理中的潜在价值,尚未建立起科学有序的专业与业余力量协同合作的机制。评估结果显示,在20家县级融媒体客户端中,仅有7家客户端为基层群众提供了自生产内容的发布平台。

四、缺乏作为基层治理主体的问题解决意识

作为媒体融合纵深发展的产物,县级融媒体中心不仅是社会治理的工具,更是社会治理的主体。然而,现阶段,县级融媒体中心并未重视自身作为基层治理主体的责任,而是更多实现着自身作为治理工具的价值。一方面,目前,大多数县级融媒体中心在网络问政中仅发挥勾连群众和政府的桥梁作用,为基层群众提供便捷的信息反馈渠道,围绕民众关注的公共事务和公共问题组织相关利益主体沟通与协商,却较少作为治理主体真正参与基层社会治理,促进基层社会矛盾的有效化解。如县级融媒体中心的问政报料平台,大多采

取"群众点单、媒体派单、部门接单、纪检督单"的四单模式勾连群众和相关职能部门，尽管方便了群众及时咨询、反映和投诉问题，也推动了职能部门及时答复、办理和解决问题，但在"群众反映问题—相关部门回应—问题解决"这样简单的操作流程中，政民互动环节"一步到位"，缺少深入的协商交流，因而难以实现真正的政民互动。如果县融媒体中心只是发挥"派单"的勾连作用，充当基层群众反映问题的在线窗口，那么县级融媒体仅仅是原有政府网站或政务新媒体爆料渠道的简单移植和整合，诸多涉及民众切身利益的"小事儿"仍将无法得到有效解决，存在的舆情隐患也仍然无法排除。另一方面，县级融媒体中心作为基层治理主体，对县域范围内存在的各类公共问题的建设性舆论监督不足，在基层监督方面显得软弱无力。现阶段，部分县级融媒体中心基于规避风险的考虑，对县域新闻的报道多以正面宣传为主，较少对基层社会乱象尤其是基层政府进行监督与问责。

第八章

乡村民众对县级融媒体的采纳与使用

在当下中国，抖音、快手、微信等新兴媒介借助移动互联网深度嵌入乡村社会，改变了乡村长期以来信息"荒漠化"的状况，同时也造成了乡村信息环境的复杂化和主流媒体的边缘化。与此同时，随着我国媒体融合战略的不断推进，作为全媒体传播体系的基础底座，县级融媒体中心在我国进入提质增效的发展阶段。县级融媒体中心兼具基层新型主流媒体和基层社会治理平台双重身份，成为乡村治理和乡村振兴的重要力量。2022年，中央一号文件提出将县级融媒体中心作为创新农村精神文明建设的平台载体，县级融媒体中心在基层治理和乡村振兴中的地位更加凸显。在国家政策的强力驱动下，县级融媒体中心纷纷投身乡村治理与乡村振兴的实践活动。在县级融媒体中心参与乡村治理的实践中，面对商业平台和各类自媒体的冲击，县级融媒体中心对乡村治理的赋能是否发挥了真正的效用？县级融媒体中心是否真正嵌入乡村社会信息传播网络中？乡村民众对县级融媒体中心的采纳和使用情况如何？现阶段，什么因素阻碍着乡村民众采纳和使用县级融媒体？对上述问题的探讨，既可以检视作为媒体融合"最后一公里"的县级融媒体中心参与乡村治理的真实效果，也能为县级融媒体中心更好地赋能乡村治理提供决策参考。

本章尝试从乡村民众的视角，以县级融媒体客户端、县级融媒体微信公众号和县级融媒体抖音号为观测点，在文献分析的基础上，对乡村居民进行深度访谈，同时结合部分县级融媒体账号的真实传播数据，实证考察中国情境下乡村民众对县级融媒体中心的采纳与使用情况，进而探讨现阶段影响乡村民众采纳和使用县级融媒体的关键因素。本章深度访谈主要围绕三个方面的问题展开：（1）乡村民众的日常媒介使用习惯；（2）乡村民众对县级融媒体中心客户端、微信公众号、抖音号的接触、认知、态度和使用情况；（3）乡村民众使用（或不使用）县级融媒体中心的原因。研究采用目的性抽样和滚雪球抽样相结合的方法确定受访对象，共访谈 73 名乡村居民。受访对象覆盖了广泛的年龄层次，包括老年、中年及青年群体，同时兼顾了性别差异，具有一定的代表性和多样性。访谈对象的基本情况见表 8-1。

表 8-1 访谈对象构成（N=73）

变量	属性	样本数	占比
性别	男	23	31.51%
	女	50	68.49%
年龄	18 岁以下	16	21.92%
	18~25 岁	25	34.25%
	26~30 岁	2	2.74%
	31~40 岁	2	2.74%
	41~50 岁	7	9.59%
	51~60 岁	5	6.85%
	60 岁以上	16	21.92%

第一节 乡村民众对县级融媒体客户端的采纳与使用

在县级融媒体中心的全媒体矩阵中，客户端作为融媒体中心平台化建设的主要载体，是县级融媒体中心发挥"引导群众""服务群众"和"沟通群众"核心功能的主阵地。在媒介渠道日益丰富的中国乡村，乡村民众对县级融媒体客户端的使用情况如何？县级融媒体客户端作为融媒体中心的重要平台，是否已经融入乡村信息传播网络进而成为赋能乡村治理的重要主体？本节在文献研究的基础上，基于访谈结果，从乡村民众的媒介使用习惯入手，对乡村民众采纳和使用县级融媒体客户端的现状及其可能性进行分析，以此检视现阶段县级融媒体客户端赋能乡村治理的真实效能。

一、乡村民众的媒介使用

（一）乡村民众最常使用的媒介类型

根据 CNNIC 发布的第 53 次《中国互联网络发展状况统计报告》数据显示，截至 2023 年 12 月，我国非网民规模为 3.17 亿人，非网民仍以农村地区常住人口为主，农村地区非网民占比为 51.8%，高于城镇地区 3.5 个百分点。① 访谈结果显示，在媒介资源丰富的当下，尽管移动互联网不断嵌入我国乡村社会，但电视仍是乡村民众使用率最高的媒介。图 8-1 为 73 名乡村受访者的媒介使用情况，各类媒介在乡村社会的使用率从高到低依次为：电视（52.05%）、手机（47.95%）、村村响（6.85%）、广播（1.37%）、报纸（1.37%）。在 73 名受访者中，38 人（52.05%）表示，每天使用最多的媒介是电视，看电视主要用于打发时间、休闲娱乐、获取新闻资讯和生活服务信息等。有受访者（男，农业生产者，60 岁以上）提道，"农村娱乐活动和娱乐设施少，生活枯燥无味，喜欢通过电视看电视剧，作为干农活劳累之后的一种放松方式。对于年龄大的老人来讲，身体行动不便，也不方便到处逛，看电视是最方便的娱乐活动。"另有受访者表示，自己是"五几年生的人，不认识多少字，平时只能看看电视，平时看电视主要就是为了娱乐开心"（女，农业生产者，60 岁以上）；"看电视就是为了解闷、打发时间，觉得很孤独，觉得看电视很幸福"（女，农业生产者，60 岁以上）；"平时通过看电视来了解新闻、天气预报等信息，也会在电视上看电视剧、节目等，电视操作简单，适合中老年人"（女，无职业，51~60 岁）。另有 47.95% 的受访者表示，每天使用最多的媒介是手机，主要是用于日常社交、娱乐消遣、查询资料、网络学习、获取新闻、工作交流和购物支付。有受访者（女，学生，18~25 岁）表示，平时"通过手机来打发时间，和亲戚朋友们聊聊天，看看短视频，有时候还可以了解一些新闻热点。"另有受访者（女，无职业，41~50 岁）表

---

① 中国互联网络信息中心. 第 53 次中国互联网络发展状况统计报告 [EB/OL]. 中国互联网络信息中心网站，2024-03-22.

示,"用手机主要满足和亲戚朋友之间的联系以及娱乐需求。"此外,6.85%的受访者表示会经常使用村村响收听广播。有受访者谈及,"村里大喇叭听得多,村委会有什么通知都是用大喇叭广播,大喇叭喊通知,我们就去,有时候大喇叭也广播点别的,电视也看,看得不多"(女,乡村服务业者,41~50岁);"生活在农村里而且不会使用智能手机,听村里放广播方便"(女,农业生产者,60岁以上)。

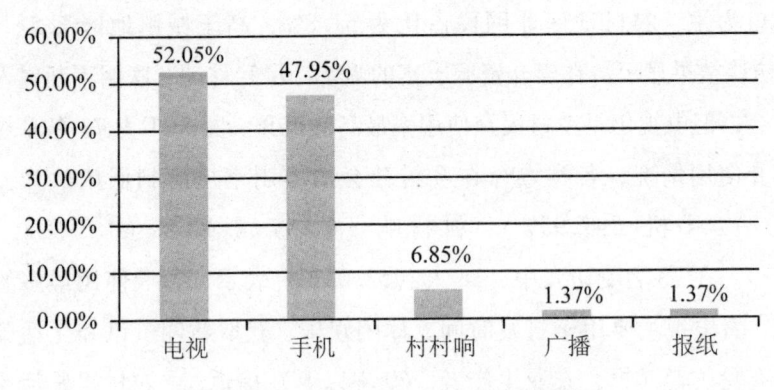

图8-1　73名乡村受访者的媒介使用情况

(二)乡村民众的手机媒介使用

1. 乡村民众的手机媒介使用习惯

从访谈结果来看,乡村民众最常使用的手机应用排名前三的分别是微信、抖音和购物APP。在35名使用手机的受访者中,34人(97.14%)使用了微信,33人(94.29%)使用了抖音、快手等短视频平台,22人(62.86%)使用了拼多多、淘宝等购物平台,自述平时使用过网易新闻、腾讯新闻等新闻客户端的受访者仅有6人,占比为17.14%。此外,大部分乡村民众在网络平台并非仅仅扮演沉默的"潜水者",在35名使用手机的受访者中,23人(65.71%)表示在使用微信、抖音、微博、新闻客户端等手机应用时,存在点赞、评论和转发信息的行为。图8-2为35名受访者自述的最常使用的手机应用情况。

<<< 第八章　乡村民众对县级融媒体的采纳与使用

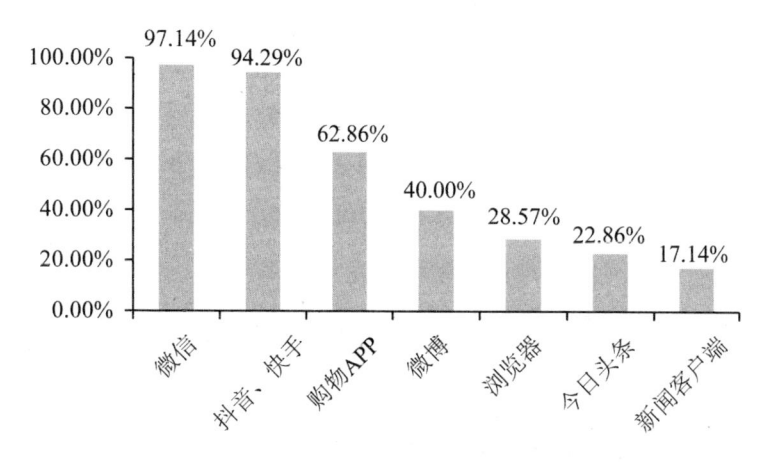

```
100.00%  97.14%
          ■    94.29%
 80.00%   ■     ■
                     62.86%
 60.00%              ■
                            40.00%
 40.00%                     ■    28.57%
                                  ■    22.86%
 20.00%                                 ■    17.14%
                                              ■
  0.00%
         微信 抖音· 购物APP 微博 浏览器 今日头条 新闻客户端
              快手
```

图 8-2　35 名乡村手机使用者最常使用的手机应用

2. 乡村民众不使用手机的原因

在 73 名乡村受访者中，35 人（47.95%）使用手机，38 人（52.05%）不使用手机。在受访者自我报告的不使用手机的原因中，年龄因素、使用技能缺乏、设备不足、时间限制以及文化程度限制是乡村居民不使用手机的主要原因。在 38 名不使用手机的受访者中，因为年龄太大而不使用手机的受访者占比为 47.37%；因为不会操作而不使用手机的受访者占比为 44.74%；因为没有智能手机设备而没有使用手机的受访者占比为 42.11%；因为没有时间而不使用手机的受访者占比为 34.21%；因文化程度限制而不使用手机的受访者占比为 28.95%。有受访者（男，自由职业者，60 岁以上）表示，自己"文化程度不高，不会使用智能手机，就靠看看电视、看看新闻了解最近发生的事情，看电视剧主要是用来打发时间。"另有受访者（女，农业生产者，51-60 岁）表示，"我年纪大了，不太会使用手机，平常待在家里我就看看电视剧、看看电视节目打发时间，到了晚上，我会看新闻联播了解一下最近发生的一些事，看看天气预报了解天气状况。"这部分未使用手机的乡村民众平时获取新闻资讯的途径主要是看电视、收听村村响广播、与子女和朋友聊天。有受访者（女，农业生产者，60 岁以上）表示，获取新闻资讯的方式"就是看电视，特别是疫情防控期间会关注晚间新闻报道，还有邻居的八卦，偶尔也听听村委会播放的广播。"图 8-3 为 38 名乡村受访者不使用手机的原因

181

分布。

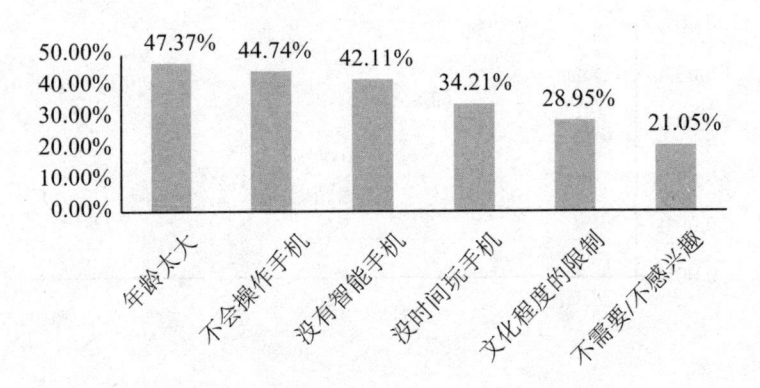

图 8-3 38 名乡村受访者不使用手机的原因分布

二、乡村民众对县级融媒体客户端的使用与满足

"安装"是乡村民众采纳和使用县级融媒体客户端的第一步，也是县级融媒体客户端真正嵌入乡村信息传播网络的敲门砖。从乡村受访者的使用情况来看（图 8-4），现阶段，县级融媒体客户端在乡村社会的安装率非常低。在 73 名乡村受访者中，61 人（83.56%）表示从未安装和使用过县级融媒体中心的客户端，11 人（15.07%）表示已经安装了县级融媒体客户端，1 人（1.37%）表示以前安装过，但已经卸载了。少数已经安装的受访者表示，他们使用县级融媒体客户端主要是看本地新闻和党政相关信息、参加志愿者活动以及关注家乡热点和家乡发展。

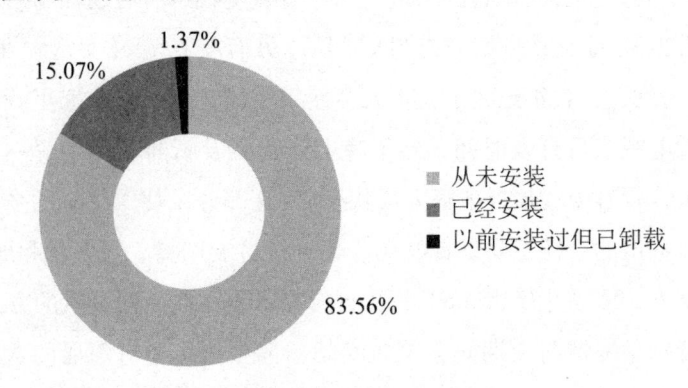

图 8-4 73 名乡村受访者安装县级融媒体客户端的情况

<<< 第八章 乡村民众对县级融媒体的采纳与使用

对受访者最初安装县级融媒体客户端的原因进行调查发现，之所以会安装，主要是因为村委会推广和朋友推荐。如有受访者表示，"之前村里村干部所发内容中提到过这个，就装了，具体是什么，时间太长了我也忘了"（女，乡村服务业者，18~25岁）；"朋友推荐县级融媒体中心，说它很便利，能看到关于我们城市的一些事情，也可以使用一些网上快捷服务"（女，学生，18~25岁）；"有一次村委会召集大家开会，让每个人都安装上这个软件，说本地有什么新闻都能在上面看到"（男，乡村服务业者，26~30岁）。已有研究发现，乡村民众在新媒体创新扩散过程中基本扮演滞后者的角色，[①] 保守性是传统乡村民众媒介接触行为的典型特征。[②] 借助村委会等外部力量宣传推广是县级融媒体客户端提升乡村可见性的有效途径。然而，外部力量的推广和推荐仅仅打开了乡村民众接触县级融媒体客户端的大门，却并不必然引发乡村民众的后续使用。访谈过程中，部分受访者表示，尽管因村委会推广和朋友推荐安装了县级融媒体客户端，但安装后基本没有使用过，"因为我习惯在抖音上看新闻，对我来说比较方便，不喜欢专门下载一个软件做一些事情"（男，乡村服务业者，26~30岁）；"一般通过其他平台也能经常看到和了解到我们城市发生的一些事情，不会第一时间想起来使用这个APP，平时也不是很需要打开看"（女，学生，18~25岁）；"没有使用过，里面也没有什么，如果有什么事，村干部是会直接在微信群里通知的"（女，乡村服务业者，18~25岁）；"没有需要的信息，对上面的内容不感兴趣"（女，进城农民工，18~25岁）。可见，前期的推广只能为县级融媒体客户端在乡村社会的扩散提供可能性，真正吸引乡村民众采纳和使用的是县级融媒体客户端提供的内容和服务。访谈中发现，对县级融媒体客户端感知有用性不足是目前乡村民众安装后并未使用其的一个重要原因。现阶段，县级融媒体客户端在乡村社会的扩散效果并不理想，低安装率以及安装后不使用导致县级融媒体中心难以通过自建客户端平台对乡村民众的认知、态度和行为产生足够的影响。

[①] 陈然. 农民使用政务短视频的影响因素研究：基于技术采纳和政治参与的视角［J］. 现代传播（中国传媒大学学报），2020（10）：148-152.
[②] 周国清，黄俊剑. 新媒介环境下农民受众的需求特征及其应对策略［J］. 湖南师范大学社会科学学报，2011（4）：129-134.

此外，对乡村受访者未安装县级融媒体客户端的原因进行了了解，从原因分布情况来看，外部可见性低、感知有用性不足、感知相对优势不足、对客户端弹出广告的担忧、感知娱乐性不足以及亲戚朋友邻居的社会影响是乡村民众未安装县级融媒体客户端的重要原因，超过一半的受访者提及了这几方面的原因。图8-5为受访者未安装县级融媒体客户端的原因分布情况。

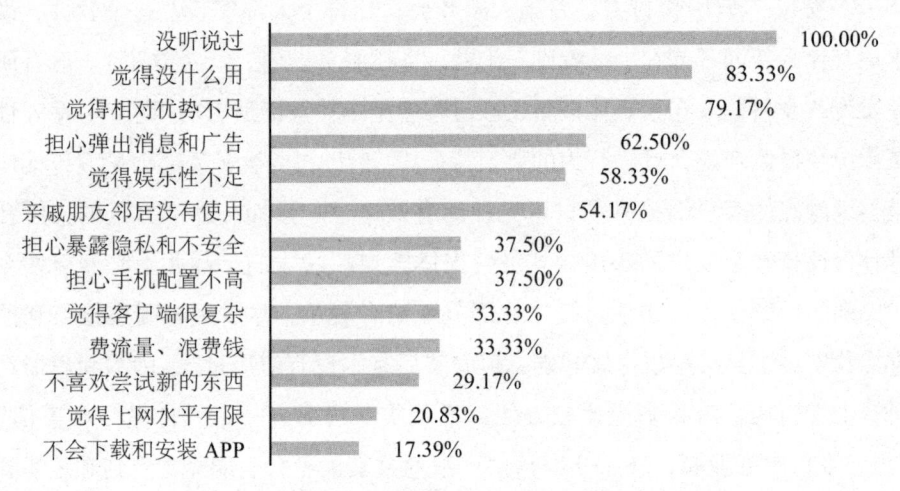

原因	比例
没听说过	100.00%
觉得没什么用	83.33%
觉得相对优势不足	79.17%
担心弹出消息和广告	62.50%
觉得娱乐性不足	58.33%
亲戚朋友邻居没有使用	54.17%
担心暴露隐私和不安全	37.50%
担心手机配置不高	37.50%
觉得客户端很复杂	33.33%
费流量、浪费钱	33.33%
不喜欢尝试新的东西	29.17%
觉得上网水平有限	20.83%
不会下载和安装APP	17.39%

图8-5 受访者未安装县级融媒体客户端的原因分布

三、乡村民众期待的县级融媒体客户端

对乡村民众最为看重的县级融媒体客户端的功能属性进行调研发现，县级融媒体客户端能够吸引乡村民众的核心功能集中在政民沟通平台搭建、各类民生服务供给、本地网络社区培育以及县域实用信息汇聚四个方面。其一，政民沟通平台搭建。当被询问"什么情况下会选择安装和使用县级融媒体客户端"时，所有的受访者都表示，如果县级融媒体客户端能够提供平台，直接在线联系到相关部门表达诉求、反映问题、解决问题，就会选择安装和使用县级融媒体客户端。有受访者（女，无职业，41~50岁）提及，如果"能让我在上面了解到政府的一些政策，我可以在上面咨询，提出我的问题，遇到难题时可以寻求到帮助，我的问题能够得到解决，能够满足我生活上的一些需求，比如通过融媒体客户端可以看到家里的水电消费情况、每个月的账

单等，并且可以在上面缴费，让我的生活更加便捷，我应该会选择安装和使用。"其二，各类民生服务供给。大部分受访者表示，如果县级融媒体客户端能够提供在线教育服务、在线医疗服务和就业务工服务，就会选择安装和使用县级融媒体客户端。其三，本地网络社区培育。访谈过程中，大部分乡村受访者对县级融媒体客户端提供的本地网络社区表现出一定的兴趣，认为如果网络社区能够实现二手物品买卖、分享个人生活动态以及与同村人聊天，就会考虑安装和使用县级融媒体客户端。有受访者（女，学生，18岁以下）表示，如果提供了本地网络社区，"能接收到更多与自己贴切的信息，了解村里的动态和大小事务"会考虑安装和使用。其四，县域实用信息汇聚。访谈结果显示，独家性、本地化、实用性是乡村受访者最为看重的信息特征，具备这些特征的信息的传播与汇聚会增加乡村民众采纳和使用县级融媒体客户端的可能性。有受访者表示，自己觉得有用的信息是"与自己生活有关，能够帮助自己工作生活，帮助自己孩子的"（女，乡村服务业者，26~30岁）；"能让我了解到国家的政策，周围发生的一些事情和活动动态，教我如何做好个人防护的知识"（女，无职业，41~50岁）。另有受访者表示，自己看重的信息包括"当地的生活方面，交警对道路的检查等交通方面，就业方面，及重大节日的活动"（女，学生，18~25岁）；如果县级融媒体"APP内有本县的相关政策，或者是本县的发展状况，有惠民的政策和新闻发布，能够帮助家乡发展的内容会吸引我去安装和使用客户端"（男，学生，18~25岁）；如果县级融媒体客户端"具有其他的平台找不到、自身独有的且优质的内容，可以考虑安装"（女，学生，18~25岁）。其中，受访者提及的实用信息主要包括与乡村民众生活息息相关的政策信息、教育资讯、健康资讯、美食活动、二手市场、村庄活动等。

此外，访谈结果显示，自我展示平台的供给对乡村民众安装和使用县级融媒体客户端的促进作用有限。当被问到如果县级融媒体客户端能够提供展示自我的平台，如可以上传自己拍摄制作的短视频、参加短视频创作比赛或广场舞才艺比赛等活动是否会选择安装和使用时，部分受访者表示仍然不会安装和使用，因为"别的平台能够满足以上需求，增加这一平台会给手机带来负担"（女，学生，18~25岁）；"还是喜欢看抖音，用抖音多一些"（女，无职业，31~40岁）。对乡村民众而言，互联网提供的丰富渠道和平台已经能够满足他们参与活动、表现自我的需求，县级融媒体中心因其过于严肃和"官方"的特点，并不适合成为展示自我的舞台。另一方面，访谈发现，家人、朋友等重要的人的采纳和使用会刺激乡村民众安装县级融媒体客户端，但有用性是影响其后续持续使用的重要因素。部分受访者表示，如果家人、朋友等重要的人都在使用县级融媒体客户端，并且推荐自己使用时，会考虑安装和使用，但"那也要看这个东西怎么样，如果安装后觉得这个东西不怎么样，我还是不会使用"（女，无职业，31~40岁）。

第二节 乡村民众对县级融媒体微信公众号的采纳与使用

近年来，随着移动互联网逐步嵌入我国乡村社会，微信成为乡村民众获取信息、社会交往以及连接外部世界的重要方式。微信基于强关系的圈层化网络互动突破了物理空间的规制，将因"人地分离"而"失连"的乡村民众重新连接起来，增强了乡村社会的有效连接，[①] 也给乡村民众塑造了一个价值多元、内容冗杂的信息环境。随着微信在县域基层影响力的持续扩展，入驻微信平台成为县级融媒体中心巩固基层主流舆论阵地、实现信息传播贯通"最后一公里"的必然之选，微信公众号成为县级融媒体全媒体矩阵中不可缺少的一个重要组成部分。微信公众号是公众号传播主体与订阅者之间进行互动、沟通与对话的平台，是网络用户在移动端的一个重要信息入口。[②] 目前已建成的县级融媒体中心基本都已建立了自己的微信公众号。然而，在注意力竞争异常激烈、圈层化传播特征明显的网络空间，县级融媒体微信公众号能否脱颖而出，获得县域乡村民众的青睐？乡村民众对县级融媒体微信公众号

[①] 牛耀红. 建构乡村内生秩序的数字"社区公共领域"：一个西部乡村的移动互联网实践[J]. 新闻与传播研究，2018（4）：39-56，126-127.

[②] 黄楚新，王丹. 微信公众号的现状、类型及发展趋势[J]. 新闻与写作，2015（5）：5-9.

的采纳与使用情况如何？本部分在文献分析和半结构式访谈的基础上，结合10家县级融媒体中心微信公众号的传播数据，考察乡村民众对县级融媒体微信公众号的采纳与使用情况。

一、乡村民众对县级融媒体微信公众号的使用与满足

（一）乡村民众对微信公众号的采纳和使用

访谈结果显示，在73名乡村受访者中，38人平时不使用智能手机，因而也无法关注和使用微信公众号。在35名使用手机的乡村受访者中，34名受访者表示平时有使用微信的习惯，1名受访者自述因为觉得"浪费时间"而未安装和使用微信。当被问及是否在微信上关注微信公众号并阅读公众号文章时，在34名微信使用者中，15名（44.12%）受访者表示会关注自己感兴趣的微信公众号并阅读其发布的文章，8名（23.53%）受访者表示关注了微信公众号但从不阅读其发表的文章，另有11名（32.35%）受访者表示从未关注过微信公众号。34名受访者关注和阅读微信公众号的具体情况见图8-6。

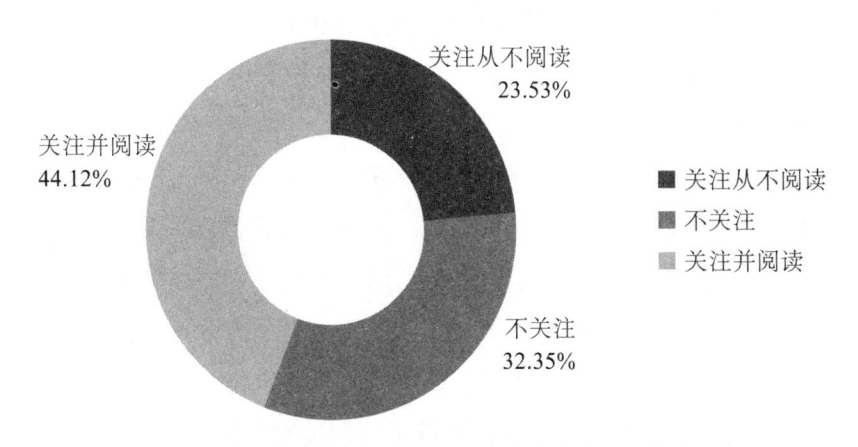

图8-6　34名微信使用者关注和阅读微信公众号的情况

（二）乡村民众对县级融媒体微信公众号的采纳和使用

从访谈结果来看，县级融媒体微信公众号在乡村社会的采纳情况并不理想，乡村民众对其的使用率极低，且传播效果甚微。在34名使用微信的受访者中，尽管有23名受访者表示有关注微信公众号的行为，但仅有9名受访者

关注了当地县级融媒体中心的微信公众号。可见，对于县级融媒体中心而言，至少流失了60.87%的潜在乡村用户。

有研究指出，优质的内容生产是微信公众号安身立命的根本。① 在微信公众号的信息传播过程中，信息的阅读率直接影响信息的传播效率。② 订阅者对于公众号推送的信息可以选择不阅读、阅读或阅读后转发到微信好友、朋友圈、微信群，实现公众号信息的二次传播。对微信公众号而言，信息传播的最佳效果就是阅读后能引发阅读者的多次传播，从而真正嵌入用户的在线社交网络，引发信息的裂变式扩散。然而，一旦推送的信息未被订阅者点击阅读，单次信息传播也就失效了。可见，即使县级融媒体中心通过微信公众号与订阅者之间建立了形式上的联系，也并不意味着公众号推送的文章和消息一定能被订阅者看到。对于那些仅仅关注却从不阅读的订阅者，县级融媒体中心通过微信公众号推送的文章是无法对其思想和行为产生影响和引导作用的。对9名关注县级融媒体公众号的受访者做进一步调查发现，只有2人表示经常阅读县级融媒体微信公众号推送的文章，5人偶尔阅读县级融媒体微信公众号推送的文章，2人表示虽然关注但其实很少看县级融媒体微信公众号推送的信息。访谈结果显示，贴近性、实用性是乡村受访者阅读县级融媒体微信公众号文章时最为关注的特征。有受访者表示，"真实发生在我身边的，地名是我熟悉的，更能让我有共鸣感，我更愿意阅读"（女，乡村服务业者，18~25岁）；"报道自己熟悉的内容，或是听别人说而熟悉的会点开，上级要求的会点赞转发"（女，乡村基层管理者，41~50岁）；"对我有用的信息我会愿意阅读，比如下暴雨发洪水的通知"（男，乡村服务业者，41~50岁）。

二、县级融媒体微信公众号在县域基层的传播与扩散

乡村是县域的重要组成部分。尽管以互联网为土壤的微信公众号并无物理空间的地域界限，但作为服务县域基层的主流媒体，县级融媒体微信公众

---

① 黄楚新，王丹. 微信公众号的现状、类型及发展趋势［J］. 新闻与写作，2015（5）：5-9.
② 吴中堂，刘建徽，唐振华. 微信公众号信息传播的影响因素研究［J］. 情报杂志，2015（4）：122-126.

号的传播内容与服务供给主要面向本县群众，具有明显的地域性，其活跃粉丝与读者必定主要由县域居民组成。因此，对县级融媒体微信公众号的粉丝数量和传播数据进行分析，一定程度上能够管窥县域居民对县级融媒体微信公众号的采纳与使用情况。本部分从东部、中部、西部共选取10家县级融媒体中心作为研究对象，利用清博指数大数据平台提供的微信公众号数据，对县级融媒体微信公众号的发文数量、粉丝数量、传播效果以及受欢迎的文章类型进行分析。其中，中部地区样本均为湖北省县级融媒体中心微信公众号，东部和西部地区样本则从第七章已选的县级融媒体样本中选取。10家县级融媒体微信公众号的具体情况见表8-2。

（一）县级融媒体微信公众号的发文数量、粉丝数量和传播效果

从表8-2中的数据来看，10家县级融媒体微信公众号的发文数量、粉丝数量以及传播效果存在较大差异，发展并不均衡。2023年7月，10家县级融媒体微信公众号的发文数在37~493篇之间，文章的平均阅读数在260~13164之间，总点赞数在154~49638之间。从平均阅读数的情况看，在10家县级融媒体微信公众号中，"爱义乌""遇见闽侯"和"最红安"推送的文章获得最多的关注和阅读，推送的文章月平均阅读数分别达到13164、8644和4220。此外，从清博指数大数据平台提供的预估粉丝数据来看，10家县级融媒体微信公众号拥有的活跃粉丝数量差异较大，其中预估活跃粉丝数排名前三的公众号是"爱义乌""遇见闽侯"和"掌心长兴"，预估的活跃粉丝数分别达到195390、111690和53795，而"团风之声"微信公众号的粉丝数量仅有9905。

表8-2 10家县级融媒体微信公众号的具体情况

公众号	认证信息	地区	预估粉丝数	2023年7月			
				发文数量	平均阅读数	总在看数	总点赞数
爱义乌	义乌市融媒体中心	浙江省金华市义乌市	195390	232	13164	6276	7042
遇见闽侯	闽侯县融媒体中心	福建省福州市闽侯县	111690	255	8644	2029	4514
掌心长兴	长兴县融媒体中心	浙江省湖州市长兴县	53795	71	2208	52	154
赤壁电视台	赤壁市融媒体中心	湖北省咸宁市赤壁市	53260	37	1523	1010	1513

续表

公众号	认证信息	地区	预估粉丝数	2023年7月			
				发文数量	平均阅读数	总在看数	总点赞数
最红安	红安县融媒体中心	湖北省黄冈市红安县	48440	493	4220	46925	49638
秀美浠水	浠水县融媒体中心	湖北省黄冈市浠水县	41440	211	2920	1312	3093
爱玉门	玉门市融媒体中心	甘肃省酒泉市玉门市	26150	235	2880	5749	6187
英山融媒	英山县融媒体中心	湖北省黄冈市英山县	18035	309	1045	549	1603
邳州银杏甲天下	邳州市融媒体中心	江苏省徐州市邳州市	15040	136	3857	353	1297
团风之声	团风县融媒体中心	湖北省黄冈市团风县	9905	154	260	103	290

说明：数据统计截止时间为2023年8月18日。

（二）县级融媒体微信公众号受欢迎的文章类型

为把握县级融媒体微信公众号受欢迎的文章类型，本研究收集了10家县级融媒体微信公众号2023年7月阅读量排名前50的文章，对文章主题进行了整理归类。从50篇文章的具体情况看，容易引起县域群众关注和阅读的文章主要涉及灾害预警、公共卫生、生活信息、政务信息、社会监督、教育信息、城市建设、就业信息、交通信息、安全教育、县域宣传、社会新闻12类主题。这些主题均与基层群众生活息息相关，文章主题的具体分布情况见图8-7。其中，灾害预警类文章最易引发关注。在阅读量排名前50的文章中，13篇为灾害预警类，其平均阅读数为32517、平均在看数为20、平均点赞数为31。如阅读量最高的文章《绝不能被目前的风平浪静所迷惑！闽侯县发布动员令，提醒广大市民，非必要不出门、车不上路！》，就是闽侯县融媒体中心推送的一则防御台风"杜苏芮"的灾害预警类文章。公共卫生类文章在县域群众的关注中排第二。在50篇文章中，7篇为公共卫生类新闻资讯，其平均阅读数为33070、平均在看数为30、平均点赞数为32。此外，经过数据分析发现，县域宣传类主题尽管占比不高，但非常容易激起县域居民的地方认同感和归属感，从而获得较高的阅读、点赞甚至二次传播扩散量。以"遇见闽侯"公众号推送的一篇宣传闽侯县的文章《闽侯,"丫吼"!》为例,该文章不仅获得了高阅读量,在看数和点赞数也位列50篇文章的第一位。这篇推文的成功一定程度上呼应了访谈中部分受访者提及的"会因为宣传家乡、支持家乡发展的目的而对宣传家乡的文章给予更多关注和点赞支持"的说法。表8-3为10家县级融媒体微信公众号2023年7月阅读量排名前50的文章情况。

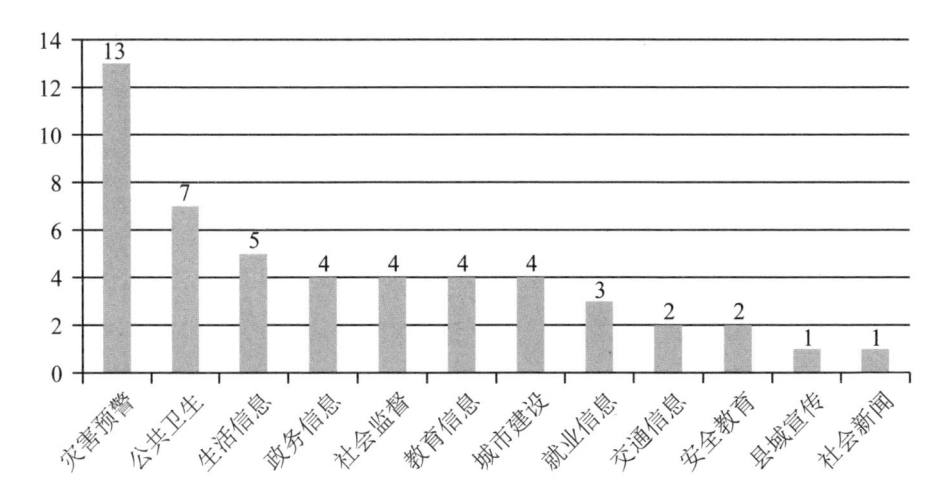

图8-7 10家县级融媒体微信公众号阅读数排名前50的文章主题分布

（灾害预警13、公共卫生7、生活信息5、政务信息4、社会监督4、教育信息4、城市建设4、就业信息3、交通信息2、安全教育2、县域宣传1、社会新闻1）

表8-3 10家县级融媒体微信公众号2023年7月阅读量排名前50的文章

	文章标题	公众号	阅读数	在看数	点赞数
1	绝不能被目前的风平浪静所迷惑！闽侯县发布动员令,提醒广大市民,非必要不出门、车不上路！	遇见闽侯	87544	33	75
2	闽侯,"丫吼"！	遇见闽侯	52699	763	1242
3	欠钱不还！曝光这43人！	爱义乌	51813	53	74
4	又确诊4例,已隔离！连夜通报！	爱义乌	44632	28	29
5	拆除完毕！义乌这里要建市场！	爱义乌	42170	43	56
6	首批疫苗到货！明天起,义乌14个镇街陆续开展接种	爱义乌	41060	40	45

191

续表

	文章标题	公众号	阅读数	在看数	点赞数
7	闽侯交警发布重要通告！青口片区请注意！	遇见闽侯	38300	13	22
8	恭喜这些同学，你们被闽侯一中录取啦！	遇见闽侯	36170	10	62
9	闽侯发布积水路段提醒！	遇见闽侯	35192	11	28
10	湖北单体最大乐园！红安开园！（文中有福利）	最红安	35004	140	304
11	密接者需健康监测21天！	爱义乌	34367	38	37
12	台风红色预警！"杜苏芮"最大可能在这里登陆！闽侯人请注意！	遇见闽侯	33528	9	15
13	超强台风来袭，致闽侯居民朋友的一封信	遇见闽侯	33419	22	41
14	立即停售！停售！停售！义乌人千万别吃	爱义乌	33113	30	34
15	义乌这个村开拆！涉及257亿元的大项目！	爱义乌	33058	28	37
16	福州：致全市人民的一封信	遇见闽侯	32729	12	23
17	人均到账约457元！义乌22万余人收到这笔钱	爱义乌	31823	36	32
18	80~150元/小时！一种新职业兴起	爱义乌	30728	38	42
19	已出现死亡病例！	爱义乌	30512	27	28
20	闽侯启动防暴雨Ⅰ级应急响应！公交线路暂时停运！	遇见闽侯	28836	12	22
21	Ⅱ级预警！台风"杜苏芮"逼近福建沿海！注意用电安全！	遇见闽侯	28120	16	33
22	义乌人挺住！高温、暴雨、雷阵雨轮番上阵！	爱义乌	27722	31	35
23	喜报！运河中学再创佳绩！清华北大达线8人	邳州银杏甲天下	27438	38	175

续表

	文章标题	公众号	阅读数	在看数	点赞数
24	全部编内！闽侯共招36人！	遇见闽侯	27368	6	12
25	一乡镇党委书记被查，曾任纪委书记	最红安	27158	117	136
26	提前蓄水！今晚开始！	爱义乌	26765	33	31
27	3780个学位！闽侯又一新学校预计明年投用	遇见闽侯	26740	17	38
28	价格回落！义乌有的经营户，一天卖出4万斤！	爱义乌	26188	26	27
29	445元/斤！身价暴涨！义乌很多地方随处可见	爱义乌	26003	22	26
30	不要乱买！不要乱摘！义乌有人中毒进医院	爱义乌	25914	23	26
31	重要提醒！市安办、市应急管理局发布	遇见闽侯	25366	20	26
32	穿拖鞋谢绝入内！	爱义乌	25318	38	43
33	刚刚！义乌全域预警！	爱义乌	24337	25	28
34	红安"80"后，任副厅长	最红安	24237	114	156
35	被除名！不得录用为公务员	爱义乌	24184	22	29
36	这家银行解散！全部清零，立即停止！	爱义乌	23721	26	23
37	有编制！11个名额！义乌这些单位公开选调	爱义乌	23500	28	32
38	义乌人机会来了！15000名！满12年政府安排工作！	爱义乌	23335	38	41
39	痛心！接连遇难！	爱义乌	23113	32	31
40	台风逼近！最强14级！义乌明天起…	爱义乌	23068	18	24
41	祝贺！义乌3人被录取！	爱义乌	22607	60	116

续表

	文章标题	公众号	阅读数	在看数	点赞数
42	多地紧急通知：停课，停止开放！	爱义乌	21925	23	22
43	浙江一地已近10人确诊！早期像感冒，严重可致命！	爱义乌	21895	26	28
44	8月1日起，闽侯这条路改为单行道	遇见闽侯	21857	6	14
45	义乌女老板的673万元，差点没了！	爱义乌	21819	36	40
46	最新旧改消息来了！涉及福田、苏溪、佛堂……	爱义乌	21483	32	35
47	注意！义乌街头这些"机器人"上岗	爱义乌	21404	36	44
48	8月5日起关闭棋牌室？官方回应	爱义乌	21185	33	32
49	就在刚刚！义乌启动Ⅳ级…	爱义乌	20940	28	33
50	此地3名房东，被拘留！	爱义乌	20886	30	30

说明：数据统计截止时间为2023年8月18日。

第三节　乡村民众对县级融媒体抖音号的采纳与使用

　　近年来，随着网络基础设施的逐步打通、上网设备的普及以及移动流量资费的下调，短视频成为乡村民众休闲娱乐、获取资讯与自主表达的重要媒介，信息消费视频化与接收场景移动化在乡村社会渐成趋势。① 面对乡村民众信息接收方式的变化以及基层舆论阵地的迁移，入驻短视频平台成为县级融媒体中心拓展基层主流舆论阵地、应对商业化平台冲击的必然选择。目前，县级融媒体中心纷纷入驻抖音、快手等短视频平台，两大平台中又以抖音平

---

① 陈然.农民使用政务短视频的影响因素研究：基于技术采纳和政治参与的视角［J］.现代传播（中国传媒大学学报），2020（10）：148-152.

台为最基本的配置。县级融媒体中心入驻短视频平台的努力是否能够换来县域居民的支持与"捧场"？在基于算法推荐的短视频平台，县级融媒体中心抖音号能否获得县域乡村民众的关注？其发布的视频是否有效抵达乡村社会的移动化末梢？本部分在文献分析和半结构式访谈的基础上，结合10家县级融媒体中心抖音号的传播数据，对乡村民众接触和使用县级融媒体抖音号的实际情况进行考察。

一、乡村民众对县级融媒体抖音号的使用与满足

已有研究发现，在媒介化的中国乡村，在村庄公共文化稀缺、互联网技术赋权、村民私人生活"去集体化"以及家庭结构性变化的多重影响下，观看短视频正在成为乡村文化生活的新秩序。[1] 访谈结果显示，在35名使用手机的乡村受访者中，32名（91.43%）受访者表示平时有观看短视频的习惯，3名平时不刷短视频的受访者自述的原因主要是"没有时间"。在观看短视频的乡村受访者中，抖音是乡村民众观看短视频的主要平台，30名（93.75%）受访者自述使用过抖音短视频平台。从访谈数据来看，现阶段，尽管抖音短视频平台在乡村社会的使用率很高，但面对海量的内容冲击以及基于算法的内容推荐，县级融媒体抖音号在乡村民众中的传播力和影响力都有待进一步提升。在30名使用抖音的受访者中，有13人表示看过当地县级融媒体抖音号发布的短视频，占比为43.33%，9人表示从来没有看到过，占比为30%，另有8名（26.27%）受访者表示不知道看过没有，因为没注意过视频发布者。

进一步调查发现，情感层面的地方认同感、归属感以及内容层面的贴近性、实用性和趣味性是促使乡村民众主动点赞、评论和转发县级融媒体中心短视频的主要原因。其一，情感层面的地方认同感和归属感。从访谈结果来看，地方认同感和归属感是引发乡村民众对县级融媒体中心发布的短视频进行点赞和评论的一个重要原因。部分受访者表示，"是关于我的城市的一些视

---

[1] 刘天元，王志章. 稀缺、数字赋权与农村文化生活新秩序：基于农民热衷观看短视频的田野调查［J］. 中国农村观察，2021（3）：114-127.

频，感觉有一种自豪感，所以会点赞、评论、转发"（女，学生，18~25岁）；"因为这是自己家乡的官方号，视频内容也和自己家乡文化或者新闻有关，有一种认同感和亲切感，所以会点赞、评论、转发"（女，学生，18~25岁）。另有部分受访者表示，会基于宣传家乡、助力家乡发展的考虑而点赞、评论和转发县级融媒体抖音号发布的短视频。如有受访者表示，"如果看到了的话，是会点赞、评论和转发的，为了弘扬和推广一些本地的文化"（男，学生，18~25岁）；"对民生方面的惠民政策和宣扬家乡的特色与文化之类的视频会点赞"（男，学生，18~25岁）；"会点赞，因为觉得县级融媒体中心毕竟是自己县里的，发布的视频内容也是宣传自己的家乡的，所以会支持一下，但是因为文化程度不高，所以平常不会评论和转发这些短视频"（女，无职业，41~50岁）。

其二，内容层面的贴近性、实用性和趣味性。随着短视频在乡村社会的深度嵌入，观看短视频正以迅猛的姿态代替电视演变为乡村民众主要的闲暇活动和了解世界的便利窗口，短视频改变着乡村民众既有的新闻接触习惯，提供了新闻信息的补偿，在村民的信息获取中扮演着重要角色。[①] 通过梳理访谈资料发现，内容的贴近性、实用性和趣味性是乡村民众看到短视频后点赞、评论和转发的一个重要原因。受访者表示，最能吸引他们点赞的短视频内容主要包括当地乡村建设、县域经济发展、惠民政策、当地民俗活动、家乡宣传、当地美食折扣活动、娱乐趣事等。如有受访者谈道，"对介绍我家乡特色的视频，还有对关于地方发生的大事和一些政策的视频我会点赞"（男，乡村服务业者，26~30岁）；"贴近我们普通居民生活，展现我们本土文化特色的活动"（女，在乡农民工，18~25岁）；"附近新开了哪些好玩的地方或者哪些店子正在打折"（女，学生，18岁以下）。此外，最能吸引乡村民众评论的短视频内容主要包括与民生有关的政策、社会不良现象、乡村建设、地方大事、正能量内容、娱乐趣事等。如有受访者（男，学生，18~25岁）谈道，"对不好的社会现象，我会评论发言。"而最能吸引乡村民众转发的短视频内容则主要包括惠民政策、便民利民服务、县里光荣事迹、可以传递快乐的视

---

① 黄睿.短视频嵌入乡村闲暇[D].北京：中国传媒大学，2022：44-45.

频、有趣的内容、家乡热点事件、社会正能量的内容、水滴筹等寻求帮助的视频等。有受访者表示，"发布的某种与我们生活有关的政策或者是官方科普、时事新闻之类的会转发"（女，在乡农民工，18~25岁）；"对找孩子、对老百姓很有帮助的政策、水滴筹、介绍旅游的好地方这些内容，一般会转发"（女，乡村服务业者，18~25岁）。

当被问到如果县级融媒体抖音号与其互动，是否会促使其关注该抖音号时，在30名受访者中，26名（86.67%）受访者表示，县级融媒体中心的互动行为会促使他们关注县级融媒体抖音号，因为"这让我觉得官方很重视我们普通居民的声音"（女，在乡农民工，18~25岁）；"因为我得到了回应，让我很有参与感"（男，乡村服务业者，26~30岁）。可见，县级融媒体中心通过及时回应与互动能够拉近与乡村民众之间的心理距离，增加乡村民众的情感认同，提升乡村民众媒介使用与参与行为的自我效能感，进而增加乡村民众关注县级融媒体抖音号及其短视频的行为意愿。

二、县级融媒体抖音号在县域基层的传播与扩散

为进一步了解县级融媒体抖音号在县域基层的传播与扩散情况，本部分将上一节选取的10家县级融媒体中心作为研究对象，对10家融媒体中心在抖音平台开设的融媒体抖音号进行分析。尽管短视频平台并不存在物理空间的界限，但对县级融媒体抖音号的参与观察发现，作为极具地域性的基层主流媒体，无论是源于抖音平台基于地理位置的智能推荐，还是因为地域特色的新闻资讯对县域居民更具吸引力，除爆款短视频外，一般情况下，县级融媒体抖音号短视频的观看者多为本县居民。因此，本研究对县级融媒体抖音号获得的阅读数、评论数等传播数据的分析，一定程度上能够反映出县级融媒体抖音号发布的短视频被县域居民接触和使用的情况。本研究根据抖音平台提供的数据，对10家县级融媒体抖音号的粉丝数以及2023年7月23日至8月22日发布的视频数、获得的点赞数、评论数和分享数进行收集。10家县级融媒体抖音号的具体情况见表8-4。

表 8-4 10 家县级融媒体抖音号的具体情况（2023 年 7 月 23 日—8 月 22 日）

县级融媒体抖音号	粉丝数	视频数	平均点赞数	平均评论数	平均分享数
爱义乌	191.7 万	970	11000	1793	8349
遇见闽侯	3.7 万	53	87	7	23
掌心长兴	239.4 万	1165	1370	644	647
赤壁融媒体	14.6 万	4	33	4	4
红安融媒	8.2 万	248	183	16	24
秀美浠水	8.1 万	15	1512	142	181
爱玉门	16.9 万	243	103	25	67
英山广播电视台	5.6 万	29	26	1	4
银杏视频	35.9 万	102	704	214	285
团风融媒	4.5 万	43	109	16	14

说明：数据统计截止时间为 2023 年 8 月 22 日。

从表 8-4 中的数据可知，10 家县级融媒体抖音号在抖音平台的活跃度并不一致，粉丝数量、发布视频频率以及传播能力均存在较大差异，发展并不均衡。根据 2023 年 7 月 23 日至 8 月 22 日的数据看，10 家县级融媒体中心对抖音号的重视程度不一，导致日常发布视频的数量差别较大。其中，长兴县融媒体中心抖音号"掌心长兴"30 天内发布的视频数量高达 1165 条，日均发布视频数 39 条，而赤壁市融媒体中心抖音号"赤壁融媒体"30 天内仅发布了 4 条短视频。在注意力竞争异常激烈的抖音平台，视频数量过少将直接影响抖音号在平台的可见度和影响力。从数据来看，10 家县级融媒体抖音号 30 天发布的短视频的平均点赞数在 26~11000 之间，平均评论数在 1~1793 之间，平均分享数在 4~8349 之间。此外，10 家县级融媒体抖音号拥有的粉丝数量也存在较大差异。其中，长兴县融媒体中心抖音号"掌心长兴"和义乌市融媒体中心抖音号"爱义乌"的粉丝数高达 239.4 万和 191.7 万，而闽侯县融媒体中心抖音号"遇见闽侯"粉丝数仅有 3.7 万。可见，尽管互联网赋予了同等的渠道资源，但不同县级融媒体中心在与短视频平台融合过程中并未收获同等的传播力和影响力。

对10家县级融媒体抖音号30天内获得最多点赞的视频进行分析发现，与民生有关的本地新闻资讯更易获得点赞、评论和转发。如浠水县融媒体中心抖音号"秀美浠水"发布的一条短视频新闻《浠水一中双胞胎兄弟分别考上清华大学和同济大学》，该视频的点赞数高达1.7万，评论数为1457，收藏量为1034，转发量为1660，且参与评论的用户多为县域居民。玉门市融媒体中心抖音号"爱玉门"30天内获得最多点赞的短视频也是一条关于当地考生高考录取的短视频新闻《请签收！您的北京大学录取通知书到了！#北京大学录取通知书》，该条视频的点赞数为2360，评论数为214，收藏量为112，转发量为650。可见，深耕本地新闻资讯始终是作为基层主流媒体的县级融媒体中心的安身立命之本。

此外，在参与观察过程中发现，部分县级融媒体中心虽然入驻抖音平台，但从其抖音号发布的短视频内容与形式来看，互联网思维明显不足，并不重视或并不了解短视频平台的传播逻辑与推荐机制。以英山县融媒体中心的抖音号"英山广播电视台"为例，该抖音号不仅在名称上未体现新媒体性，发布的短视频内容也缺乏吸引力，30天时间发布的29条短视频涉及英山县广场舞大赛、英山县旅游宣传片以及英山县红色讲解员大赛三部分内容，视频基本沿用传统电视新闻的画面风格，叙事节奏缓慢，缺乏动态化设计，字幕的字体、字号以及位置中规中矩，表现为传统长视频的简单切割以及电视文化的在线浓缩。过于官方和正统的表达在基于算法推荐的短视频平台显然无法吸引县域居民的关注，进而实现良好的传播效果。

第四节　乡村民众采纳与使用县级融媒体的影响因素

本章以县级融媒体客户端、县级融媒体微信公众号和县级融媒体抖音号为观测点，通过深度访谈以及对相关融媒体账号传播数据的分析，实证考察了中国情境下乡村民众对县级融媒体的采纳与使用情况。本节通过对访谈资料的整理分析以及进一步的文献阅读，探讨影响乡村民众采纳与使用县级融媒体的关键因素。研究发现，现阶段，影响乡村民众采纳和使用县级融媒体的关键因素主要包括相容性、相对优势、外部可见性以及感知趣味性。

一、相容性不足

创新扩散理论认为，创新的属性一定程度上影响着个人采纳创新的速度，这些属性包括相对优势、相容性、复杂性、可试用性和可观察性。从2018年发展至今，我国县级融媒体中心刚刚迈入"建强用好"的提质增效阶段。对于乡村民众而言，县级融媒体中心仍是一项新生事物，创新扩散理论能够为我们理解县级融媒体中心在乡村社会的扩散提供思路。访谈结果显示，相容性是影响乡村民众采纳和使用县级融媒体中心的重要因素。所谓相容性，指的是某项创新与潜在采纳者现存的价值观、过去的经历以及需求相一致的程度。创新的相容性越高，创新被采纳的速度也就越快。访谈过程中发现，相容性不足是制约乡村民众采纳和使用县级融媒体客户端和微信公众号的重要原因。

在73名乡村受访者中，38名（52.05%）受访者不使用手机。对于这38位不使用手机的乡村民众来说，采纳和使用县级融媒体客户端、微信公众号和抖音号与其以往的媒介接触经历和习惯不相容。另一方面，梳理访谈资料发现，对于日常使用手机的乡村民众而言，新闻客户端和微信公众号的信息传播方式与目前乡村民众的主流信息接收方式并不相容。就新闻客户端而言，访谈结果显示，现阶段，乡村民众使用手机的主流应用集中在微信、抖音和拼多多等购物APP，新闻客户端这类手机应用在乡村民众中的采纳率并不高。在使用手机媒介的乡村受访者中，安装和使用过新闻客户端的受访者比例不足20%。即使有接近一半的乡村受访者日常使用手机媒介，但县级融媒体客户端的信息传播方式与当前乡村民众主流的信息接收方式并不相容。新闻客户端需要专门下载，且种类繁多、信息量大，这些特点对于缺乏主动搜索意识而习惯偶遇信息的乡村民众来说并不具有吸引力。乡村民众对县级融媒体客户端的不相容感知阻碍了他们对县级融媒体客户端的接触。在微信公众号方面，部分乡村受访者自述没有关注微信公众号的习惯，因而没有关注县级融媒体微信公众号。如有受访者（女，乡村服务业者，18~25岁）表示，微信对其而言只是聊天的工具，自己"只会用微信来聊天，不喜欢关注那些公众号,而且关注这个公众号也没什么用吧。"有受访者(女,在乡农民工,18~25岁)提及,"我平时用微信都是聊天,也看微信群里的消息,群里的人会分享一些视频和信息,我觉得没必要关注你说的微信公众号。"可见,现阶段,对于媒介技能相对不足且媒介使用行为相对保守的乡村民众而言,微信更多地发挥人际沟通和群聊社交的工具价值,微信公众号尚未成为他们获取信息的主要方式。

二、相对优势不明显

创新扩散理论认为,相对优势是人们感知到的一项创新与创新前的方法相比具有的优势程度,相对优势可以通过经济因素、社会声望、便利性和满意度来评价。当人们感知某项创新具有相对优势时,创新被采纳的速度也就越快。用来解释和预测受众使用新媒体技术的新媒体权衡需求理论也指出,受众在决定是否采纳和使用某一新媒体技术时,会对新旧媒体进行比较,并在媒体的各种需求之间进行权衡,当且仅当受众发觉某一重要需求无法被现有媒体满足,且认为新媒体能够满足该需求时,才会使用新媒体。[1] 访谈结果显示,相对优势是影响乡村民众采纳和使用县级融媒体中心的一个重要因素。目前,传统电视、手机和村村响广播是乡村民众使用最多的媒介,而休闲娱乐、获取新闻、沟通交流、学习教育是乡村民众使用媒介的主要"潜在需求"。根据乡村受访者对县级融媒体中心的主观感知,与现有媒体相比,受访者普遍认为县级融媒体满足需求的能力有限,相对优势不足。有受访者(女,乡村教师,18~25岁)解释为什么没有安装和使用县级融媒体客户端时,表示觉得"没有安装的必要,微信能替代其功能。"另有受访者(女,乡村服务业者,26~30岁)指出,"在微信朋友圈里,经常会有朋友对县里的大小事情进行分享,抖音也能够刷到很多信息,没必要再使用(县级融媒体客户端)。"从访谈结果可知,乡村民众对县级融媒体中心的理解仅仅局限在其作为信息传播媒介上,对其作为基层社会治理平台提供的政务服务、公共服务等处于

---

[1] ZHU J J H, HE Z. Perceived Characteristics, Perceived Needs, and Perceived Popularity: Diffusion and Use of the Internet in China [J]. Communication Research, 2002, 29 (4): 466-495.

"一无所知"的状态,因而对县级融媒体中心的相对优势感知不足,认为传统电视、村村响广播以及微信、抖音等手机应用已经能够满足自己的潜在需求,进而对采纳和使用县级融媒体客户端缺乏兴趣。同样,部分乡村受访者表示,尽管使用微信却并未关注县级融媒体公众号,是因为感知微信公众号的相对优势不足,已有的信息获取渠道如微信群已经能够满足自己的需求。

三、过低的外部可见性

创新扩散理论认为,个人对新事物的采纳需要经历一个从最初知晓到最终确认的过程,接触并了解新事物是个人采纳新事物的第一步。象征性采纳过程模型也强调,个人在采纳某项创新之前,首先会基于自己对创新特征的了解、处理和评价,对该创新概念产生象征性采纳。[1] 创新要被潜在采纳者知晓和了解需要具有一定的外部可见性。县级融媒体在乡村社会的外部可见性就是县级融媒体及其信息在乡村信息传播网络中的可发现性。访谈结果显示,过低的外部可见性是制约乡村民众采纳和使用县级融媒体中心的重要因素。受访者不知道县级融媒体客户端和微信公众号的存在是乡村民众未采纳和使用的一个原因。在县级融媒体客户端方面,使用手机但未安装县级融媒体客户端的乡村受访者中,100%的受访者自述"没听说过"县级融媒体客户端。如有受访者表示,"对于这东西我不太了解,所以没安装"(女,学生,18岁以下);"没有听说过县级融媒体中心客户端,周围也没有人使用,我自己并不知道,也没有去下载"(女,无职业,41~50岁)。在县级融媒体微信公众号方面,有受访者(男,乡村服务业者,41~50岁)表示,"平时关注微信公众号都是因为内容有意思,没管过是不是媒体的公众号,也没有听说过当地县级融媒体中心的微信公众号,身边的亲人朋友也没有人关注,所以没有关注。"

面对信源丰富的网络世界,乡村民众不太在意信息的来源,较少主动去搜寻和关注特定信源,如果县级融媒体不主动进行宣传和推广,将难以进入

---

[1] KLONGLAN G E, COWARD E W. The Concept of Symbolic Adoption: A Suggested Interpretation [J]. Rural Sociology, 1970, 35 (1): 77-83.

乡村民众的视野。然而，现阶段，大多数县级融媒体中心仍未摆脱县级媒体单位的自我优越感以及"传者"中心的思维定式，实践活动缺乏互联网思维，基本停留在内容生产环节，内容分发和品牌运营意识不强，面向县域基层用户的推广力度不足，导致乡村民众对县级融媒体中心基本处于"无知"状态，采纳进程在知晓阶段就遭遇阻碍。如许多县级融媒体中心对传播矩阵的名称未进行统一设计，客户端、微信公众号、抖音号等媒介渠道的名称各异、各自为政，尚未形成1+1>2的品牌合力，导致县域用户对其认知模糊甚至一无所知。以湖北省团风县融媒体中心为例，其客户端名称为"云上团风"，微信公众号名称为"团风之声"，抖音号为"团风融媒"，传播矩阵下各媒介渠道缺少统一名称标识的现象在县级融媒体中心建设中较为普遍。

四、感知趣味性不足

已有研究表明，由于文字水平较低、日常工作的身体参与度较高，村民的闲暇目的大多为体力恢复、精神满足，无须动脑并且能获得身体休息的闲暇方式是他们闲暇时间的活动首选，喜剧、笑话、短剧等是乡村民众喜闻乐见的内容。[①] 本次针对乡村民众的访谈显示，乡村民众关注和阅读微信公众号时更为在意内容的有趣性，而县级融媒体中心作为基层主流媒体，在乡村民众心中的形象是"过于严肃"而"无趣"的，感知趣味性不足阻碍了乡村民众关注和阅读县级融媒体微信公众号。访谈中发现，部分受访者对县级融媒体微信公众号的感知并非基于真实的使用感受，而仅仅源于以往接触传统县级媒体形成的媒介印象，这一带有偏差的媒介印象影响着乡村民众对县级融媒体微信公众号的采纳与使用。如有受访者（男，乡村服务业者，41~50岁）表示，"我不喜欢太严肃的内容，平时看电视就不喜欢看县里电视台的那些新闻节目，没意思，所以我也没有关注他们的公众号。"

另一方面，访谈结果显示，现阶段，短视频对乡村民众而言更多的是充当娱乐工具，感知趣味性不足是影响乡村民众接触县级融媒体抖音号的原因之一。有受访者提及，"县级媒体发布的短视频都很无趣，视频千篇一律，没

[①] 黄睿. 短视频嵌入乡村闲暇[D]. 北京：中国传媒大学，2022：45-46.

有亮点"(女,在乡农民工,18~25岁);"刷抖音是用来娱乐的,不会看这些官方号"(女,乡村服务业者,18~25岁)。可见,在极具选择性的短视频平台,乡村民众对县级融媒体中心"无趣"的刻板印象制约了他们对县级融媒体抖音号短视频的接触与使用。即使"偶遇"县级融媒体抖音号短视频,乡村民众也会因刻板成见而选择"直接划过",而短视频平台以内容兴趣点为筛选维度的精准推送模式又会进一步加剧乡村民众与县级融媒体抖音号的隔离。在以兴趣为标准的推荐模式中,抖音平台会根据用户的点赞、评论、转发等行为数据挖掘用户的兴趣点,从而在下一轮的视频推荐中合理选择内容来取悦用户。[1] 在这一推荐模式下,县级融媒体抖音号将难以冲破乡村民众基于浏览兴趣而编织起来的信息茧房。

---

[1] 赵辰玮,刘韬,都海虹.算法视域下抖音短视频平台视频推荐模式研究[J].出版广角,2019(18):76-78.

第九章

县级融媒体中心赋能乡村治理的现实困境与策略调适

新时代的中国,在乡村振兴战略和媒体融合战略的双重驱动下,县级融媒体中心作为基层新型主流媒体和基层社会治理平台,在乡村治理和乡村振兴进程中肩负着引导群众、服务群众和沟通群众的重要使命。然而,现阶段,县级融媒体赋能乡村治理的实践却遭遇诸多现实困境,实际效果有限。本章根据本书前述章节中对县级融媒体中心赋能基层治理的履责评价,以及对乡村民众采纳和使用县级融媒体中心的半结构式访谈,结合文献分析,对当前我国县级融媒体中心赋能乡村治理存在的问题及现实困境进行深入探讨。在此基础上,围绕县级融媒体中心如何优化乡村治理效能提出相应的策略调适建议,以期为县级融媒体中心更有效地赋能乡村治理、真正发挥县域治理技术装置和枢纽功能提供决策参考。

第一节 县级融媒体中心赋能乡村治理的现实困境

引导群众、服务群众、沟通群众是县级融媒体赋能乡村治理的三项核心功能。这三项核心功能的实现主要依托信息传播、平台连接、组织协调三项实践活动的有效开展,有赖于县级融媒体中心发挥接近群众的近地优势、作为新型主流媒体的融媒体传播优势以及作为基层治理平台的连接优势。然而,根据20家县级融媒体客户端赋能基层治理的履责评估结果以及73名乡村民众采纳和使用县级融媒体的实际情况,结合研究者的参与观察发现,现阶段,我国县级融媒体中心参与乡村治理的效果欠佳,主要面临以下三方面现实困境。

一、尚未形成辐射乡村社交圈层的信息网络,主流价值传播效果有限

国家大力推进县级融媒体中心建设,目的之一是通过县级媒体融合提升基层主流媒体的舆论引导能力,加固基层传播底座,使党的理念、方针、政策和社会主义主流价值观念有效抵达县域基层的神经末梢,巩固基层主流舆论阵地,为基层社会治理提供共同思想基础。具体到乡村社会,作为基层新型主流媒体,县级融媒体中心参与乡村治理的功能价值之一就是通过在地化传播优势和融媒体技术优势,优化主流媒体在乡村社会的传播渠道及传播效果,将传播触角嵌入乡村信息传播网络,改善乡村舆论引导"真空"的现状,实现官方舆论场与乡村民间舆论场的相互融合与同频共振,引导乡村民众在价值多元的复杂舆论生态中树立正确的社会信念和价值观,同时弥合媒介化乡村社会因结构空心化、劳动个体化以及精神文化空间无序化造成的共享价值断裂,凝聚乡村社会共识。

无论是凝聚乡村社会共识,还是巩固主流舆论阵地,县级融媒体中心赋能乡村治理功能的实现都有赖于乡村民众的实际采纳以及融媒体信息的有效传播。然而,根据乡村民众的访谈结果可知,在73名乡村受访者中,安装和使用县级融媒体客户端的受访者仅有11人(15.07%),部分受访者在村委会推广和朋友推荐下安装后,因感知有用性不足而基本没有使用县级融媒体客户端;关注县级融媒体微信公众号的受访者仅有9人(12.33%),只有2人(2.74%)表示经常阅读县级融媒体微信公众号推送的文章;观看过县级融媒体抖音号短视频的受访者有13人,占比仅为17.81%。从上述数据可知,目前,尽管县级融媒体中心已经搭建了各自的全媒体传播矩阵,但传播触角并未真正融入乡村社会,而是游离于乡村信息传播网络的边缘。无论是自建的新闻客户端,还是入驻第三方平台的微信公众号和抖音号,县级融媒体中心在乡村社会的实际使用率和传播效果都非常有限,尚未形成辐射县域乡村社交圈层的信息网络,致使面向乡村的舆论引导缺少支点,主流价值传播和优秀文化传播效果有限,基层舆论引导力明显不足。究其原因,县级融媒体中心对自身的核心竞争优势把握不准,未能充分挖掘直达基层的近地优势和融媒体传播优势,既没有以乡村民众需求为导向深耕本地内容,也缺乏对移动互联网情境下信息传播规律的准确理解,内容产品缺乏贴近性和互联网基因,难以激发乡村民众的兴趣。

(一) 未能以乡村民众需求为导向深耕本地特色内容

作为基层主流媒体,贴近群众的在地化传播是县级融媒体中心的核心竞争力。建设以县域群众需求为导向的本地化权威新闻资讯平台,是县级融媒体与中央级、省级主流媒体以及商业媒体差异化竞争的核心优势,也成为县级融媒体赋能乡村治理的落脚点。然而,现阶段,大部分县级融媒体中心仍然习惯从高高在上的传者视角,选择自认为民众应该了解的、民众可能喜欢的内容进行传播,传播内容的选取更多受到政治逻辑和互联网市场逻辑的影响,体现出较明显的以传者为中心的特点。大部分县级融媒体中心缺乏对县域乡村民众需求的调研和体察,未能从县域乡村民众实际需求出发选择传播内容,并对本地特色内容进行深耕,也较少从乡村民众的切身利益出发,采用地方化视角向基层群众阐释党的意志、理念和政策。基于乡村民众真实需求的本地内容的挖掘不力,导致县级融媒体对乡村民众缺乏足够的吸引力,难以激起他们的情感共鸣和参与欲望。访谈资料显示,内容贴近性不足降低了乡村民众对县级融媒体的相对优势感知,进而制约了他们接触和使用县级融媒体,即使有村委会等外部力量的宣传推广,乡村民众也难以真正将县级融媒体作为获取信息和服务的重要渠道。

(二) 内容产品缺乏互联网基因和融媒体特色

在国家战略的大力推进下,我国县级融媒体中心已全面建成。然而,全面建成并不意味着融媒体中心的发展理念能够同步更新。在当下的中国乡村,随着移动互联网的日益渗透,人们越来越多地在田间地头、村头树下等生活场景中使用媒介，移动互联网成为县级融媒体中心赋能乡村治理的主战场。作为媒体融合纵深发展的产物，互联网基因理应成为县级融媒体中心区别于传统县级媒体的重要特征。然而，现阶段，因人力、资金、理念、技术的缺乏，部分县级融媒体中心对移动互联网时代信息传播规律缺乏深刻把握，从整体布局到内容生产和分发的设计，都难以契合移动互联网的生存逻辑，内容产品缺乏互联网基因和融媒体特色。以短视频产品为例，"伴随"和"分享"是乡村民众使用移动终端的一个典型的情境特征，① 但目前大部分县级融媒体中心缺乏对乡村民众媒介使用习惯、生活空间环境、社交氛围等场景要素的考虑，并不重视对短视频产品的移动化、情感化、社交化、场景化设计。部分县级融媒体中心的短视频产品话语表达创新性不足，对图表、数据等可视化手段的利用程度不高，字幕的字体、字号以及出现的位置缺乏视觉冲击力，部分视频内容甚至直接是县级电视台视频内容的简单移植，采用横屏播放模式，与乡村民众的媒介使用场景和习惯不相符，在信息过载的当下难以吸引乡村民众的关注和参与。

二、缺乏舆情感知网络和用户数据资源，乡村舆论治理效果有限

消灭舆情隐患，化解舆情风险，构建乡村社会良好舆论生态，是县级融媒体中心赋能乡村治理的重要路径。作为乡村社会的舆论治理者，县级融媒体中心一方面应该主动搭建乡村社会的"微"舆情感知网络，及时捕捉乡村社会舆情风险，通过揭示问题、反映问题，推动乡村社会民生"小事儿"的有效解决，消灭乡村舆情隐患；另一方面，一旦发生负面舆情，县级融媒体中心应该及时提供乡村民众需要的公共信息，扮演信息网络居间者以及合作式治理的推动者，化解舆情风险。然而，现阶段，县级融媒体中心却并未建成扎根乡村的"微"舆情感知网络，对用户自生产内容及其形成的数据资源也缺乏足够重视，导致面向乡村的舆论治理效果有限。

---

① 彭兰. 场景：移动时代媒体的新要素［J］. 新闻记者，2015（3）：20-27.

（一）尚未建成扎根乡村的"微"舆情感知网络

现阶段，县级融媒体中心尚未搭建起扎根乡村的"微"舆情感知网络，难以及时捕捉乡村民众遭遇的各类民生"小事儿"，并对背后的舆情风险进行及时反应。一方面，部分县级融媒体中心由于人员配备不齐，人才匮乏，仍然采用传统"跑新闻"的方式，并未建立下沉到县域每个街道、社区、村庄的网格化新闻报道队伍，因而难以在问题出现之前就及时捕捉到"微"舆情。谢新洲团队的调研结果显示，作为县一级的基层单位，县级融媒体中心提供的薪资待遇、发展机遇、生活环境等整体条件有限，加之缺乏专业人才引进制度和人才长期发展规划，专业人才匮乏、难以留住人才是县级融媒体发展过程中遭遇的现实难题。[1] 人才的缺乏导致县级融媒体中心在赋能基层治理方面难有成效。另一方面，与商业媒体相比，县级融媒体拥有连接政府部门、社会组织等多元治理主体的社会资本，具备成为乡村信息传播网络居间者的条件。然而，现阶段，县级融媒体中心的乡村治理实践仍处于单打独斗的状态，忽视了自身作为关系媒体的社会连接价值，乡村治理的实践活动缺乏协同合作意识，尚未完成乡村传播网络关系流的搭建和"核心圈"的编制，成为"连接"官方舆论场和乡村舆论场的网络居间者。县级融媒体中心参与乡村治理的实践活动既缺乏与其他县级融媒体中心的联动，也并未有意识地通过组建联盟、合作项目等方式，与乡村社会中具有较大影响力的传播节点，特别是在乡村有声望的自媒体用户，建立有效而常态化的连接与合作，因而尚未占据乡村传播网络中"结构洞"的优势位置，也不具备在乡村不同圈层高效"切换"的能力。"结构洞"位置的缺失直接影响了县级融媒体中心对乡村信息流通态势的调节和负面舆情的及时应对，导致县级融媒体中心难以及时发现乡村民众日常生活中的民生"小事儿"及其潜藏的舆情风险，其信息传播也无法借助关系流和"核心圈"突破乡村内部圈层，真正下沉至乡村社会。

---

[1] 谢新洲，朱垚颖，宋琢谢．县级媒体融合的现状、路径与问题研究：基于全国问卷调查和四县融媒体中心实地调研［J］．新闻记者，2019（3）：56-71．

(二) 对用户自生产内容及其形成的数据资源缺乏重视

智能媒体时代,数据是县级融媒体赋能乡村治理的重要资源。随着网络空间成为乡村民众信息交互和社会交往的重要场域,乡村民众在网络空间的行为数据成为把握和研判乡村舆情的重要资源。然而,现阶段,数据并未成为县级融媒体中心赋能乡村治理的重要助力。县级融媒体中心对用户自生产内容及其形成的数据资源并不重视,导致难以及时准确地把握乡村民众关注的热点问题和难点问题。大部分县级融媒体中心对数据的运用存在三缺,既缺乏用数据的人和理念,也缺乏获得数据的资金和技术,还缺乏形成数据的用户资源。现阶段,乡村民众对县级融媒体的使用率极低。因在乡村社会的扩散效果不佳,县级融媒体中心尚未将物理空间分散的乡村民众聚集到融媒体平台,因而也就无法获得足量且有效的乡村民众的网络行为数据,为用户画像、舆情监测提供可供挖掘、研判和共享的数据资源。而更为本质的原因是,融媒体专业人才的缺乏使得大多数县级融媒体中心对用户自生产内容及其形成的数据资源在赋能基层治理中的作用认识不足。实证评估结果显示,县级融媒体中心并不重视对诸如用户报料问政数据的充分挖掘,部分县级融媒体客户端提供的"朋友圈""报料问政"等功能形同虚设,用户生产内容匮乏。县域乡村用户网络行为数据的缺失,导致县级融媒体中心难以借助数据为乡村民众智能推荐契合个性化需求的公共信息,也难以获得研判基层舆情的数据资源,无法基于足量数据对县域乡村舆情进行即时监测、分析、研判和回应。

三、平台供给连而不通,问题求解浅尝辄止,沟通协调价值有限

乡村治理实践需要多元治理主体的协同共治,但异质主体之间的协同关系并不能自发形成。具有连接性和平台性的县级融媒体中心具备成为乡村治理主导性主体的资源和优势,可以通过搭建多维协商共治平台将乡村治理的异质主体连接起来,同时组织异质主体围绕乡村公共事务进行跨界对话和协商共治。然而,现阶段,县级融媒体中心在重建乡村社会关系以及组织异质

主体协商对话方面均遭遇困境，平台供给连而不通，问题求解浅尝辄止，导致其在赋能乡村治理实践中沟通协调价值有限。

（一）线上社区尚未发挥凝聚群众、重连乡村社会的作用

有效的乡村治理需要有社会行动力的内生性治理主体的积极参与和协同共治。然而，在现代性和媒介化多重影响下的中国乡村，"空心化""离散化"正在成为村庄结构的典型特征，传统村落公共空间日渐式微，人口大规模流动造成的"人地分离"导致乡村社会中有社会行动力的治理主体难以在物理空间重聚，离散的"原子化"村民彼此之间的社会联系日趋松散。面对乡村治理的这一现状，搭建"虚拟在场"的多维互动平台，重构乡村社会连接成为县级融媒体中心赋能乡村治理的重要功能。调研发现，现阶段，大部分县级融媒体中心因自身定位的模糊以及连接能力的不足，并未充分利用自己的连接优势和平台价值赋能乡村治理。

一方面，缺少长期规划导致部分县级融媒体中心管理者对融媒体中心的定位缺乏清晰的认知，仍固守着基层主流媒体的身份，而忽视了自身作为基层社会治理平台的功能价值，因而较少从赋能基层社会治理的视角去思考县级融媒体中心的整体布局，对融媒体中心的平台价值不够重视。谢新洲团队调研发现，我国县级融媒体中心建设在国家层面政策的驱动和指挥下呈现出严重的跟风现象，存在"一窝蜂式建设，缺少长期规划"的问题。[①] 从目前县级融媒体中心的网络社区建设情况看，大部分县级融媒体中心除了较为积极地为县域居民提供问政平台外，并不重视在线社群和数字社区的建设，没有为县域乡村民众搭建融合信息发布、公共论坛、社会交往的数字乡村公共平台，也未基于乡村民众的兴趣爱好建立在线社群。实证评估结果显示，在20家县级融媒体客户端中，为用户提供在线趣缘社群的客户端仅占35%，基于地理位置为县域居民提供精准化数字社区服务的客户端仅占30%。线上信息交互与协同共治平台的缺乏导致县级融媒体中心难以有效聚集县域群众。

---

① 谢新洲，朱垚颖，宋琢谢. 县级媒体融合的现状、路径与问题研究：基于全国问卷调查和四县融媒体中心实地调研［J］. 新闻记者，2019（3）：56-71.

另一方面，因对自身赋能乡村治理功能价值的认知不足，县级融媒体中心已经建成的各类在线社区也并未以服务乡村治理为主要任务。首先，县级融媒体中心已建成的在线趣缘社群大多并未考虑县域城乡居民的差异，缺乏对本地乡村民众爱好和需求的深入调研，尚未建立基于乡村民众兴趣爱好的在线社群，因而在商业网络平台的激烈竞争下，已建成的在线社群难以吸引乡村民众的积极参与，用户参与度极低。其次，对县级融媒体中心基于线下村庄建成的数字乡村社区的参与观察发现，目前，县级融媒体中心建立的数字乡村社区提供的服务并不完善，乡村民众对其使用率不高。访谈结果显示，大部分乡村民众更愿意通过微信群来讨论村务，而对当地县级融媒体中心提供的数字乡村社区缺乏兴趣。因人气不足和使用率不高，县级融媒体中心搭建的数字乡村社区未能将分散的"原子化"村民重新聚集起来，也尚未成为乡村基层组织和乡村民众开展在线村务管理和协同共治的主流平台。

（二）服务群众能力不足，未能通过服务聚集乡村民众

服务群众是县级融媒体中心的核心功能设定。从服务群众维度来看，县级融媒体中心赋能乡村治理的核心功能优势体现在为县域乡村民众提供集政务、商务、服务于一体的高质量、本地化、便捷易用的综合服务平台，打通服务群众的"最后一公里"，助力乡村民众享受均等化服务，帮助乡村民众实现高质量的生存与发展，同时借助优质和适配的服务凝聚乡村民众，与乡村民众建立有效连接，为引导群众和沟通群众提供支点。然而，现阶段，县级融媒体中心服务基层群众的自觉意识并不强，未能准确把握服务群众、沟通群众与引导群众之间相互促进的内在逻辑。以政务服务为例，大部分县级融媒体的政务服务供给并未从基层群众的实际需求出发，而是更多服务于政府部门，仅仅充当政务信息公开平台，为县域各级政府部门和机构信息公开提供渠道，却并不重视对县域居民自生产内容中反映的问题和诉求的深度挖掘和利用，因而难以提供基于用户需求的精准服务。调查结果显示，尽管100%的县级融媒体客户端都为县域居民提供了问政平台，但35%的问政平台功能尚未建成或者直接链接外部网站。部分县级融媒体中心尽管完成了问政平台

的搭建，却并未投入更多精力去完善平台的有用性和易用性，导致许多问政平台连而不通、流于形式，群众参与度不高，并未成为聚民意、集民智的平台。因服务群众的意识不强，县级融媒体中心已建成的各类服务在功能设计上对乡村民众而言，易用性、便捷性明显不足，缺乏特色优势。

（三）尚未积极投入乡村治理的组织协调和问题求解

现阶段，部分县级融媒体中心开始利用作为基层主流媒体的近地优势和官方背景的资源优势，通过议程设置和活动组织，为政府、乡村基层组织、社会组织、村民等乡村治理多元主体搭建对话通道，成为治理资源的连接器。然而，大部分县级融媒体中心并未充分认识到自身作为基层社会治理主体的职责，在赋能乡村治理的实践中，更多作为治理工具发挥"桥梁"和"连接器"的作用，而较少作为治理主体充当多元利益的协调者和推动民生"小事儿"有效解决的问题求解者。作为基层社会治理主体，县级融媒体中心应该以解决问题为导向，深入了解乡村社会治理中的各类问题，通过揭示问题、反映问题，推动乡村社会民生"小事儿"的有效解决，从而消除舆情隐患。然而，调查发现，大部分县级融媒体中心既缺乏从用户自生产内容中发现问题的自觉，也缺少利用问政节目和问政平台对基层社会问题进行监督与问责的魄力。在规避风险的求稳心理的影响下，部分县级融媒体中心选择直接"绕开"直播问政节目。即使已经开办的直播问政节目，县级融媒体中心在其中也更多地充当"工具"角色，为民众反映问题、政府部门回应问题提供平台和渠道，在议题选择、对话组织方面表现出中规中矩的特点。在问政平台供给方面，目前，县级融媒体中心搭建的问政平台仅仅充当"民众反映问题—政府回应问题"的桥梁，未能充分挖掘群众通过问政平台反映的问题及其背后潜藏的舆情风险。

第二节 县级融媒体中心提升乡村治理效能的策略调适

作为最接近基层群众的新型主流媒体和社会治理的基层底座，县级融媒体中心在乡村振兴和乡村治理进程中被赋予了重要的时代使命。然而，现阶段，受理念、人才、资金、技术等制约，县级融媒体中心在参与乡村治理的过程中尚未形成辐射乡村社交圈层的信息网络以及扎根乡村的舆情感知网络，且对乡村用户数据资源缺乏重视，导致主流价值传播效果和乡村舆论治理效果有限。同时，县级融媒体中心在参与乡村治理过程中也未能有效发挥沟通协调价值，难以有效勾连乡村治理多元主体，充当多元利益的协调者和问题求解者。根据县级融媒体中心赋能乡村治理的实然与应然，县级融媒体中心应该在以下几方面进行策略调适。

一、以民众需求为核心，强化内容的贴近性、实用性和全面性

移动互联网在中国乡村的下沉，使乡村民众进入一个信息过载而注意力短缺的媒介环境，县级融媒体中心在乡村社会的创新扩散遭遇商业媒体平台、网络意见领袖等诸多力量的竞争与分权。面对激烈的注意力之争，内容产品是县级融媒体中心吸引乡村用户的重要砝码。县级融媒体中心应该树立以"用户需求"为核心的产品思维，充分利用自身作为基层主流媒体的近地优势，深入乡村社会，对乡村民众的信息需求进行调研和体察，了解当地乡村民众的信息需求、媒介使用习惯以及其他竞争媒体在当地乡村社会的信息供给。在此基础上，县级融媒体中心应聚焦乡村民众的实际需求，找寻自身与商业网络平台等其他竞争媒体相比所具有的核心优势，扬长避短，基于乡村民众的信息需求、新闻媒体的专业眼光以及不同分发渠道的特点开展信息生产与传播，为县域乡村民众提供既契合需求又具有相对优势的信息服务。

与商业媒体平台相比，作为基层主流媒体的县级融媒体中心在获取和传播县域政策信息、公共信息方面具有得天独厚的资源优势。因此，深耕本地公共新闻资讯成为县级融媒体中心吸引乡村民众采纳和使用的重要筹码。所谓"深耕"，并非仅仅止于简单的政策信息和公共信息的报道和公开，而应该强调本地公共信息的贴近性、实用性和全面性。县级融媒体中心应该通过强化新闻资讯与乡村民众需求的贴近性、信息供给的实用性和全面性，增加乡

村民众对县级融媒体中心传播内容的有用性感知,进而推动乡村民众对县级融媒体的采纳与使用。具体说来,县级融媒体中心应该为乡村民众提供包含政务村务信息、公共生活信息、公共事务信息和风险应对信息四个维度的综合信息服务,将自身打造成县域乡村民众获取本地公共新闻资讯的"必经之点"。

其一,县级融媒体中心应该充分利用政府资源优势,通过代管基层政务公众号、吸纳县域各部门及乡镇单位入驻自建客户端融媒号以及建立基层单位通讯员队伍等方式,助力党务、村务、财务等村级事务的公开,通过及时、持续地为乡村民众提供日常所需的政务信息,将县级融媒体中心打造成乡村民众获取政策信息和村级事务信息的首选平台。其二,县级融媒体中心应该转变高高在上的行政宣传思维,强化服务群众的在地化公共传播实践,通过全国省市新闻的本地化解读、县域新闻的在地化传播以及天气、交通等本地资讯的平台化聚合,为乡村民众提供与衣食住行、生产生活相关的各类公共生活信息,将自身打造成具有全面性、贴近性和易用性的本地信息库。这一信息库应该聚合本地天气、交通、教育、医疗等与乡村民众日常生产生活息息相关的各类公共信息,如针对农村劳作的天气提醒、留守儿童的教育资讯等。其三,县级融媒体中心还应该通过网格化新闻报道队伍和村庄通讯员队伍,及时把握乡村发展和乡村治理进程中遇到的各类问题,并围绕这些特定问题设置公共议题,为乡村民众参与乡村治理提供相关的公共事务信息,培育知情的乡村公众。其四,乡村作为自然灾害和公共卫生事件的多发地区,是风险治理的前沿阵地。在风险事件问题情境中,县级融媒体中心应该通过持续发布权威信息、回应民众关切、及时沟通辟谣,成为乡村民众应对风险事件的首选服务平台和交流平台。

二、强化互联网基因,提高内容产品的易读性和可分享性

对于媒介素养不足的乡村民众,信息获取的易用性是影响他们接触和使用县级融媒体的重要因素。县级融媒体中心在为乡村民众提供各类政策信息

和公共信息的同时，应深度嵌入县域乡村生活，准确了解当地村民的媒介使用习惯，采取村民喜闻乐见的方式向他们传达相应的公共议题，提高新闻资讯的易读性、信息呈现的清晰性以及信息检索的便捷性，增加乡村民众对县级融媒体中心的易用性感知，进而提高乡村民众对县级融媒体中心的使用黏性。

其一，县级融媒体中心应该通过可视化叙事，提高内容产品的易读性。可视化的叙事方式能够降低信息接收者的获知成本与费力程度，也能够提高信息接收者对信息要点的记忆效率和分享欲。[①] 县级融媒体中心在内容生产过程中应该积极利用图表、动画等可视化手段，满足乡村民众"伴随"式媒介使用方式下快速消费信息的需求，优化乡村民众的使用体验。

其二，县级融媒体中心应该增加解释性内容产品的比例，帮助乡村民众更准确地理解内容。在信息快速流动而用户注意力有限的网络空间，大量冗余无效的信息占用着乡村民众有限的注意力，不断"稀释"着优质信息的"浓度"，削弱了乡村民众在乡村公共事务讨论中的理性力量。面对乡村信息传播网络中可能存在的"劣币驱逐良币"的现象，县级融媒体中心应该从服务乡村公共生活的目的出发，深度介入与乡村民众利益息息相关的社会议题，为乡村民众提供"深度"和"多样"的信息。如县级融媒体中心在政策信息传播实践中，不应局限在政策信息的简单告知上，而应该努力挖掘政策对当地村民的价值，利用各种可视化手段对信息背后值得思考与重视的意义与内容进行深入浅出的解读，满足乡村民众对解释性、评论性内容的需求。

其三，县级融媒体中心应该通过强化内容产品的话题性和UGC价值，提高内容产品的可分享性。在移动互联时代，社交化分享正在成为信息传播的重要路径。数字时代的新闻用户已经很少直接通过记者或新闻机构的社交媒体账户阅读新闻，更多时候会通过朋友和家人分享的链接来获取新闻。县级融媒体中心在制作内容产品时应注重内容的话题性和故事性，以此激活乡村

[①] 许向东. 数据可视化传播效果的眼动实验研究［J］. 国际新闻界, 2018（4）：175.

用户的社交分享意愿。此外，有研究指出，用户自生产内容更易激发社交兴趣。① 县级融媒体应该积极组织乡村振兴和乡村治理相关话题的线上活动，鼓励乡村民众积极参与，制作并发布自生产内容，通过用户自生产内容激发用户的社交化分享意愿。

三、加大传播网络建设，强化基于数据和以人为媒的内容推荐

县级融媒体中心应该通过加大乡村传播网络建设，强化基于算法推荐的内容分发以及以人为媒的内容推荐，来增加县级融媒体中心及其内容产品和服务供给在乡村社会的可见性，推动内容和服务真正抵达乡村社会的神经末梢。

其一，县级融媒体中心应该加大乡村传播网络的建设，积极推进全媒体矩阵在乡村社会的全面嵌入。县级融媒体中心应该根据乡村民众生产生活的实际以及各类媒介的属性特征，将分散的电视、农村有线广播和新媒体形式进行有机结合，通过全媒体矩阵内部各个信息分发端口的互联，以及外部与微信、抖音、快手等平台型媒体的合作，实现全媒体矩阵在乡村社会的同频共振和协同传播，确保县级融媒体中心的多元信息能够有效抵达乡村社会的末梢，最终使县级融媒体中心真正成为乡村群众获取政策信息、公共信息的主要来源。如在县级融媒体微信公众号的醒目位置，提供进入县级融媒体客户端、新闻网站等自有平台的入口，增加县级融媒体中心全媒体矩阵在乡村社会的可见度。

其二，县级融媒体中心应该重视基于算法推荐的内容分发，优化内容推荐逻辑，增强信息推送的契合度。在乡村传播网络中，"技术"作为非人行动者存在，其作用主要通过"形塑"媒体来实现，技术带来媒体融合的开端并不断优化媒体融合的未来。与城镇居民相比，乡村民众主动搜寻和甄别信息的意愿和能力较弱，技术赋能对媒介素养不足的乡村民众更为重要。县级融

---

① 张炜，朱竞娅. 美国短视频产业内容创意与盈利模式概览［J］. 现代传播，2018（4）：163.

媒体中心要充分发挥"技术"在乡村传播网络中的转译作用，利用人工智能、大数据、区块链等前沿技术赋能乡村传播。技术赋能使县级融媒体中心可以利用算法分发技术解决乡村民众与权威信息的关联问题。县级融媒体中心应该主动利用大数据技术，通过对乡村民众的基本信息及其点击次数、页面停留等网上活动数据的深入挖掘，绘制乡村民众的兴趣图谱，基于村民的个性及其所处的关系和场景，进行内容的大众化和个性化推送，提高乡村民众对权威信息的可获得性。

其三，县级融媒体中心应该坚持群众路线和以人为媒，实现融媒体传播与乡村人际网络的勾连。"熟人关系"是中国乡村传播网络中的一类重要的非人行动者。因媒介素养不足和"规避风险"的生存需要，"问熟人"是乡村民众获取信息的常用方式，而广播、电视等"外来媒介"传播的信息通常需要借助"熟人关系"的转译和再传播，才能真正渗入乡村社会，并对乡村关系网络中的个体产生实际效用。[①] 县级融媒体中心应该强化关系化思维，重视以人为媒，凭借移动互联网的联结性与基层群众建立广泛的社会联系，融入县域群众的社交网络，充分调动"熟人关系"的转接和转译作用，通过社交化分享使党的意志、理念、政策和社会主义主流文化和价值观念有效抵达社会化、移动化的乡村末梢，实现融媒体传播与乡村人际网络的勾连。具体说来，县级融媒体中心应主动吸纳村两委干部、乡村体制外精英作为通讯员，利用他们的"熟人关系"建立融媒体中心与乡村社会的勾连，通过他们将政府和媒体发布的权威信息分享到乡村人际传播网络，提高权威信息在乡村民众中的可见性，实现权威信息从外来媒介到内生媒介的流通；同时通过他们及时了解乡村民众的习惯、想法和利益诉求，优化传播内容的针对性和实用性，使传播实践真正嵌入乡村的政治经济和社会结构，参与乡村未来发展。此外，县级融媒体中心应该注重用户关系的建立与维护，通过及时回复用户评论，提升用户的自我效能感，优化自身的关系网络。

---

① 张学波，马相彬，张利利，等．嵌入与行动者网络：精准扶贫语境下扶贫信息传播再思考［J］．新闻与传播研究，2018（9）：30-50，126．

四、搭建在线社区，加强服务匹配度，优化平台连接性

县级融媒体中心应该重视平台的连接性，通过搭建契合村民兴趣的线上社群和基于线下村庄的数字乡村社区，聚集乡村民众，同时通过高匹配度的公共服务供给，增加乡村民众对县级融媒体中心的黏性，充分发挥县级融媒体中心的社会连接价值。

其一，搭建契合村民兴趣爱好的各类线上社群。县级融媒体中心应该重视平台的连接性，在针对县域乡村民众需求调研的基础上，依托自建的客户端平台，为乡村民众搭建契合兴趣爱好的在线数字社群，通过议题的设置、活动的组织以及社区的建设，吸引县域乡村民众积极参与。县级融媒体中心搭建的在线趣缘社群应该涵盖生活、文化、教育等县域乡村民众关注的各类议题，同时利用基层主流媒体的权威性、广泛的社会连接性以及相对充足的社会资源，以社群为核心定期举办各类活动，通过共同兴趣和具有地域特色的定期活动，将在外求学、务工的乡村中青年与在地村民重新连接起来，鼓励他们围绕社会、生活等各类议题进行在线分享和互动交流，在活动的参与和互动交流中唤醒乡村民众的"乡愁"和"乡情"，提升他们参与乡村治理的内在活力，同时吸纳活跃乡村网民参与在线社群的日常维护和建设，培养共享、互助的社群生态，将在线趣缘社群建设成县域民众互动交流、协商议事的公共平台。

其二，打造基于线下村庄的数字乡村社区。县级融媒体中心应该重点打造基于线下村庄的数字乡村社区。这一数字乡村社区一方面要为乡村基层组织和政府机构的协商对话搭建快速通道，经由"虚拟在场"实现信息互通，解决乡村基层组织权威信息获取和舆情反馈不及时的问题。另一方面，要为乡村基层组织和乡村民众的在线村务管理和协同共治提供平台，将物理空间分散的村民集结到共建共治共享的媒介化合作网络中，实现乡村各类议题和活动的在线讨论和集体协作，通过媒介"共在"的线上交流形成共识和共同行动，培育强互动、高黏性的乡村用户社群，重建在地团结。基于真实社区的线上讨论空间易于形成一种参与式文化和集体社区氛围，为乡村社会的协同共治提供具有治理效能的公共领域。因求学、务工而与家乡"人地分离"的乡村青壮年不再受制于"人不在村"的困扰，可以通过数字乡村社区及时了解家乡的发展，并跨越空间随时参与乡村公共事务的讨论。分散的"原子化"村民因为具体事件、公共话题或村庄活动重新聚集起来，积极参与乡村公共事务治理和乡村发展的讨论，成为乡村公共事务真正的治理主体。为充分发挥数字乡村社区在乡村治理中的作用，县级融媒体中心应该安排专人入驻社区，引导乡村民众理性、有序地参与公共事务的讨论。

其三，县级融媒体中心应该加强公共服务供需两端的匹配度，通过有用的服务供给，增加各类乡村治理主体尤其是乡村民众对县级融媒体中心的黏性，从而优化平台的连接性。如在市场服务方面，农产品直播带货是乡村与市场有效对接的重要形式，县级融媒体中心可以通过平台直播带货，助力本地农产品和其他产品的在线销售，实现"媒—政—企—农"多元主体的有效连接；同时，县级融媒体中心还可以发挥媒体的教育功能，利用专业媒体的内容生产资源为乡村民众提供网络直播技能培训，提高乡村社会的自我造血和可持续发展的能力。此外，县级融媒体中心应强化服务供给的场景适配，基于村民的工作和生活习惯，搭建信息服务、文化服务、政务服务和公共服务等方面的场景，通过服务的场景适配，主动融入乡村民众的生活空间，通过优质服务、独家内容凝聚乡村民众，提高乡村民众对县级融媒体服务功能的有用性感知。

五、完善"微"舆情感知网络，强化乡村治理主体角色

在乡村治理实践中，县级融媒体中心的有效赋能首先建立在对县域乡村社会运行与发展各领域情况的深入洞察基础上。县级融媒体中心应该深度嵌入乡村社会，搭建县域乡村的全方位"微"舆情感知网络。首先，县级融媒体中心可以借鉴基层治理中的网格化管理，建立以自然村庄、村民小组为单位的网格化新闻报道队伍，使融媒体记者下沉到县域每个街道、社区、村庄，

及时感知乡村民众关心和需要解决的问题，真实了解县域村民的实际信息需求和媒介使用习惯。其次，县级融媒体中心应该依托自有的全媒体矩阵，为群众表达诉求搭建"有用""易用""想用"的线上信息交互与协同共治平台，充分利用在线平台发现乡村治理中的共性问题以及问题背后的舆情隐患。再次，县级融媒体中心应该积极与乡村社会中有影响力的关键传播节点建立合作关系，成为县域乡村信息传播网络中占据"结构洞"位置的网络居间者。县级融媒体中心凭借"结构洞"位置优势以及在不同圈子间的高效"切换"能力，可以及时感知乡村信息流通态势，以及政府、群众等多方利益主体之间因信息不对等、沟通不顺畅造成的传播障碍和传播隔阂，并通过转达与传递，实现群众呼声与政府回应的有效对接。同时，数据正在成为创新社会治理的重要资源。在资金、技术、人力等条件允许的情况下，技术驱动下的县级融媒体中心应该重视自有客户端平台的建设，主动构建县域舆情监测系统。县级融媒体中心在最大程度集结乡村民众的基础上，要充分利用村民的网络行为痕迹，形成可采集、可计算、可存储、可应用的数据资源，通过对乡村民众线上海量数据的收集、挖掘、研判和共享，利用人工智能信息储存、超级模仿和深度自我学习的能力，对县域乡村舆情进行即时分析、研判和回应，最终搭建起县域乡村的全方位"微"舆情感知网络。县级融媒体中心依托扎根乡村的"微"舆情感知网络，通过融媒体记者深入乡村挖掘、融媒体平台话题公开征集、融媒体用户"随手拍"记录以及融媒体平台群众报料，可以及时、精准地把握乡村民众遭遇的各类民生"小事儿"及其背后的民智民意。

另一方面，作为乡村治理的重要力量，县级融媒体中心兼具治理主体和治理工具的双重角色。与其他治理主体相比，县级融媒体中心能够更好地理解县域政府部门和群众不同的行动逻辑和利益诉求，具有协调乡村治理多方利益主体社会关系的重要价值，能够为治理主体建立连接提供多维对话通道，同时通过边界跨越，协调多元利益诉求之间的矛盾，使多元主体在持续不断的"对话"中实现有效的沟通和价值的契合。实现上述功能价值，县级融媒体中心不仅要跨越组织、层级、行政等多重边界，充当乡村振兴和乡村治理各类问题的对话组织者，通过直播问政节目、在线问政平台，将公共事务涉及的多方利益主体编制到同一张治理网络，为多元主体协商对话搭建通道。同时，县级融媒体中心还应该充当多元利益主体的代言人，尤其是乡村社会中那些因媒介技能不足而被不断边缘化的弱势群体，反映他们的利益诉求。此外，作为乡村治理的重要主体，县级融媒体中心不能仅仅止步于扮演环境"瞭望哨"的角色，还应该积极参与对话，对利益主体间的互动过程进行协调。建设性舆论监督作为媒体理性与社会责任的回归，是县级融媒体中心获得县域乡村民众关注和信任的重要砝码。县级融媒体中心应该通过建设性舆论监督，积极参与乡村治理进程中各类问题的解决，为乡村治理提供思路和方案。

参考文献

一、中文专（译）著

[1] 中共中央党史和文献研究院，中央学习贯彻习近平新时代中国特色社会主义思想主题教育领导小组办公室.2023习近平新时代中国特色社会主义思想专题摘编[M].北京：党建读物出版社，中央文献出版社，2023.

[2] 卜宇，丁和根.县级融媒体中心建设：全国坐标与江苏经验[M].南京：南京大学出版社，2022.

[3] 陈一，石力月.全国县级融媒体中心发展调研报告：2021—2022[M].北京：中国社会科学出版社，2022.

[4] 邓建国.媒体融合：基础理论与前沿实践[M].上海：复旦大学出版社，2017.

[5] 段鹏.媒体融合中的广播电视：挑战、变革与未来[M].北京：高等教育出版社，2023.

[6] 费孝通.费孝通九十新语[M].重庆：重庆出版社，2005.

[7] 付晓光.互联网思维下的媒体融合[M].北京：中国传媒大学出版社，2017.

[8] 高晓虹.中国新闻传播研究：媒体融合与社会治理研究：2021[M].北京：中国传媒大学出版社，2021.

[9] 郭媛媛.媒介融合与媒体治理体系构建[M].北京：社会科学文献出版社，2023.

[10] 国务院发展研究中心公共管理与人力资源研究所"我国社会治理创新发展研究"课题组. 新治理时代我国社会治理的制度与实践创新 [M]. 北京：中国发展出版社, 2022.

[11] 国务院发展研究中心公管所. 社会治理的理论与实践探索 [M]. 北京：中国发展出版社, 2018.

[12] 贺雪峰. 监督下乡：中国乡村治理现代化研究 [M]. 南昌：江西教育出版社, 2021.

[13] 孔卫英. 改革开放以来中国社会治理思想研究 [M]. 北京：中国社会科学出版社, 2018.

[14] 李友梅, 等. 中国社会治理转型：1978—2018 [M]. 北京：社会科学文献出版社, 2018.

[15] 刘锐. 新媒体赋权与治理 [M]. 武汉：华中科技大学出版社, 2021.

[16] 罗昕. 网络社会治理研究：前沿与挑战 [M]. 广州：暨南大学出版社, 2020.

[17] 曼纽尔·卡斯特. 网络社会的崛起 [M]. 夏铸九, 王志弘, 等, 译. 北京：社会科学文献出版社, 2001.

[18] 梅宁华, 支庭荣. 媒体融合蓝皮书：中国媒体融合发展报告：2021 [M]. 北京：社会科学文献出版社, 2021.

[19] 孙信茹, 杨星星. 流动的乡土：媒介化社会与少数民族村寨生活 [M]. 北京：民族出版社, 2018.

[20] 童兵. 马克思主义新闻经典教程 [M]. 上海：复旦大学出版社, 2014.

[21] 王浦劬, 臧雷振. 治理理论与实践：经典议题研究新解 [M]. 北京：中央编译出版社, 2017.

[22] 魏礼群. 社会治理40年回顾与展望 [M]. 北京：中国言实出版社, 2018.

[23] 新华通讯社课题组. 习近平新闻舆论思想要论 [M]. 北京：新华出版社，2017.

[24] 夏倩芳. 中国网络传播研究：新媒体与乡村治理 [M]. 北京：中国传媒大学出版社，2022.

[25] 谢新洲. 鉴往知来：媒体融合源起与发展 [M]. 北京：人民日报出版社，2021.

[26] 谢新洲，等. 县级融媒体中心建设：理论与实践 [M]. 北京：电子工业出版社，2019.

[27] 新华通讯社课题组. 学习习近平关于新闻舆论的重要论述 [M]. 北京：新华出版社，2022.

[28] 徐宝璜. 新闻学 [M]. 北京：中国传媒大学出版社，2016.

[29] 徐希之. 银杏融媒：县级融媒体中心建设的邳州实践 [M]. 北京：中国广播影视出版社，2019.

[30] 徐勇. 乡村治理与中国政治 [M]. 北京：中国社会科学出版社，2003.

[31] 徐勇. 中国农村村民自治：增订本 [M]. 北京：生活·读书·新知三联书店，2018.

[32] 俞可平. 治理与善治 [M]. 北京：社会科学文献出版社，2000.

[33] 张宏邦. 县级融媒体：国际化视野与本土化建设 [M]. 厦门：厦门大学出版社，2021.

[34] 张静. 社会治理：组织、观念与方法 [M]. 北京：商务印书馆，2019.

[35] 张志安. 新媒体与舆论：十二个关键问题 [M]. 北京：中国传媒大学出版社，2016.

[36] 赵玉明. 中国广播电视通史 [M]. 北京：中国广播影视出版社，2014.

[37] 郑亮，杨先顺，张晋升. 县级融媒体中心和基层社会治理研究

[M]. 广州：暨南大学出版社，2020.

[38] 中共中央文献研究室. 十四大以来重要文献选编：上 [M]. 北京：人民出版社，1996.

[39] 中共中央文献研究室. 习近平关于全面深化改革论述摘编 [M]. 北京：中央文献出版社，2014.

[40] 钟瑛，芦何秋，余红，等. 新媒体社会责任蓝皮书：中国新媒体社会责任研究报告：2022 [M]. 北京：社会科学文献出版社，2022.

[41] 埃弗雷特·M. 罗杰斯. 创新的扩散 [M]. 辛欣，译. 北京：中央编译出版社，2002.

[42] 安东尼·吉登斯. 社会的构成：结构化理论大纲 [M]. 李康，李猛，译. 北京：生活·读书·新知三联书店，1998.

[43] 保罗·莱文森. 新新媒介：第2版 [M]. 何道宽，译. 上海：复旦大学出版社，2014.

[44] 亨利·詹金斯. 融合文化：新媒体和旧媒体的冲突地带 [M]. 杜永明，译. 北京：商务印书馆，2012.

[45] 罗伯特·帕特南. 独自打保龄：美国社区的衰落与复兴 [M]. 刘波，祝乃娟，张孜异，等，译. 北京：北京大学出版社，2011.

[46] 齐美尔. 货币哲学 [M]. 陈戎女，译. 北京：华夏出版社，2002.

[47] 瑟韦斯，玛丽考. 发展传播学 [M]. 张凌，译. 武汉：武汉大学出版社，2014.

[48] 施拉姆. 大众传播媒介与社会发展 [M]. 金燕宁，等，译. 北京：华夏出版社，1990.

[49] 延森. 媒介融合：网络传播、大众传播和人际传播的三重维度 [M]. 刘君，译. 上海：复旦大学出版社，2012.

[50] 约翰·帕夫利克. 新媒体技术：文化和商业前景 [M]. 周勇，等，译. 北京：清华大学出版社，2005.

[51] 约瑟夫·R. 多米尼克. 大众传播动力学：数字时代的媒介 [M].

蔡骐，译．北京：中国人民大学出版社，2004．

［52］詹姆斯·N. 罗西瑙．没有政府的治理：世界政治中的秩序与变革［M］．张胜军，刘小林，等，译．南昌：江西人民出版社，2001．

二、中文期刊论文

［1］蔡雯，陈卓．试论报网互动的基本模式［J］．现代传播（中国传媒大学学报），2007（5）．

［2］蔡雯，王学文．角度·视野·轨迹：试析有关"媒介融合"的研究［J］．国际新闻界，2009（11）．

［3］曾培伦，毛天婵．技术装置"多棱镜"：国家治理视阈下的县级融媒体中心建设研究：基于71篇县级融媒体中心挂牌新闻的分析［J］．新闻记者，2020（6）．

［4］曾润喜，杨璨．重建本地用户连接 融入基层社会治理：县级融媒体发展路径研究［J］．新闻与写作，2021（5）．

［5］常凌翀．县级融媒体创新数字乡村治理的内在逻辑与推进路径［J］．中国出版，2021（14）．

［6］陈成文，赵杏梓．社会治理：一个概念的社会学考评及其意义［J］．湖南师范大学社会科学学报，2014（5）．

［7］陈国权．中国县级融媒体中心改革发展报告［J］．现代传播（中国传媒大学学报），2019（4）．

［8］陈鹏．中国社会治理40年：回顾与前瞻［J］．北京师范大学学报（社会科学版），2018（6）．

［9］邓又溪，朱春阳．县级融媒体中心参与基层社会治理的路径创新研究［J］．新闻界，2022（7）．

［10］丁和根．媒体介入基层社会治理的现状、角色与维度［J］．新闻与写作，2021（5）．

［11］丁志刚，王杰．中国乡村治理70年：历史演进与逻辑理路［J］．

中国农村观察，2019（4）.

［12］范志忠.论"报网互动"的发展态势与传播特征［J］.新闻与传播研究，2008（1）.

［13］方兴东，顾烨烨，钟祥铭.中国媒体融合30年研究［J］.新闻大学，2023（1）.

［14］方兴东，钟祥铭.重估媒体融合：50年数字技术驱动下的媒体融合演进历程与内在价值观［J］.西北师大学报（社会科学版），2022（2）.

［15］冯仕政.社会治理与公共生活：从连结到团结［J］.社会学研究，2021（1）.

［16］冯献，李瑾，崔凯.乡村治理数字化：现状、需求与对策研究［J］.电子政务，2020（6）.

［17］高其才.走向乡村善治：健全党组织领导的自治、法治、德治相结合的乡村治理体系研究［J］.山东大学学报（哲学社会科学版），2021（5）.

［18］葛明驷.媒介化治理：县级融媒体创新乡村治理的逻辑与路径［J］.中州学刊，2022（10）.

［19］葛明驷.县级融媒体建设与舆论治理"下沉"［J］.中州学刊，2020（11）.

［20］宫承波，孙宇.习近平总书记关于媒体融合重要论述的演进脉络及目标指向［J］.中国出版，2021（3）.

［21］顾烨烨，方兴东.中国媒体融合30年：基于政策的视角［J］.传媒观察，2023（6）.

［22］郭全中，袁柏林.媒介技术迭代下的用户权利扩张：基于Web1.0到Web3.0演进历程中的观察分析［J］.新闻与写作，2023（2）.

［23］何志武，陈天明.乡村社会治理视域下县级融媒体的服务加冕与行动框架［J］.西南民族大学学报（人文社会科学版），2021（11）.

［24］何志武.主体性与连接性：县级融媒体参与乡村社会治理的基本逻辑［J］.中州学刊，2022（10）.

[25] 胡正荣，李荟. 走向智慧全媒体生态：媒体融合的历史沿革和未来展望 [J]. 新闻与写作，2019（5）.

[26] 胡正荣，王润珏. 我国主流媒体智慧全媒体建设的目标与路径 [J]. 行政管理改革，2019（7）.

[27] 胡正荣. 打造2.0版的县级融媒体中心 [J]. 新闻界，2020（1）.

[28] 黄楚新. 全面转型与深度融合：2020年中国媒体融合发展 [J]. 现代传播（中国传媒大学学报），2021（8）.

[29] 黄旦，李暄. 从业态转向社会形态：媒介融合再理解 [J]. 现代传播（中国传媒大学学报），2016（1）.

[30] 计永超，刘莲莲. 新闻舆论引导力：理论渊源、现实依据与提升路径 [J]. 新闻与传播研究，2016（9）.

[31] 李彪. 县级融媒体中心建设：发展模式、关键环节与路径选择 [J]. 编辑之友，2019（3）.

[32] 李乐. 媒介变革视野中的当代中国乡村治理结构转型 [J]. 新闻与传播研究，2020（9）.

[33] 李良荣，方师师. 主体性：国家治理体系中的传媒新角色 [J]. 现代传播（中国传媒大学学报），2014（9）.

[34] 李良荣，袁鸣徽. 锻造中国新型主流媒体 [J]. 新闻大学，2018（5）.

[35] 李烊，刘祖云. 媒介化乡村的逻辑、反思与建构 [J]. 华南农业大学学报（社会科学版），2021（4）.

[36] 李一凡，黄楚新，田锋，等. 基层治理视域下县级融媒体中心建设研究：对云南省7家县级融媒体中心的实地调研 [J]. 中国记者，2023（2）.

[37] 廖祥忠. 从媒体融合到融合媒体：电视人的抉择与进路 [J]. 现代传播（中国传媒大学学报），2020（1）.

[38] 刘畅. 媒体在社会治理中的主体性探析 [J]. 编辑之友，2019（5）.

[39] 刘俊祥,曾森.中国乡村数字治理的智理属性、顶层设计与探索实践[J].兰州大学学报(社会科学版),2020(1).

[40] 卢春龙.新中国70年社会治理之回顾与新时代展望[J].学习与探索,2019(10).

[41] 陆小华.风险感知与协同治理:社会治理中的媒体角色[J].中国广播,2020(8).

[42] 陆益龙,李光达.中国式乡村治理现代化的本质要求与路径选择[J].江苏社会科学,2023(2).

[43] 栾轶玫.从市场竞合到纳入国家治理体系:中国媒介融合研究20年之语境变迁[J].编辑之友,2021(5).

[44] 罗昕,蔡雨婷.参与式治理视角下县级融媒体的角色定位与发展路径[J].新闻与写作,2021(5).

[45] 罗昕,蔡雨婷.县级融媒体创新基层社会治理的模式构建[J].新闻与写作,2020(3).

[46] 马凌.新闻传媒在风险社会中的功能定位[J].新闻与传播研究,2007(4).

[47] 牛耀红.建构乡村内生秩序的数字"社区公共领域":一个西部乡村的移动互联网实践[J].新闻与传播研究,2018(4).

[48] 漆亚林,孙鸿菲.新型主流媒体参与国家治理的逻辑基础、现实状况与实践路径[J].新闻战线,2022(16).

[49] 漆亚林.建设性新闻的中国范式:基于中国媒体实践路向的考察[J].编辑之友,2020(3).

[50] 邱泽奇,李由君,徐婉婷.数字化与乡村治理结构变迁[J].西安交通大学学报(社会科学版),2022(2).

[51] 冉连,张曦.新中国成立以来中国特色社会治理:政策表达与变迁逻辑:基于1949—2022年政策文本的内容分析[J].湖北社会科学,2023(5).

[52] 沙垚, 许楠. 融合人民：县级媒体融合与基层协同治理 [J]. 新闻与写作, 2021 (5).

[53] 沙垚. 重建基层：县级融媒体中心实践的平台化和组织化 [J]. 当代传播, 2020 (1).

[54] 宋建武, 乔羽. 建设县级融媒体中心 打造治国理政新平台 [J]. 新闻战线, 2018 (23).

[55] 唐绪军, 黄楚新, 王丹. "智能+"与全媒体：中国新媒体发展的新布局 [J]. 新闻与写作, 2019 (6).

[56] 唐绪军, 黄楚新, 王丹. 媒体深度融合：中国新媒体发展的新格局：2020—2021年中国新媒体发展现状及展望 [J]. 新闻与写作, 2021 (7).

[57] 滕朋. 社会治理、传播空间与县级融媒体中心建设路径 [J]. 当代传播, 2019 (2).

[58] 童兵. 试论习近平新时代新闻舆论工作论述对马克思主义新闻观的发展 [J]. 山东社会科学, 2020 (10).

[59] 王浦劬. 国家治理、政府治理和社会治理的基本含义及其相互关系辨析 [J]. 社会学评论, 2014 (3).

[60] 王胜源. 社会治理中媒体参与的界域与进路 [J]. 编辑之友, 2016 (7).

[61] 王思斌. 新中国70年国家治理格局下的社会治理和基层社会治理 [J]. 青海社会科学, 2019 (6).

[62] 王智丽, 张涛甫. 超越媒体视域：县级融媒体中心建设的政治传播学考察 [J]. 现代传播（中国传媒大学学报）, 2020 (7).

[63] 韦路. 媒体融合的定义、层面与研究议题 [J]. 新闻记者, 2019 (3).

[64] 吴家庆, 王毅. 中国与西方治理理论之比较 [J]. 湖南师范大学社会科学学报, 2007 (2).

[65] 吴理财. 中国农村社会治理40年：从"乡政村治"到"村社协

同"：湖北的表述［J］．华中师范大学学报（人文社会科学版），2018（4）．

［66］向德平，苏海．"社会治理"的理论内涵和实践路径［J］．新疆师范大学学报（哲学社会科学版），2014（6）．

［67］肖平，周明星．新时代乡村社会治理创新：基础、困境与路向［J］．云南民族大学学报（哲学社会科学版），2021（4）．

［68］谢新洲，杜燕．县级融媒体中心舆论引导的三个核心问题：对象、内容与方式［J］．现代传播（中国传媒大学学报），2021（10）．

［69］谢新洲，朱垚颖，宋琢谢．县级媒体融合的现状、路径与问题研究：基于全国问卷调查和四县融媒体中心实地调研［J］．新闻记者，2019（3）．

［70］熊澄宇．整合传媒：新媒体进行时［J］．国际新闻界，2006（7）．

［71］严三九．技术、生态、规范：媒体融合的关键要素［J］．人民论坛·学术前沿，2019（3）．

［72］燕继荣．社会变迁与社会治理：社会治理的理论解释［J］．北京大学学报（哲学社会科学版），2017（5）：69-77，2．

［73］俞可平．全球治理引论［J］．马克思主义与现实，2002（1）．

［74］俞可平．治理和善治引论［J］．马克思主义与现实，1999（5）．

［75］俞可平．中国的治理改革：1978—2018［J］．武汉大学学报（哲学社会科学版），2018（3）．

［76］喻国明．媒体融合是一场革命：三个关键问题的思考［J］．传媒，2023（12）．

［77］喻国明．新型主流媒体：不做平台型媒体做什么？：关于媒体融合实践中一个顶级问题的探讨［J］．编辑之友，2021（5）．

［78］袁金辉，乔彦斌．自治到共治：中国乡村治理改革40年回顾与展望［J］．行政论坛，2018（6）．

［79］张诚，朱天，齐向楠．作为县域治理枢纽的县级融媒体中心建设刍议：基于对A市的实地研究［J］．新闻界，2018（12）．

[80] 张诚, 朱天. 从"集成媒体的新机构"到"治国理政的新平台": 县级融媒体中心的方位坐标及其功能逻辑再思考 [J]. 四川大学学报（哲学社会科学版）, 2020 (2).

[81] 张润泽, 杨华. 转型期乡村治理的社会情绪基础: 概念、类型及困境 [J]. 湖南师范大学社会科学学报, 2006 (4).

[82] 张涛甫, 王智丽. 中国舆论治理的三维框架 [J]. 现代传播（中国传媒大学学报）, 2016 (9).

[83] 张涛甫, 赵静. 媒体融合的政治逻辑: 基于意识形态安全的视角 [J]. 新闻与传播研究, 2021 (11).

[84] 张昱辰. 从机构融合迈向社会融合: 县级融媒体中心发展路径再思考 [J]. 中国出版, 2019 (16).

[85] 郑保卫. 习近平新闻宣传舆论观的形成背景及理论创新 [J]. 现代传播（中国传媒大学学报）, 2016 (4).

[86] 郑恩, 杨菁雅. 媒介治理: 作为善治的传播研究 [J]. 国际新闻界, 2012 (4).

[87] 支庭荣. "互联网+"时代的媒体融合: 概念界定、评价标尺与操作路径 [J]. 教育传媒研究, 2019 (3).

[88] 支庭荣. 我国媒体融合发展的内在逻辑与焦点问题 [J]. 人民论坛·学术前沿, 2019 (3).

[89] 周逵, 黄典林. 从大喇叭、四级办台到县级融媒体中心: 中国基层媒体制度建构的历史分析 [J]. 新闻记者, 2020 (6).

[90] 周郎生. 治理的理论诠释: 从治理到乡村治理 [J]. 兰州学刊, 2008 (7).

[91] 朱春阳, 曾培伦. "单兵扩散"与"云端共联": 县级融媒体中心建设的基本路径比较分析 [J]. 新闻与写作, 2018 (12).

[92] 朱春阳. 县级融媒体中心建设: 经验坐标、发展机遇与路径创新 [J]. 新闻界, 2018 (9).

[93] 邹阳阳, 严三九. 县级融媒体参与社会治理的政策逻辑与实践面向[J]. 电视研究, 2022 (7).

三、英文文献

[1] BOLTER J D, GRUSIN R. Remediation: Understanding New Media [M]. Cambridge, MA: MIT Press, 2000.

[2] POOL I D S. Technologies of Freedom [M]. Cambridge, MA: Harvard University Press, 1983.

[3] The Commission on Global Governance. Our Global Neighborhood: The Report of the Commission on Global Governance [M]. Oxford: Oxford University Press, 1995.

[4] BOYD D. Facebook's Privacy Trainwreck: Exposure, Invasion and Social Convergence [J]. Convergence, 2008, 14 (1).

[5] GRUNIG J E. Communication Behaviors Occurring in Decision and Nondecision Situations [J]. Journalism & Mass Communication Quarterly, 1976, 2 (2).

[6] HUANG Y, YU X. Broadcasting and Politics: Chinese Television in the Mao Era, 1958—1976 [J]. Historical Journal of Film, Radio and Television, 1997, 17 (4).

[7] KIM J N, GRUNIG J E. Problem Solving and Communicative Action: A Situational Theory of Problem Solving [J]. Journal of Communication, 2011, 61 (1).

[8] KLANDERMANS B. Mobilization and Participation: Social Psychological Expansions of Resource Mobilization Theory [J]. American Sociological Review, 1984, 49 (5).

[9] RHODES R A W. The New Governance: Governing without Government [J]. Political Studies, 1996, 44 (4).

[10] SCHERER C W, CHO H. A Social Network Contagion Theory of Risk Perception [J]. Risk Analysis, 2003, 23 (2).

[11] ZHU J J H, HE Z. Perceived Characteristics, Perceived Needs, and Perceived popularity: Diffusion and Use of the Internet in China [J]. Communication Research, 2002, 29 (4).